"人工智能与大数据+"财经类融媒体系列教材

PRIMARY ACCOUNTING PRACTICE

初级会计实务

翟娟娟　曲雪芹　栾会燕　◎主编

韩加国　叶小丹　邸　瑶　王　林　◎副主编

邵云岚　◎编者

ZHEJIANG UNIVERSITY PRESS
浙江大学出版社
·杭州·

图书在版编目（ＣＩＰ）数据

初级会计实务 / 翟娟娟，曲雪芹，栾会燕主编. --

杭州 ： 浙江大学出版社，2024.6

ISBN 978-7-308-25038-2

Ⅰ. ①初… Ⅱ. ①翟… ②曲… ③栾… Ⅲ. ①会计实

务 Ⅳ. ①F233

中国国家版本馆 CIP 数据核字(2024)第 104116 号

初级会计实务
CHUJI KUAIJI SHIWU

翟娟娟　曲雪芹　栾会燕　主　编

策划编辑	李　晨
责任编辑	高士吟
责任校对	郑成业
封面设计	春天书装
出版发行	浙江大学出版社
	（杭州市天目山路148号　　邮政编码　310007）
	（网址：http://www.zjupress.com）
排　　版	杭州林智广告有限公司
印　　刷	杭州捷派印务有限公司
开　　本	787mm×1092mm　1/16
印　　张	17.5
字　　数	420千
版 印 次	2024年6月第1版　2024年6月第1次印刷
书　　号	ISBN 978-7-308-25038-2
定　　价	52.90元

PREFACE 前言

党的二十大报告提出，"高质量发展是全面建设社会主义现代化国家的首要任务"，"没有坚实的物质技术基础，就不可能全面建成社会主义现代化强国"，"加快建设现代化经济体系"，"教育、科技、人才是全面建设社会主义现代化国家的基础性、战略性支撑"[①]。面对经济主战场，会计人才必将大有可为。但只有把握扎实的理论技术基础，掌握过硬的本领，牢记职业操守，才能更好地满足新时代高质量发展对会计人才的需求。

初级会计实务是会计学科的基础，涵盖会计的基础知识和必备的应用技能。本教材依据《企业会计准则》的要求，有机融入最新的职业技能等级标准，对企业发生的经济业务涉及的六大会计要素（资产、负债、所有者权益、收入、费用、利润）进行确认、计量、记录和报告。本教材以会计岗位典型工作任务为脉络，划分为货币资金核算、往来结算核算、投资核算、财产物资（存货）核算、财产物资（长期资产）核算、筹资岗位核算、薪酬会计核算、税务会计核算、财务成果核算和财务会计报告编制十个学习情境。

本教材以学习者为中心，从简单到复杂，按照学习情境—任务—业务的线路开展教与学，以典型工作任务为载体，以原始凭证为支撑，从企业日常会计核算到期末编制财务报告全流程理实一体；有效融入课程思政，将知识、能力和正确价值观的培养有机结合。本教材具有以下特色。

（1）"岗课赛证"融通。教材以最新的初级会计职称考试大纲为编写基础，将最新的职业技能等级标准有关内容有机融入教材，满足初级会计职称考试的需求，实现"岗课赛证"融通。

（2）融入思政元素，达到思政育人目的。党的二十大报告提出，"落实立德树人根本任务，培养德智体美劳全面发展的社会主义建设者和接班人"[②]，为深入贯彻落实习近平总书记关于教育的重要论述，全面推进高校课程思政建设，发挥好课程的育人作用，本教材每一学习情境都在知识技能学习的同时开设了素质拓展专栏，并设有开放性问题，将学

---

①② 习近平. 高举中国特色社会主义伟大旗帜 为全面建设社会主义现代化国家而团结奋斗——在中国共产党第二十次全国代表大会上的报告 [N]. 人民日报，2022–10–26(1).

PREFACE

生知识、能力和正确价值观的培养有机结合，培养遵纪守法、诚实守信的专业品格和行为习惯，形成关注现实问题，经世济民、德法兼修的责任意识和职业素养，培养创造精神、服务精神等匠心品质。

（3）工学结合，理实一体，以工作过程为导向。突破市场传统教材和已有教材，真正做到工学结合。充分考虑学习者学习的规律和特点，以会计岗位典型工作任务为脉络，按照案例导入—学习任务—知识准备—任务单—评价反馈的顺序进行设计，特别是"任务单"的设计，通过设计不同难度等级的问题，带领学生完成知识点的归纳总结和重难点的分解学习，为学生独立完成学习任务做好准备。

（4）配套丰富的视频、课件学习资源及课后习题巩固，知识点中穿插相关链接、提示、课堂讨论、思考等小贴士，帮助学生自主学习，引导学生思考探究，自己解决问题。

本教材由杭州科技职业技术学院的翟娟娟、辽宁师范大学海华学院的曲雪芹、烟台黄金职业学院的栾会燕担任主编；杭州科技职业技术学院的韩加国、叶小丹，河南轻工职业学院的邸瑶、广西生态工程职业技术学院的王林担任副主编；其他编写老师还有杭州科技职业技术学院的邵云岚。

在本教材的编写过程中，特别感谢浙江蓝城汉格房产建设管理有限公司副总经理吴恩女女士给予的业务指导！同时谨向参与本教材编写工作的所有人员表示衷心的感谢！本教材既可作为财经类院校的教学用书，也可作为实务工作者的参考用书。本教材获杭州科技职业技术学院教材建设基金立项资助。

书中若有不妥之处，敬请读者批评指正，以便后期修订。

编　者

2024 年 1 月

CONTENTS 目录

学习情境 一　货币资金核算

　　任务一　库存现金的核算.................................002

　　任务二　银行存款的核算.................................007

　　任务三　其他货币资金的核算.............................016

　　素质拓展　一"码"当先，"扫"出新天地...................020

学习情境 二　往来结算核算

　　任务一　往来结算业务（债权）核算.......................023

　　任务二　应收款项减值的核算.............................035

　　任务三　往来结算业务（债务）核算.......................041

　　素质拓展　内诚于心，外信于人...........................049

学习情境 三　投资核算

　　任务一　投资业务识别与判断.............................052

　　任务二　交易性金融资产核算.............................054

　　任务三　长期股权投资核算...............................059

　　素质拓展　你会投资吗？.................................068

学习情境 四　财产物资（存货）核算

　　任务一　存货识别与计量.................................073

　　任务二　原材料的核算...................................080

　　任务三　周转材料的核算.................................088

　　任务四　委托加工物资的核算.............................094

　　任务五　库存商品的核算.................................096

　　任务六　存货的清查与减值...............................100

　　素质拓展　扇贝来了又去——揭露獐子岛财务造假...........106

学习情境 五　财产物资（长期资产）核算

　　任务一　固定资产核算...................................109

　　任务二　无形资产及长期待摊费用核算.....................122

　　任务三　投资性房地产核算...............................129

　　素质拓展　从解决"卡脖子"问题看会计服务.................137

学习情境 六　筹资岗位核算

　　任务一　借款的核算 140

　　任务二　发行债券的核算 143

　　任务三　接受投资的核算 146

　　任务四　留存收益的核算 152

　　任务五　其他资本公积的核算 156

　　素质拓展　看《红楼梦》学内部控制 158

学习情境 七　薪酬会计核算

　　任务一　职工薪酬核算 160

　　任务二　非货币性职工薪酬核算及其他 166

　　素质拓展　看《红楼梦》学业财融合 169

学习情境 八　税务会计核算

　　任务一　增值税核算 172

　　任务二　消费税核算 181

　　任务三　其他税费核算 184

　　素质拓展　冰冷的数字传温情 188

学习情境 九　财务成果核算

　　任务一　收入的核算 191

　　任务二　费用的核算 207

　　任务三　利润及利润分配核算 215

　　素质拓展　会计界的"扫地僧"——洛克菲勒 226

学习情境 十　财务会计报告编制

　　任务一　认识财务报告 229

　　任务二　编制资产负债表 233

　　任务三　编制利润表 246

　　任务四　编制现金流量表 252

　　任务五　所有者权益变动表 262

　　任务六　附注 266

　　素质拓展　解码企业经营的钥匙——会计 269

参考文献 271

学习情境 一

货币资金核算

学习目标

1. 能识别货币资金业务应该用什么会计科目。
2. 熟悉货币资金内部控制的内容和要求。
3. 能区别银行支付结算方式，会选用正确的会计科目进行核算。
4. 能掌握货币资金的核算。
5. 激发学生内心对创新理论的认同，增强对祖国的制度自信和文化自信。
6. 引导学生关注现实问题，培养解决实际问题的能力，树立职业判断意识。

学习任务及学时分配表

序号	学习任务	学时安排	备注
1	库存现金的核算	1 学时	
2	银行存款的核算	1 学时	
3	其他货币资金的核算	0.5 学时	
4	素质拓展：一"码"当先，"扫"出新天地	0.5 学时	
合　计		3学时	

案例导入

　　曾在国家某科研基金管理机构工作的会计卞某涉嫌贪污挪用公款 2 亿余元，最终被法院判为死缓。卞某在案发前的 8 年时间里，利用掌管该科研基金的专项资金下拨权的机会，采用谎称支票作废、偷盖印鉴、削减拨款金额、伪造银行进账单和信汇凭证等手段贪污、挪用公款人民币 2 亿余元。被挪用了这么巨大的金额，为什么该科研基金管理机构完全没有察觉呢？原来卞某担负着资金收付的出纳职能，同时所有的银行单据和银行对账单也都由他一手经办，这使得他得以作案长达 8 年，却一直没有被发现。

　　作为入账凭证，每一笔资金的流向都体现在银行的对账单上，而卞某既管记账又管拨款，身份是会计却又兼具出纳的职能，这就为他贪污挪用公款提供了职务上的便利。比如银行的对账单，都是电脑打印出来的，卞某拿到真对账单，就用同样的纸张和软件程序伪造多张对账单。打印出对账单后还必须要加盖银行印章。卞某长期和银行打交道，与银行工作人员非常熟悉，有时候银行工作人员直接把印章交给他，让他自己盖，这时卞某就可以一次盖很多张。

　　卞某挪用公款长达 8 年才被发现，暴露出该科研基金管理机构在基金管理方面存在着漏洞。正是该基金委员会财务管理制度不标准和基金审批与监管环节存在着诸多漏洞，才给了卞某可乘之机。经侦查发现，该基金委员会财务部门账务极其混乱。

货币资金是流动性最强的资产，也是企业最容易出现问题的环节。我们应该如何管理货币资金，以规避这些风险，防患于未然呢？

货币资金好比企业的血液，如果没有它，企业就会"贫血"，就没有支付能力，就无法把握市场机会，失去竞争力。因此，加强对货币资金的管理和控制，对确保资产的安全完整，防止货币资金被滥用、侵吞以及提高货币资金的使用效率都具有重要意义。

我们先要了解什么是货币资金。货币资金是企业生产经营过程中处于货币形态的资产，是流动性最强的流动资产，亦称为现金资产。货币资金包括三部分，即库存现金、银行存款和其他货币资金。

任务一 库存现金的核算

学习任务

扫描二维码完成学习任务。

学习任务

知识准备

俗话说："手中有钱，心中不慌。"企业的库存现金可以随时用来支付各种费用，是所有商品的一般等价物，使用起来非常方便。但是，如果保险柜放了大量现金，被盗或发生人力难以抗拒的灾难，则会给企业带来损失。而且企业之间以大量的现金流通，会对经济秩序、税收管控带来不利影响。基于现金的这种流动性强的特点，国家制定了现金管理制度，以保证现金的合理流转和安全完整。

现金有狭义和广义之分。狭义的现金是指存放于企业财会部门，由出纳员经管的人民币和外币，即库存现金。广义的现金除了库存现金外，还包括可以随时支用的银行存款、其他货币资金以及现金等价物。本学习情境所述的库存现金为狭义的现金。

一、库存现金的管理

（一）库存现金的收付范围

（1）库存现金的收入范围。根据《现金管理暂行条例》的规定，企业可以在下列范围内收取现金：①剩余差旅费和归还备用金等个人交款；②收取不能转账的单位或个人的销售收入；③不足转账起点的小额收入等。

（2）库存现金的支付范围。根据《现金管理暂行条例》的规定，企业可以在下列范围内使用现金：①职工工资、各种工资性津贴；②个人劳动报酬；③根据国家规定颁发给个人的科学技术、文化艺术、体育等各种活动的奖金；④各种劳保、福利费用以及国家规定的对个人的其他支出；⑤向个人收购农副产品和其他物资支付的款项；⑥出差人员随身携带的差旅费；⑦结算起点（现金支付限额为 1 000 元人民币）以下的零星支出；⑧中国人民银行确定需要支付现金的其他支出。

? 思考：

为什么要规定库存现金的收付范围？公司购买原材料需付 8 万元的价款，能使用现金支付吗？员工小张获单位先进个人奖 3 000 元，可以用现金支付吗？公司购买办公用品需付 800 元的价款，可以用现金支付吗？如果不能用现金支付，该怎么处理？

（二）库存现金的限额

库存现金的限额是指为了保证企业日常零星开支的需要，允许企业留存现金的最高数额。这一限额一般由开户银行根据企业 3 ~ 5 天的日常零星开支的需要核定，边远地区和交通不便地区可以留存多于 5 天但最多不得超过 15 天的日常零星开支。限额一经核定，企业必须严格遵守。库存现金低于限额时应及时补足，超过限额的现金应当于当日终了前存入银行；需要增加或减少库存现金限额时，企业应向开户银行提出申请，由开户银行核定。

💡 重要提示：

1.库存现金限额是由开户银行核定的，不是由中国人民银行、财政部门等核定的，也不是由企业自行确定的。

2.库存现金限额是出纳员保留现金的最大限额。有关现金管理的具体内容请参考 1988 年国务院颁发的《现金管理暂行条例》。

（三）现金日常收支的管理

（1）不得"坐支"现金。所谓"坐支"现金，是指企业从现金收入中直接支付现金的行为。根据《现金管理暂行条例》的规定，企业支付现金可以从企业库存现金限额中支付，也可以从开户银行的基本账户中提取，但不得擅自坐支现金，如有特殊情况需坐支现金，应事先报经开户银行审查批准。

（2）企业借出现金必须执行严格的授权批准程序，严禁擅自挪用、借出现金。

（3）不能编造和谎报用途来套取现金。企业从开户银行提取现金时，应如实写明提取现金的用途，由本单位财会部门负责人签字盖章，经开户银行审批后予以支付。

（4）不准用借条、白条等不符合财会制度的凭证顶替库存现金，即不得"白条抵库"。

（5）不准向他人出租、出借银行账户，代替他人存入或支取现金。

（6）不准将单位收入的现金作为个人储蓄存入银行，不得私设"小金库"和账外现金。

（7）库存现金要定期或不定期地由内部审计人员核查。

二、库存现金的核算

企业库存现金的核算，应先由出纳人员取得或填制相关的原始凭证，再由会计人员对原始凭证进行审核，并根据审核无误的原始凭证填制收、付款凭证。出纳人员办理现金收付款项时，必须进行复核，当面清点，在凭证上加盖"现金收讫"或"现金付讫"戳记。

（一）库存现金的总分类核算

企业库存现金的收支和结存情况，应设置"库存现金"账户进行核算。相关账务处理如表 1-1 所示。

表 1-1 库存现金收支的账务处理

业务 1	账务处理
预借差旅费	借：其他应收款——备用金 　　贷：库存现金
收到销售产品的现金收入	借：库存现金 　　贷：主营业务收入 　　　　应交税费——应交增值税（销项税额）

库存现金总分类账应由出纳以外的会计人员登记。不同会计核算形式下，登记现金总账的方法也不同：可以根据收、付款凭证直接登记；根据科目汇总表、汇总记账凭证等定期登记。

（二）库存现金的序时核算

为了及时、连续、系统地反映库存现金收支和结存情况，企业应设置"库存现金日记账"进行序时核算。有外币现金的企业，应按不同币种分别设置"库存现金日记账"进行序时核算。

"库存现金日记账"必须采用订本账，可以选择"三栏式"或"多栏式"账页。该账簿由出纳人员根据审核无误的收、付款凭证及所附的原始凭证，按照现金收付业务发生的先后顺序逐日逐笔登记。每日终了，应结出库存现金结余数，并与库存现金实有数核对，做到日清日结，保证账款相符。如果发现账款不符，应及时查明原因进行处理。月份终了，出纳登记的"库存现金日记账"余额应与会计人员登记的"库存现金总分类账"余额核对相符。

三、库存现金的清查

为了加强对库存现金的管理，保证库存现金的安全，防止丢失、被盗、侵占挪用和记账错误，必须对库存现金进行清查。

库存现金清查包括：①出纳人员每日的清点核对；②清查小组（包括审计、中介机构）定期、不定期的清查。

（一）库存现金清查的方法

库存现金清查的方法，主要是实地盘点法，即以库存现金实有数与库存现金日记账的账面余额进行核对，包括对库存现金收支情况的检查核对。清查小组清查时，出纳人员必须在场。

（二）库存现金清查的内容

库存现金清查的主要内容有：①检查库存现金账款是否相符；②检查是否超限额留存

现金；③现金收付范围规定的执行情况；④现金管理要求的遵守情况，是否有挪用现金、是否有"白条"抵库、公款私存等情况。

库存现金清查的结果，应编制"库存现金盘点报告表"，注明现金溢余或短缺的金额，并由出纳人员、盘点人员签名盖章；超限额留存的现金要及时送存银行；如果发现库存现金存在擅自坐支、挪用现金、白条抵库等不规范情况的，应及时纠正。对情节严重并数额较大的，应以书面形式报告领导请求作出处理。

（三）库存现金清查结果的账务处理

库存现金清查发现溢余或短缺的，应先将溢余或短缺款转入"待处理财产损溢——待处理流动资产损溢"账户，待查明原因后及时进行处理（见表1-2）。

表1-2　库存现金清查结果的账务处理

业务2	账务处理	
现金短缺，属于少收或多付，应由相关单位或人员赔偿的	借：待处理财产损溢——待处理流动资产损溢 　　贷：库存现金 借：其他应收款——应收赔偿款 　　管理费用 　　贷：待处理财产损溢——待处理流动资产损溢	（现金短款） （由责任人赔偿部分） （无法查明原因的短缺） （现金短款）
现金溢余，属于多收或少付	借：库存现金 　　贷：待处理财产损溢——待处理流动资产损溢 借：待处理财产损溢——待处理流动资产损溢 　　贷：其他应付款——其他应付暂收款 　　营业外收入	（现金溢余） （现金溢余） （应退还给有关人员和单位的） （无法查明原因的溢余）

【业务范例1-1】前景股份有限公司是增值税一般纳税人，发生下列库存现金业务。

（1）2023年5月8日，前景公司出售产品10件，价款800元，增值税104元，收到现款904元。

（2）5月10日公司技术员王海因公外出，预借差旅费1 500元，以现金支付。

（3）5月25日收到五星公司归还的租用包装物押金700元。

（4）前景公司5月末进行库存现金的清查，发现短缺150元。

（5）经查实，现金短缺中的100元属于出纳赵海的工作责任，应由其赔偿，赔款尚未收到；另外50元无法查明原因，经批准作为管理费用处理。

（6）公司于9月末进行库存现金的清查，发现库存现金溢余180元。

（7）经查实，有150元为多收万方公司的价款，应予以退还；其余30元无法查明原因，经批准作为营业外收入。

业务处理如表1-3所示。

表1-3　业务范例1-1的核算

业务	账务处理	
（1）2023年5月8日出售产品10件	借：库存现金 　　贷：主营业务收入 　　应交税费——应交增值税（销项税额）	904 800 104

续表

业务	账务处理
（2）5月10日预借差旅费	借：其他应收款——备用金（王海） 1 500 　　贷：库存现金 1 500
（3）5月25日收到归还的租用包装物押金	借：库存现金 700 　　贷：其他应收款——存出保证金（五星公司） 700
（4）5月末进行库存现金的清查，发现短缺	借：待处理财产损溢——待处理流动资产损溢 150 　　贷：库存现金 150
（5）对现金短缺的处理	借：其他应收款——应收赔偿款（赵海） 100 　　管理费用 50 　　贷：待处理财产损溢——待处理流动资产损溢 150
（6）9月末进行库存现金的清查，发现现金溢余	借：库存现金 180 　　贷：待处理财产损溢——待处理流动资产损溢 180
（7）对现金溢余的处理	借：待处理财产损溢——待处理流动资产损溢 180 　　贷：其他应付款——万方公司 150 　　营业外收入 30

任务单

1. 库存现金清查的结果，应编制 ＿＿＿＿＿＿＿＿＿＿＿＿＿＿＿ ，注明现金溢余或短缺的金额，并由 ＿＿＿＿＿＿＿＿＿＿＿＿＿ 、＿＿＿＿＿＿＿＿＿＿＿＿＿ 签名盖章。

2. 广义的现金除了 ＿＿＿＿＿＿＿＿＿＿＿ 外，还包括可以随时支用的 ＿＿＿＿＿＿＿＿＿＿＿ 、＿＿＿＿＿＿＿＿＿＿＿ 以及 ＿＿＿＿＿＿＿＿＿＿＿ 。

3. 企业在现金清查中发现有待查明原因的现金短缺或溢余，已按管理权限批准，下列各项中，有关会计处理不正确的是（　　）。

A. 无法查明原因的现金溢余，应借记"待处理财产损溢"科目，贷记"营业外收入"科目

B. 应由保险公司赔偿的现金短缺，应借记"其他应收款"科目，贷记"待处理财产损溢"科目

C. 应支付给有关单位的现金溢余，应借记"待处理财产损溢"科目，贷记"其他应付款"科目

D. 无法查明原因的现金短缺，应借记"营业外支出"科目，贷记"待处理财产损溢"科目

4. 下列各项中，企业经批准转销无法查明原因的现金溢余应记入的会计科目是（　　）。

A. 其他业务收入　　　　B. 财务费用　　　　C. 营业外收入　　　　D. 管理费用

5. 根据《现金管理暂行条例》的规定，下列业务中，可以使用现金结算的是（　　）。

A. 向农民收购的农副产品5万元　　　　B. 购买原材料10万元

C. 接受投资人投资100万元　　　　　　D. 归还银行借款50万元

6. 企业一般不得从现金收入中直接支付现金，因特殊情况需要坐支现金的，应事先报经（　　）审查批准。

A.上级部门　　　B.开户银行　　　C.税务部门　　　D.工商行政管理部门

7.发现库存现金溢余时，涉及的会计科目有（　　）。

A.库存现金　　　B.其他应付款　　C.营业外收入

D.管理费用　　　　E.待处理财产损溢

8.判断：在现金清查中，发现现金短缺80元，后经过调查，认为出纳员小王有一定的责任，经领导批准，小王应赔偿50元，剩余部分由公司承担。在审批后的分录中，应贷记"待处理财产损溢——待处理流动资产损溢"30元。（　　）

9.判断：对库存现金进行盘点时，出纳人员必须在场，有关业务必须在库存现金日记账中全部登记完毕。（　　）

10.判断：库存现金的清查包括出纳人员每日的清点核对和清查小组定期与不定期的清查。（　　）

任务二　银行存款的核算

学习任务

扫描二维码完成学习任务。

知识准备

既然对现金使用的范围做了规定，那么不能通过现金收付的款项该怎么办？很简单，可以通过银行办理转账结算。也就是说，企业应在银行开设结算账户，并存入足够的资金，当发生超出现金收付范围的货币收付行为时，通过开户银行进行办理。

一、银行存款的管理

（一）银行结算账户的开设

银行结算账户是存款人在经办银行开立的办理资金收付结算的人民币活期存款账户。企业应按中国人民银行发布的《人民币银行结算账户管理办法》的规定开设、使用银行结算账户。企业是以单位名义开立银行结算账户的。企业的银行结算账户按照用途可分为基本存款账户、一般存款账户、临时存款账户、专用存款账户四类，其名称、使用范围和开立要求等如表1-4所示。

表1-4　四类存款账户比较

名称	概念（含义）	使用范围	数量及有效期	开立要求
基本存款账户	存款人办理日常转账结算和现金收付的账户，是存款人的主办账户	办理日常经营活动资金收付及其工资、奖金和现金的支取	只能开立一个无期限限制	（1）向人民银行当地分支机构申请，其核准发给许可证； （2）向所在地商业银行的一个分支机构开立； （3）提供营业执照、税务登记证、法人代表资料（身份证、授权代理人身份证、预留印鉴卡等）

续表

名称	概念（含义）	使用范围	数量及有效期	开立要求
一般存款账户	存款人借款或其他结算需要在基本存款账户开户银行以外的银行营业机构开立的账户	办理借款转存、借款归还和其他结算的资金收付。可以办理现金缴存，不能支取现金	无数量限制 无期限限制	（1）向商业银行的分支机构申请，实行备案制；（2）提供其开立基本存款账户的证明文件、开户登记证；（3）借款需要的，出具借款合同；其他需要的，出具有关证明
临时存款账户	存款人因临时需要并在规定期限内使用而开立的账户	办理临时机构以及存款人临时经营活动的资金收付。可以办理转账结算，也可以按规定办理现金收付	依账户性质有限制（"一地一个""一项一个"）最长不得超过两年	（1）向商业银行的分支机构申请，实行核准制；（2）提供异地临时经营、设立临时机构等证明文件；（3）临时机构需要外地开户，还应提供基本存款账户的开户登记证
专用存款账户	存款人按法律法规，对其特定用途资金进行专项管理和使用而开立的账户	粮、棉、油收购资金，社会保障基金，党、团费等账户，可按规定办理现金收付。基建资金、政策性开发资金等的现金支取需经人民银行批准收入汇缴账户，只收不付；业务支出类账户只付不收	同一证明，只能开立一个 无期限限制	（1）向商业银行的分支机构申请，预算单位实行核准制，其他为备案制；（2）提供基本存款账户的证明文件、开户登记证；（3）提供相关批文或证明资料

（二）银行支付结算的基本原则和办理要求

支付结算的基本原则是单位、个人和银行在办理支付结算过程中应遵循的基本规定。根据《支付结算办法》的规定，支付结算应当遵循以下基本原则。

（1）恪守信用，履约付款。支付结算当事人必须依照双方的约定享有权利和承担义务，尤其是对付款当事人而言，应强调诚实信用，按照约定的金额和日期履行付款义务。

（2）谁的钱进谁的账，由谁支配。银行在办理支付结算过程中，应当尊重存款人的资金支配自主权，根据委托人的意志，做到是谁的钱就进谁的账，不介入当事人之间的交易纠纷，切实保障当事人存款的正常支付。

（3）银行不垫款。银行是结算活动的中介机构，责任在于办理资金在结算当事人之间的转移手续，不为结算当事人中的任何一方垫付资金。这一原则旨在划清银行资金与结算当事人存款资金的界限，防止透支和盲目扩大信贷资金。

办理支付结算的基本要求主要有以下几个方面：①单位、个人和银行应当按照《人民币银行结算账户管理办法》的规定开立、使用银行账户；②单位、个人和银行办理支付结算必须使用按中国人民银行统一规定印制的票据和结算凭证；③票据和结算凭证上的签章和其他记载事项应当真实，不得伪造、变造；④填写票据和结算凭证应当规范，做到要素齐全、数字正确、字迹清晰、防止涂改。

二、银行支付结算方式

收付单位所在地不同，交易性质不同，银行支付结算方式也不同。按现行《支付结算办法》的规定，银行结算方式主要包括支票、银行汇票、银行本票、商业汇票、汇兑、委托收款、托收承付、信用卡等方式。各种结算方式按结算双方所在地区不同，可以分为同城结算和异地结算。同城结算是指收付款双方在同一城市（同一票据交换区，下同）的结算；异地结算是指收付款双方不在同一城市（含县、县级市）的结算。

（一）银行汇票结算方式

去外地购货，供货单位要见"钱"才发货，带大量的现金既不方便也不安全，怎么办呢？这时，可选择银行汇票方式结算货款。

1. 银行汇票的概念

银行汇票是出票银行签发的，由其在见票时按照实际结算金额无条件支付给收款人或持票人的票据。银行汇票结算是指申请人将款项交存银行（或账户有存款），由银行签发汇票给申请人，申请人持汇票办理转账结算或支取现金的一种结算方式。银行汇票由银行签发，具有票随人到、用款及时、付款有保证、使用灵活的特点。

2. 银行汇票结算的基本规定

（1）单位和个人的各种款项结算，均可使用银行汇票。

（2）银行汇票可以用于转账，填明"现金"字样的可以支取现金。

（3）银行汇票的提示付款期限为自出票日起的1个月（按次月对日计算）。

（4）银行汇票可以背书转让，填明"现金"字样的银行汇票和未填写实际结算金额或实际结算金额超出出票金额的银行汇票不得背书转让。

（5）银行汇票可以分次支取；也可以在收款人和用途不变的情况下转汇；银行汇票逾期或其他原因要求退款的，可以办理退汇。

（6）银行汇票丧失：已填明"现金"字样和代理付款人的银行汇票，失票人可以挂失止付；未填明"现金"字样和代理付款人的银行汇票丧失，不得挂失止付，但失票人可以凭人民法院出具的其享有票据权利的证明，向出票银行请求付款或退款。

3. 银行汇票结算的流程

银行汇票结算方式的流程如图1-1所示。

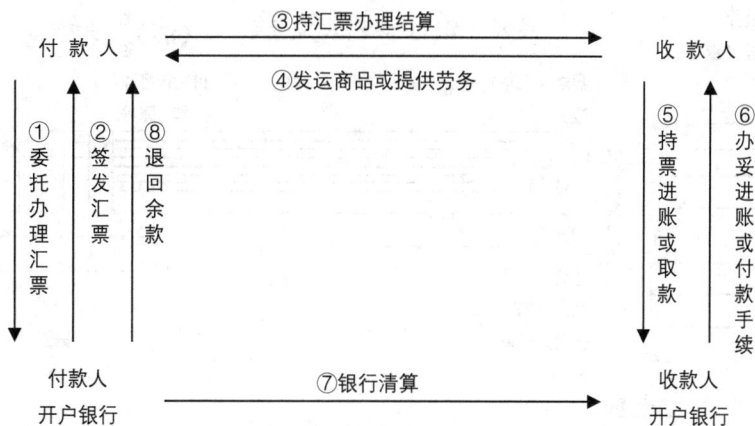

图1-1 银行汇票结算的流程

银行汇票结算方式的账务处理是通过"其他货币资金"账户进行的,具体内容见学习情境一的任务三。

(二)银行本票结算方式

1. 银行本票的概念

银行本票是银行签发的,承诺自己在见票时无条件支付确定的金额给收款人或持票人的票据。银行本票结算是指申请人将款项交存银行(或账户有存款),由银行签发给申请人,凭以办理转账结算或支取现金的一种结算方式。银行本票由银行签发,具有票随人到、见票付款、支付功能强、信誉度高的特点。

2. 银行本票结算的基本规定、结算程序与银行汇票基本一致

银行本票结算方式的账务处理,也是通过"其他货币资金"账户进行的,具体内容见学习情境一的任务三。

💡 **重要提示:**

银行汇票结算方式与银行本票结算方式的主要区别如下。

(1)银行汇票的提示付款期限为1个月,而银行本票为2个月;

(2)银行汇票同城异地均可使用,而银行本票仅限同城(同一票据交换区)使用;

(3)两者信用等级不一样,银行汇票属于汇款办理凭证,银行本票是银行内款项划转的凭证,信用度高于银行汇票。

(三)支票结算方式

当企业的库存现金限额不足时,要到开户银行提取现金怎么办?答案是:开支票。

1. 支票的概念

支票是出票人签发的,委托办理支票存款业务的银行在见票时无条件支付确定的金额给收款人或持票人的票据。支票实际上是付款人开出的付款通知。支票结算方式具有应用广泛、灵活方便的特点。转账支票的式样如图1-2所示。

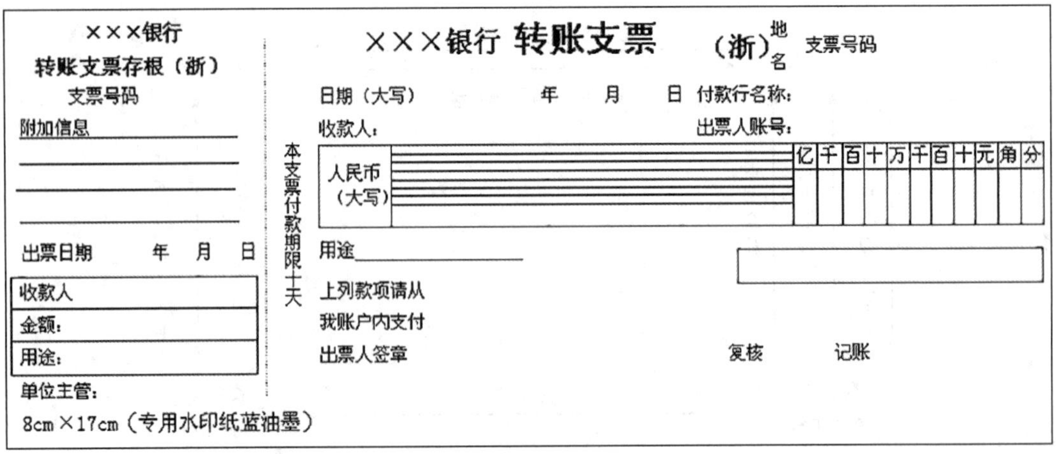

图1-2 转账支票的式样

2. 支票结算的基本规定

（1）支票有三种：支票上印有"现金"字样的为现金支票，它只能用于提取现金；支票上印有"转账"字样的为转账支票，它只能用于转账；支票上未印有"现金"或"转账"字样的为普通支票，它既可以用于转账，也可以用于提取现金。在普通支票左上角划两条平行线的，为划线支票，划线支票只能用于转账，不得支取现金。

（2）出票人签发支票时，应用碳素墨水或墨汁正确填写各项目（日期需大写）。金额、出票或签发日期、收款人名称不得更改，更改的票据无效；更改的结算凭证，银行不予受理。支票的金额、收款人名称，可以由出票人授权补记。

（3）签发支票的金额不得超过付款时在付款人处实有的存款金额。禁止签发空头支票，不得签发支付密码错误的支票，不得签发与其预留银行签章不符的支票。

（4）转账支票可以背书转让，支取现金的支票不得背书转让。

（5）支票的提示付款期限为自出票日起 10 日内，中国人民银行另有规定的除外。超过提示付款期限的，持票人开户银行不予受理，付款人不予付款。

（6）支票丧失时，可以由失票人通知付款人或者代理付款人挂失止付。

支票结算应通过"银行存款"账户进行核算。

（四）汇兑结算方式

企业购货或接受了劳务，怎么把钱付给外地的供货人呢？汇兑结算是一种方式。

1. 汇兑的概念

汇兑是汇款人委托银行将其款项支付给收款人结算的一种方式，汇兑结算是一种传统的结算方式，使用灵活简便。

2. 汇兑结算的基本规定

汇兑分为信汇和电汇两种。异地的单位和个人各种款项的结算，均可采用汇兑结算方式；收款人为个人的，需要到汇入银行领取汇款的，应在汇兑凭证上注明"留行待取"字样才可办理；汇款凭证上加盖"转汇"戳记，可以办理转汇；可以以收款人名义在汇入银行开立临时存款账户进行分次支付。

付款人以汇兑方式汇出款项的账务处理有两种情况：一是汇往异地开立采购专户的，形成"其他货币资金——外埠存款"账户，具体内容见学习情境一的任务三；二是当即用于支付款项的，应通过"银行存款"账户进行核算。

（五）委托收款结算方式

企业销售了商品，提供了劳务，但可能没有当即收到钱，这时可以委托银行代为收取。

1. 委托收款的概念

委托收款是收款人委托银行向付款人收取款项的结算方式。这是一种收款人主动委托其开户银行办理款项收取的方式。

2. 委托收款结算的基本规定

（1）委托收款适用于单位和个人凭已承兑商业汇票、债券、存单等付款人债务证明办理款项的结算。

（2）同城异地均可以使用委托收款的结算方式，收取公用事业费限于同城，并应签订合同。

（3）委托收款结算款项的划回方式，分邮寄和电报划回两种。

3. 委托收款结算的流程

（1）托收。收款人委托银行收款时，应完整规范地签发委托收款凭证，并向银行提交有关债务证明资料。托收成立的标志是办妥托收手续。

（2）承付。付款人收到开户银行交来的债务证明，应签收并于接到付款通知当日书面通知银行付款。若付款人在银行发出通知的次日起3日内未通知银行付款的，视作同意付款，银行在发出通知的次日起第4日，将款项划给收款人。

（3）拒绝付款。付款人审查有关债务证明后，对收取的款项需要拒绝付款的，应在付款人接到通知的次日起3日内提出拒付理由，并将拒绝证明、债务证明和有关凭证送交开户银行，通过委托银行转交收款人。

（4）延期付款。银行在办理划款时，付款人存款账户不足支付的，付款人开户银行通过委托银行向收款人办理转退手续，将债务证明、未付款项通知书转交收款人。

企业委托收款业务应通过"应收账款"账户进行核算。

（六）托收承付结算方式

1. 托收承付的概念

托收承付是根据购销合同由收款人发货后委托银行向异地付款人收取款项，由付款人向银行承认付款的结算方式。托收承付结算方式严谨规范，银行有一定监督权，能较好地保证购销双方的权益，所以其适用范围是有限制的。

2. 托收承付结算的基本规定

（1）使用托收承付结算方式的收款单位和付款单位，必须是国有企业、供销合作社以及经营管理较好，并经开户银行审查同意的城乡集体所有制工业企业。

（2）托收承付结算每笔的金额起点为10 000元。托收承付结算款项的划回方法，分邮寄和电报两种。

（3）办理托收承付结算的款项，必须是商品交易，以及因商品交易而产生的劳务供应的款项，并且收付双方应签有规范的购销合同。

3. 托收承付的结算流程

（1）托收。收款人按照购销合同发货后，应将托收凭证并附发送证件或其他符合托收承付结算的有关凭证和交易单证送交银行办理托收。企业办妥托收手续则为托收成立。

（2）承付。付款人收到开户银行交来的托收凭证及其附件后，应在承付期内审查核对，并安排资金进行承付。承付货款分为验单付款和验货付款两种方式。

① 验单付款。验单付款期为3天，从付款人开户银行发出承付通知的次日算起（承付期内遇法定休假日顺延）。付款人在承付期内，未向银行表示拒绝付款，银行即视作承付，并代付款人划款给收款人。

② 验货付款。验货付款的承付期为10天，从运输部门向付款人发出到货通知的次日算起，付款人收到提货通知后，应立即向银行交验货提货通知。

托收承付结算业务应通过"应收账款"账户进行核算。

💡 重要提示：

托收承付与委托收款差别不大，两者使用凭证、结算程序、账务处理基本一致。但托收承付在适用范围上比委托收款方式要窄，在银行监督上比委托收款要严格。

（七）信用卡结算方式

信用卡支付是借记卡支付的延伸，持卡人可在收款方授权指定的银行机构及收单行签订的商户点使用信用卡支付。

1. 信用卡的概念

信用卡是商业银行向个人和单位发行的，凭此向特约单位购物、消费和向银行存取现金，且有消费信用的特制载体卡片。信用卡结算具有结算快速、使用简便、资金安全的特点。

2. 信用卡的基本规定

（1）信用卡按使用对象分为单位卡和个人卡；按信誉等级分为金卡和普通卡等。

（2）凡开立基本存款账户的单位可申请单位卡。单位卡可申领若干张，持卡人资格由申领单位法定代表人或其委托代理人书面指定和注销。发卡银行可根据申请人的资信程度，要求其提供担保。

（3）单位卡账户的资金一律从基本存款账户转入，不得交存现金，不得将销售收入的款项存入，也不能支取现金。

（4）单位卡不得用于 10 万元以上的商品交易、劳务供应款项的结算。

（5）信用卡可以在限额内透支。如果信用卡遗失，应及时通过发卡银行挂失。

企业信用卡存款属于"其他货币资金"账户，其转存、支付结算的账务处理见学习情境一的任务三。

三、银行存款的核算

（一）银行存款的总分类核算

企业银行存款的收支及其结存情况，应设置"银行存款"账户进行核算。该账户核算企业存入银行或其他金融机构的各种款项。银行存款总分类账也是由会计人员登记的，其格式和登记方法与库存现金总分类账基本相同。

（二）银行存款的序时核算

为了及时、详细地反映银行存款的收支和结存情况，企业应按开户银行、存款种类、币种等设置"银行存款日记账"进行银行存款的序时核算。

"银行存款日记账"必须采用订本账，可选择三栏式或多栏式账页。银行存款日记账由出纳人员根据审核无误的收、付款凭证及所附的原始凭证，按经济业务发生的先后顺序逐日逐笔登记。每日终了，应结出银行存款的结余数。月份终了，出纳登记的"银行存款日记账"余额应与会计人员登记的"银行存款总分类账"余额核对相符。"银行存款日记账"的记录及余额还应在月末（或定期）与开户银行的对账单核对。

四、银行存款的清查

（一）清查的内容和方法

为了及时、准确地掌握银行存款实际金额，防止差错和控制支出，企业应按期进行对账。银行存款日记账的核对主要包括三个环节：一是银行存款日记账与银行存款收、付款凭证要互相核对，做到账证相符；二是银行存款日记账与银行存款总分类账要互相核对，做到账账相符；三是银行存款日记账与开户银行开出的对账单要互相核对，以便做到账款相符，并能准确地掌握企业可运用的银行存款实有数。将银行存款日记账和对账单进行逐笔核对时，如果双方余额不一致，要及时查找原因。属记账差错的，应立即更正；由未达账项引起的，应进行调节。

（二）未达账项的概念和种类

所谓未达账项，是指企业与开户银行之间由于凭证传递上的时间差，一方已登记入账，而另一方尚未入账的账项。它主要有以下四种情况。

（1）企业已经收款入账，而银行尚未收款入账。

（2）企业已经付款入账，而银行尚未付款入账。

（3）银行已经收款入账，而企业尚未收款入账。

（4）银行已经付款入账，而企业尚未付款入账。

（三）银行存款余额调节表的编制

为了消除未达账项对企业和银行双方存款余额的影响，企业应编制"银行存款余额调节表"进行调节。调节的基本方法是将"未达账项"看作"已达账项"，即在双方余额的基础上，加上应收的"未达账项"，减去应付的"未达账项"，结出余额。如果调节后双方余额相等，一般说明记账没有差错。

需注意的是，编制"银行存款余额调节表"是为了核对账目，并不能作为记账的依据，"未达款项"无须进行账务处理，待有关结算凭证到达后再据以编制记账凭证和登记入账。

💡 重要提示：

1."银行存款对账单"和"银行存款余额调节表"都不是原始凭证，但它们都是重要的会计资料。

2. 反映企业银行存款实有数的是"银行存款余额调节表"中的"调节后的余额"。

另外，对于企业存在银行或其他金融机构的款项已经部分不能收回或全部不能收回的，应当查明原因进行处理，有确凿证据表明无法收回的，应当根据管理权限报经批准后，借记"营业外支出"账户，贷记"银行存款"账户。

【业务范例1-2】前景股份有限公司是增值税一般纳税人，发生下列银行存款业务。

（1）2023年3月15日前景公司收回F公司以转账支票偿还前欠的货款18 000元。

（2）2023年3月23日前景公司前欠A公司货款100 000元，现以信汇方式付款。

业务处理如表1-5所示。

表 1-5 业务范例 1-2 的核算

业务	账务处理
（1）收回F公司以转账支票偿还前欠的货款	借：银行存款　　　　　　　　　　18 000 　　贷：应收账款——F公司　　　　　　　18 000
（2）前景公司以信汇方式偿还前欠A公司货款	借：应付账款——A公司　　　　　100 000 　　贷：银行存款　　　　　　　　　　100 000

【业务范例 1-3】2023 年 9 月 30 日，前景公司银行存款日记账余额为 645 000 元，银行转来对账单的余额为 1 080 000 元，经逐笔核对，发现以下未达账项：（1）企业送存转账支票 450 000 元，已登记银行存款增加，但银行尚未记账；（2）企业开出转账支票 390 000 元，但持票人尚未到银行办理转账手续，故银行尚未记账；（3）企业委托银行代收某公司货款 622 500 元，银行已收妥并登记入账，但企业尚未收到收款通知，尚未记账；（4）银行代企业支付电费 127 500 元，银行已登记企业存款减少，但企业未收到银行付款通知，尚未记账。

根据上述资料，编制银行存款余额调节表，如表 1-6 所示。

表 1-6 银行存款余额调节表

2023 年 9 月 30 日　　　　　　　　　　　　　　　　　　　　单位：元

项　目	金　额	项　目	金　额
企业银行存款日记账余额	645 000	银行对账单余额	1 080 000
加：银行已收，企业未收	622 500	加：企业已收，银行未收	450 000
减：银行已付，企业未付	127 500	减：企业已付，银行未付	390 000
调节后的余额	1 140 000	调节后的余额	1 140 000

任务单

1.企业银行存款账户按照用途可以分为 _____、_____、_____、_____ 四类。

2.托收承付结算方式，承付货款分为 _____ 和 _____ 两种方式。

3.银行结算方式主要包括 _____、_____、_____、_____、_____、_____、_____、_____ 等。其中不通过"银行存款"科目核算的是 _____、_____、_____、_____、_____ 和 _____。

4."银行存款"和"库存现金"总分类账的登记人员，应是 _____；银行存款清查核对的方法是 _____。

5.银行汇票结算是指申请人将款项交存银行（或账户存款），由 _____ 汇票给申请人，申请人持汇票办理 _____ 或支取现金的一种结算方式。

6.下列支付结算方式中，需签订有购销合同才能使用的是（　　）。

A.银行汇票　　　　　B.支票　　　　　C.托收承付　　　　　D.汇兑

7.收到下列单据，可通过"银行存款"账户核算的有（　　）。

A.支票　　　　　　　B.银行本票　　　　　C.银行汇票

D.商业汇票　　　　　E.电汇单

8.下列各项，会导致星海公司银行存款日记账余额小于银行对账单余额的是（　　）。

A.星海公司开出支票，对方未到银行兑现

B.银行误将其他公司的存款计入星海公司银行存款账户

C.银行代扣水电费，星海公司接到付款通知

D.银行收到委托收款结算方式下的结算款项，星海公司未收到收款通知

9.判断："银行存款日记账"应定期与"银行对账单"核对，至少每年核对一次。（　　）

10.判断：2023 年 10 月 12 日，星海公司填制信用卡申请表，连同 1 万元转账支票和有关资料一并送交发卡银行，申请单位信用卡。此业务应借记"信用卡存款"总账科目。（　　）

任务三　其他货币资金的核算

学习任务

扫描二维码完成学习任务。

学习任务

知识准备

企业的经营资金中，有些货币资金的存款地点和用途与库存现金和银行存款不同，我们把这些除库存现金和银行存款以外的货币资金称为其他货币资金。其他货币资金主要包括的内容如图 1-3 所示。

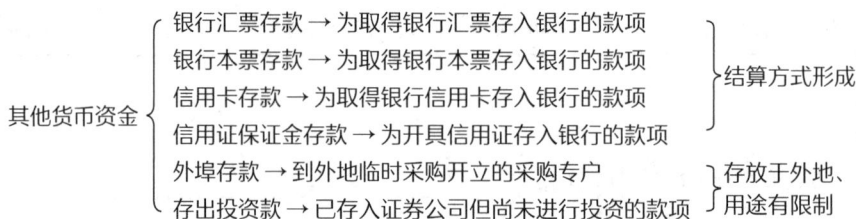

其他货币资金 {
银行汇票存款 → 为取得银行汇票存入银行的款项
银行本票存款 → 为取得银行本票存入银行的款项
信用卡存款 → 为取得银行信用卡存入银行的款项 } 结算方式形成
信用证保证金存款 → 为开具信用证存入银行的款项
外埠存款 → 到外地临时采购开立的采购专户 } 存放于外地、
存出投资款 → 已存入证券公司但尚未进行投资的款项 } 用途有限制

图 1-3　其他货币资金

企业其他货币资金，应设置"其他货币资金"账户进行核算。该账户应按照银行汇票或本票、信用卡的发放银行、信用证的收款单位，外埠存款的开户银行，分别通过"银行汇票""银行本票""外埠存款""信用卡存款""信用证保证金""存出投资款"进行明细核算（见表 1-7 至表 1-11）。

一、银行汇票存款和银行本票存款

表 1-7　银行汇票存款和银行本票存款的账务处理

业务 1	账务处理
企业申请取得银行汇票、银行本票	借：其他货币资金——银行汇票或银行本票 　　贷：银行存款

续表

业务 1	账务处理
企业持有银行汇票、银行本票购入材料等	借：原材料 　　应交税费——应交增值税（进项税额） 　贷：其他货币资金——银行汇票或银行本票
若有多余款项退回	借：银行存款 　贷：其他货币资金——银行汇票或银行本票

二、外埠存款

企业到外地采购物资，如果供应单位分散，采购次数零星，时间较长，可将资金汇往采购地银行开立采购专户进行结算。采购完毕后，外地银行应将多余存款退回企业开户银行。

表 1-8　外埠存款的账务处理

业务 2	账务处理
企业到外地采购物资，将资金汇往采购地银行开设采购专户	借：其他货币资金——外埠存款 　贷：银行存款
在外地采购物资	借：原材料 　　应交税费——应交增值税（进项税额） 　贷：其他货币资金——外埠存款
采购完毕，外地银行将多余款项退回企业开户银行	借：银行存款 　贷：其他货币资金——外埠存款

三、信用卡存款

表 1-9　信用卡存款的账务处理

业务 3	账务处理
企业按规定填制信用卡申请表，并从基本存款户划款取得信用卡及其使用结算	借：其他货币资金——××银行（信用卡） 　贷：银行存款
使用信用卡支付相关费用	借：管理费用等 　　应交税费——应交增值税（进项税额） 　贷：其他货币资金——××银行（信用卡）

四、信用证保证金

表 1-10　信用证保证金存款的账务处理

业务 4	账务处理
企业填写"信用证申请书"，并划款	借：其他货币资金——信用证保证金 　贷：银行存款
根据供货单位信用结算凭证及发票等	借：原材料等 　　应交税费——应交增值税（进项税额） 　贷：其他货币资金——信用证保证金

续表

业务 4	账务处理
多余款项退回开户行	借：银行存款 　　贷：其他货币资金——信用证保证金

五、存出投资款

表 1-11　存出投资款的账务处理

业务 5	账务处理
企业从存款户划款至证券公司准备用于投资时	借：其他货币资金——存出投资款 　　贷：银行存款
企业用存入证券公司专款购买股票、债券等进行投资时	借：交易性金融资产——成本 　　投资收益（发生的交易费用） 　　应交税费——应交增值税（进项税额） 　　贷：其他货币资金——存出投资款

【业务范例 1-4】前景股份有限公司是增值税一般纳税人，发生下列其他货币资金业务。

（1）前景公司 2023 年 4 月 2 日从银行结算账户划款 67 800 元申请签发银行汇票，用于采购材料。4 月 10 日前景公司持银行汇票购入材料，价款为 60 000 元，增值税税额为 7 800 元，材料已验收入库。

（2）前景公司需在武汉采购材料，购货单位和采购量具有不确定性，于 4 月 14 日将 50 万元汇到工行武汉三江支行开立临时采购专户。并于 4 月 25 日收到从武汉钢铁公司购入的钢材增值税专用发票，发票所列货款为 40 万元，增值税为 52 000 元，材料已验收入库；同时收到退回的余额 48 000 元。

（3）前景公司 4 月 17 日填制"信用卡申请书"，向杭州银行高新支行申请开立信用卡，并划款 5 万元。并于 20 日用信用卡支付业务招待费 2 000 元（取得普通发票）。

（4）前景公司于 4 月 25 日划款 200 万元存入中信证券公司，以备用于投资。4 月 28 日公司用存在中信证券公司的款项购入"中集车辆"股票，准备随时用于出售，实际支付金额 100 万元，交易费用 2 500 元，取得增值税专用发票上注明的增值税税额 150 元。

业务处理如表 1-12 所示。

表 1-12　业务范例 1-4 的核算

	业务	账务处理		
（1）	2023 年 4 月 2 日申请取得银行汇票时	借：其他货币资金——银行汇票 　　贷：银行存款	67 800	67 800
	4 月 10 日持银行汇票购入材料时	借：原材料 　　应交税费——应交增值税（进项税额） 　　贷：其他货币资金——银行汇票	60 000 7 800	67 800

续表

	业务	账务处理
(2)	4月14日汇出款项开立采购专户时	借：其他货币资金——工行武汉三江支行（外埠存款）500 000 　　贷：银行存款　　　　　　　　　　　　　　　　　500 000
	4月25日收到从武汉钢铁公司购入的钢材	借：原材料　　　　　　　　　　　　　　　　　400 000 　　应交税费——应交增值税（进项税额）　　　　52 000 　　贷：其他货币资金——工行武汉三江支行（外埠存款）　452 000
	收到退回的余额	借：银行存款　　　　　　　　　　　　　　　　　48 000 　　贷：其他货币资金——工行武汉三江支行（外埠存款）　48 000
(3)	4月17日申请开立信用卡	借：其他货币资金——杭州银行高新支行（信用卡）　50 000 　　贷：银行存款　　　　　　　　　　　　　　　　50 000
	20日用信用卡支付业务招待费	借：管理费用　　　　　　　　　　　　　　　　　2 000 　　贷：其他货币资金——杭州银行高新支行（信用卡）　2 000
(4)	4月25日划款200万元存入中信证券公司	借：其他货币资金——中信证券公司（存出投资款）2 000 000 　　贷：银行存款　　　　　　　　　　　　　　　2 000 000
	4月28日购入"中集车辆"股票	借：交易性金融资产——中集车辆（成本）　　1 000 000 　　投资收益　　　　　　　　　　　　　　　　2 500 　　应交税费——应交增值税（进项税额）　　　　150 　　贷：其他货币资金——中信证券公司（存出投资款）　1 002 650

扫描二维码学习微课：其他货币资金的核算。

其他货币资金的核算

任务单

1. 某企业为增值税一般纳税人，2023年10月该企业使用信用卡购买一批办公用品，取得增值税专用发票上注明价款1 000元，增值税税额130元。不考虑其他因素，下列关于购买办公用品应记入的相关科目表述正确的是（　　）。

A.借记"管理费用"科目1130元　　　　B.借记"材料采购"科目1130元

C.贷记"其他货币资金"科目1130元　　D.贷记"银行存款"科目1130元

2. 下列各项中，应确认为企业其他货币资金的有（　　）。

A.企业采购原材料开出的银行承兑汇票　　B.企业为购买股票向证券公司划出的资金

C.企业汇往外地建立临时采购专户的资金　　D.企业向银行申请银行本票时拨付的资金

3. 下列各项中，不会引起其他货币资金发生变动的是（　　）。

A.企业销售商品收到商业汇票

B.企业用银行本票购买办公用品

C.企业将款项汇往外地开立采购专用账户

D.企业为购买基金将资金存入在证券公司指定银行开立的投资款专户

4. 企业将款项汇往异地银行开立采购专户，编制该业务的会计分录时应当（　　）。

A.借记"应收账款"科目，贷记"银行存款"科目

B.借记"其他货币资金"科目，贷记"银行存款"科目

C.借记"其他应收款"科目，贷记"银行存款"科目

D.借记"材料采购"科目，贷记"其他货币资金"科目

5. 下列各项中，不属于货币资金的是（　　）。

A.债权人持有的商业汇票　　　　　　　B.银行存款

C.其他货币资金　　　　　　　　　　　D.库存现金

6. 2023 年 7 月 15 日，星海公司购入一台不需要安装的设备，增值税专用发票上注明价款 20 万元，增值税税额 26 000 元，以银行汇票结算，设备交车间使用。此分录所涉及的科目有（　　）。

A.固定资产

B.应交税费——应交增值税（进项税额）

C.银行存款

D.其他货币资金——银行汇票存款

E.应交税费——应交增值税（销项税额）

7. 2023 年 4 月 7 日，星海公司将 30 万元存款汇往外地银行开立采购专户。4 月 12 日，公司收到有关购货发票账单，原材料买价 25 万元，增值税 32 500 元，材料已验收入库。4 月 25 日收到银行收款通知，采购专户多余款项转回。则外埠存款的总账科目、入库材料的成本、多余款转回的金额分别是（　　）。

A. 其他货币资金　　　　　B. 250 000 元　　　　　C. 282 500 元

D. 银行存款　　　　　　　E. 17 500 元

课后拓展

扫描二维码测试：货币资金的核算。

货币资金的核算

素质拓展

一"码"当先，"扫"出新天地

　　移动通信、电子科技、互联网金融的不断发展，不经意间改变了我们的生活，也改变了我们的支付习惯。在原有的支付方式的基础上，出现了微信、支付宝等更为快捷、方便的支付方式，也许未来还会继续出现更多的创新支付方式。让我们一起回顾自新中国成立以来我国支付方式的演变过程，了解它究竟发生了怎样的巨大变化；面对经济和支付手段的不断创新，会计工作和会计人员又该做出怎样的应对，这将引起我们的深入思考。

　　从布票（1953 年开始，1983 年废除）、粮票（1955 年开始，1993 年废除）的使用（见图 1-4），1962 年发行的第三套、1987 年发行的第四套人民币（见图 1-5），1985 年和 1986 年分别发行的中国第一张银行卡和信用卡（见图 1-6），互联网时代的网购和电子银行，到 21 世纪移动支付的出现和盛行，中国自新中国成立以来支付方式发生了巨大的变化。

粮票

布票

图 1-4 粮票、布票

第三套

第四套

图 1-5 第三、第四套人民币票样

第一张银行卡——中银卡
（1985 年发行）

第一张信用卡——长城卡
（1986 年发行）

图 1-6 中国第一张银行卡和信用卡

截至 2023 年 12 月，我国网络支付用户规模有 9.54 亿人，全国银行共处理移动支付业务 1851.47 亿笔，金额 555.33 万亿元，中国移动支付普及率达到 86%，位居全球第一。我国网络购物用户规模达 9.15 亿人，网上外卖用户规模达 5.45 亿人，网约车用户规模达 5.28 亿人，在线旅行预订用户规模达 5.09 亿人。在数字经济、数字科技、数字货币构成的当今世界，全新的货币"扫码时代"正在更好地服务全球经济一体化，中国的移动支付交易规模居全球第一。

目前支付宝已覆盖亚洲、欧洲、大洋洲等多个地区，除了提供常规的境外消费结算，支付宝还可以提供境外花呗付款、办理一键退税、外币兑换等服务。中国正引领全球支付体系进入新时代，刷脸支付、指纹支付、声波支付，中国的移动支付持续进化升级，引领世界潮流。

扫描二维码学习微课："一'码'当先，'扫'出新天地"，并完成任务单。

1. 一"码"当先，
   "扫"出新天地
2. 素质拓展任务单

评价反馈

扫描二维码进行学习评价反馈。

评价反馈

学习情境 二

往来结算核算

学习目标

1. 能识别往来结算业务应该用什么会计科目。
2. 能按照会计准则要求完成往来结算业务的核算。
3. 能理解应收款项减值的原理。
4. 了解直接转销法及其会计处理。
5. 掌握应收款项减值备抵法及其会计处理。
6. 提高学生对诚信的理解能力，规避信用风险。

学习任务及学时分配表

序号	学习任务	学时安排	备注
1	往来结算业务（债权）核算	2 学时	
2	应收款项减值的核算	3 学时	
3	往来结算业务（债务）核算	0.5 学时	
4	素质拓展：内诚于心，外信于人	0.5 学时	
合 计		6学时	

案例导入

四海机械厂已创办 10 年，最近几年业务量一直增长很快。机械厂目前一共有 2 500 多种物料，能生产 30 多种产品，稳定客户也达到 40 多家，2023 年销售额达到 5 600 万元，但全年利润率下滑了 3%，2024 年的利润滑坡将会更严重。

为什么会出现这种情况？一是因为机械厂的销售和货款回收问题。尽管销售人员的业绩不错，但却越来越难以搞清什么时候收哪笔款。客户的每笔钱不一定一次付清，有些小客户这笔钱付清了，其实还欠着之前的货款；有些客户钱款已付，但企业却没有给客户发货。因此，销售部门经常和其他部门发生矛盾，现在企业的存货超过 1 800 万元，但不知为何有些客户的货仍不能及时发出去，客户退换货物的情况也越来越多……

二是四海机械厂还存在通过个人银行账户收取货款未及时确认收入的情况，四海机械厂 2021 年至 2023 年 3 月通过法定代表人张总的个人账户收取货款 11 990 950 元，张总收到上述货款后又转到四海机械厂银行对公账户，四海机械厂收到货款后挂在其他应付款往来账户，未及时确认收入。

不难看出，四海机械厂出现利润滑坡的情况与销售和货款回收管理及利用其他应付款隐匿收入有密切关系。一个企业的销售状况很关键，但货款的及时结算收回及应收款项的管理与控制同样很重要。每一个企业都要清楚地掌握：企业每个客户的应收款是多少，欠款时间有多长了，什么时间应该回款了，主要客户的信用情况如何等。同时企业还要严格遵守相关法律、法规，像利用其他应付款隐匿收入的情况已经构成偷税，四海机械厂将面临处罚。这些信息，我们将在接下来的学习任务中分别说明。

任务一　往来结算业务（债权）核算

学习任务

扫描二维码完成学习任务。

学习任务

知识准备

往来结算业务涉及企业债权和债务两方面，债权部分主要指应收及预付款项，具体包括：应收票据、应收账款、预付账款、应收股利和应收利息、其他应收款等科目。

一、应收票据

（一）应收票据概述

应收票据是企业由于销售商品或提供服务等收到的商业汇票。商业汇票由出票人签发，委托付款人在指定日期无条件地支付确定的金额给收款人或持票人。

按照承兑人不同，商业汇票可以分为商业承兑汇票和银行承兑汇票。商业承兑汇票由付款人签发并承兑，或由收款人签发交由付款人承兑；银行承兑汇票由在承兑银行开设存款账户的存款人或出票人签发，由承兑银行承兑。我国商业汇票的付款期限不超过6个月，符合条件的商业汇票持票人可以在商业汇票未到期时向银行申请贴现。商业承兑汇票和银行承兑汇票的区别如表2-1所示。

表2-1　商业承兑汇票和银行承兑汇票的区别

区别的种类	内容
承兑人不同	商业承兑汇票由银行以外的付款人承兑；银行承兑汇票由银行承兑
信誉等级不同	商业承兑汇票和银行承兑汇票的承兑人不同，决定了商业承兑汇票是商业信用；银行承兑汇票是银行信用，信用等级要高于商业承兑汇票。现实交易中，接收票据的一方更倾向于选择银行承兑汇票
风险性不同	商业承兑汇票当承兑人无款支付时，会发生支付风险，风险高；银行承兑汇票无支付风险
流动性不同	银行承兑汇票信用等级和流通性上要高于商业承兑汇票
汇票到期的处理方式不同	商业承兑汇票到期时，如果账户没有足够的钱，银行不负责付款，由购销双方自行处理。银行承兑汇票到期时，如果购货企业不能足额支付票款时，承兑银行会按照承兑协议，以逾期借款处理，并计收罚息，同时付款给持票人，持票人可以按期收回货款

💡 **重要提示：**

应收票据仅限于商业汇票，收到的银行汇票、银行本票、支票等均通过"银行存款"科目核算。

（二）应收票据的核算

企业收到商业汇票，应设置"应收票据"账户进行核算。该账户可按开出、承兑商业汇票单位进行明细核算。

企业应当设置"应收票据备查簿"，逐笔登记商业汇票的种类、号数和出票日期、票面金额、交易合同号和付款人、承兑人、背书人的姓名或单位名称、到期日、背书转让日、贴现日期、贴现率、贴现净额以及收款日期和收回金额、退票情况等资料。应收票据到期结清票款或退票后，应当在备查簿中予以注销。

1. 收到应收票据

收到应收票据的账务处理如表 2-2 所示。

表 2-2　收到应收票据的账务处理

业务 1	账务处理
企业因销售商品、提供劳务等收到商业汇票时	借：应收票据 　　贷：主营业务收入 　　　　应交税费——应交增值税（销项税额）
因债务人抵偿前欠货款取得商业汇票	借：应收票据 　　贷：应收账款

企业收到的如为带息应收票据，取得的账务处理与不带息应收票据一致，但带息票据的利息，应在收到时列为当期损益，记入"财务费用"账户。票据利息的计算公式为：

应收票据利息 = 应收票据票面金额 × 票面年利率 ÷ 12 × 计息月数

或

应收票据利息 = 应收票据票面金额 × 票面年利率 ÷ 360 × 计息天数

💡 **重要提示：**

利率有年利率、月利率、日利率三种表示方式，计算时必须与期限相对应。

2. 应收票据的转让

背书转让是指持票人以转让票据权利为目的的背书行为。票据法规定，持票人将票据权利转让给他人，应当背书并交付票据。所以，当持票人为了转让票据权利，而在票据背面或者粘单上记载有关事项并签章，就是在进行背书转让。相关账务处理如表 2-3 所示。

表 2-3　应收票据转让的账务处理

业务 2	账务处理
企业将持有的应收票据背书转让取得所需资产时	借：原材料、库存商品等 　　应交税费——应交增值税（进项税额） 　　银行存款（实际收到的金额） 　　贷：应收票据 　　　　银行存款（实际付出的金额）

3. 应收票据的贴现

企业持有的应收票据在到期前，如果出现资金短缺，可以持未到期的商业汇票向其开户银行申请贴现，以便获得所需的货币资金。贴现是指商业汇票的持票人在汇票到期日前，为了取得资金，贴付一定利息将票据权利转让给银行的票据行为。相关账务处理如表2-4所示。贴现的实质是企业以票据为抵押向银行融通资金的一种方式。票据贴现净额的计算公式为：

贴现净额＝票据到期价值－贴现利息

贴现利息＝票据到期价值 × 贴现利率 × 贴现期

表 2-4 票据贴现的账务处理

业务 3	账务处理	
企业持应收票据向银行申请贴现，按实际收到的金额（扣除贴现利息的净额）	借：银行存款 　　财务费用 贷：应收票据 　　短期借款	（实际收到的金额） （贴现利息） （银行无追索权的） （银行有追索权的）

◎ 相关链接：

追索权，是指持票人在汇票到期未获付款，向其前手请求偿还票据金额以及相关损失的票据权利，是法律上为补充付款请求权而设定的第二次请求权。

在票据贴现业务中，汇票到期时，银行作为持票人向出票人的付款行发起委托收款以获得汇票票面约定的金额，这时行使的是付款请求权，但如果银行未获得收款，可以行使追索权，向汇票的前手（包括贴现企业以及前面一系列转让方等票据债务人）进行追讨，即第二次请求权。在银行与贴现企业签订的贴现申请协议中，会考虑是否附有追索条款。

不附追索权贴现票据到期时，承兑人无论是否支付，都与贴现企业无关；而附追索权贴现票据到期时，承兑人无力付款，贴现银行则向贴现企业等退票追款。

4. 应收票据到期

应收票据到期，正常情况下，收回票款，不带息票据按照面值收回；带息票据收回面值及持有期间的利息。但到期时若付款人无力付款，需要区分应收票据是银行承兑汇票还是商业承兑汇票。银行承兑汇票由银行承诺付款，持有票据的一方肯定能收到票款；商业承兑汇票则是由付款人承兑，所以暂时收不回来的应收票据应转为应收账款。如果是已贴现的商业汇票到期，则要看是否带追索权，不带追索权的，承兑人无论是否支付，都与贴现企业无关，不需要做账；如果是带追索权的，还需区分银行承兑汇票和商业承兑汇票。如果是商业承兑汇票，则由贴现企业代为支付，冲销短期借款，同时向付款企业索回款项。但如果贴现企业自己也无力付款，银行将做逾期贷款处理，短期借款依然挂账，只向付款企业索回款项。相关账务处理如表2-5所示。

表2-5 应收票据到期的账务处理

业务4		账务处理
企业应收票据到期收到票款		借：银行存款 贷：应收票据 　　财务费用 （带息票据的利息）
票据到期付款人无力付款	银行承兑汇票，由承兑银行支付票款的	借：银行存款 贷：应收票据 　　财务费用 （带息票据的利息）
	商业承兑汇票，企业收到银行退回的票据、单证等	借：应收账款 贷：应收票据
已贴现的商业汇票到期，付款人无力付款	银行承兑汇票，由承兑银行支付票款的	借：银行存款 贷：应收票据 　　财务费用 （带息票据的利息）
已贴现的商业汇票到期，付款人无力付款	商业承兑汇票，且银行附有追索权的	借：短期借款 贷：银行存款 借：应收账款 贷：应收票据
	商业承兑汇票，且银行附有追索权的，贴现企业的存款账户余额不足，银行做逾期贷款处理	借：应收账款 贷：应收票据
	不附追索权贴现票据到期	承兑人无论是否支付，都与贴现企业无关，不必进行账务处理

【业务范例2-1】前景股份有限公司是增值税一般纳税人，发生下列应收票据业务。

（1）2023年2月7日，前景公司向阳光公司销售A产品一批，发票上注明的产品价款为10万元，增值税13 000元，并收到阳光公司开出为期2个月面值为113 000元的不带息商业承兑汇票一张。

（2）3月10日，前景公司销售一批B产品给阳光公司，货已发出，发票上注明的商品价款为20万元，增值税为26 000元。当日收到阳光公司签发并承兑的商业承兑汇票一张，期限为3个月，票面利率为5%。

（3）3月17日，前景公司向A公司购入原材料一批，对方开出的增值税专用发票上注明的材料价款为12万元，增值税为15 600元。前景公司以从阳光公司取得，2月7日出票，为期2个月，面值为113 000元的不带息商业承兑汇票抵付材料款。差额款22 600元以存款支付，材料已验收入库。

（4）接第（1）题，假设同年3月7日，前景公司将持有阳光公司的票据向银行申请贴现，贴现协议明确银行无追索权，贴现年利率为6%，取得贴现款存入银行。

（5）接第（2）题，5月10日票据到期，收到的票款和利息转入存款账户。

（6）前景公司于8月1日收到B公司签发并承兑的为期3个月的不带息商业承兑汇票，票面金额为50 000元，现票据到期，付款人B公司无力付款。

（7）前景公司于4月10日收到阳光公司签发、承兑的为期3个月面值为10万元的商业票据，5月10日向开户银行申请贴现，贴现净额985 000元，银行有追索权。现票据到期，阳光公司因财务困难无力支付票款，贴现银行向前景公司追款（退票扣款），划付款10万元。

业务处理如表2-6所示。

表2-6 业务范例2-1的核算

业务	账务处理
（1）2月7日向阳光公司销售A产品一批，收到不带息商业承兑汇票一张	借：应收票据——阳光公司　　　　　　113 000 　　贷：主营业务收入——A产品　　　　　　　　100 000 　　　　应交税费——应交增值税（销项税额）　13 000
（2）3月10日向阳光公司销售B产品一批，收到带息商业承兑汇票一张	借：应收票据——阳光公司　　　　　　226 000 　　贷：主营业务收入——B产品　　　　　　　　200 000 　　　　应交税费——应交增值税（销项税额）　26 000
（3）3月17日向A公司购入原材料一批	借：原材料　　　　　　　　　　　　　120 000 　　应交税费——应交增值税（进项税额）15 600 　　贷：应收票据——阳光公司　　　　　　　　113 000 　　　　银行存款　　　　　　　　　　　　　　22 600
（4）3月7日前景公司将持有阳光公司的不带息票据向银行申请贴现	到期日为4月7日，贴现期为1个月（30天） 贴现利息＝113 000×6%÷12×1＝565（元） 贴现净额＝113 000－565＝112 435（元） 借：银行存款　　　　　　　　　　　　112 435 　　财务费用　　　　　　　　　　　　　　　565 　　贷：应收票据——阳光公司　　　　　　　　113 000
（5）5月10日，带息商业汇票到期，收到款项	应收票据的到期利息＝226 000×5%÷12×3＝2 825（元） 借：银行存款　　　　　　　　　　　　228 825 　　贷：应收票据——阳光公司　　　　　　　　226 000 　　　　财务费用　　　　　　　　　　　　　　2 825
（6）商业承兑汇票到期，付款人无力支付	借：应收账款——B公司　　　　　　　　50 000 　　贷：应收票据——B公司　　　　　　　　　　50 000
（7）已被贴现的商业承兑汇票到期	前景公司支付票款，同时向阳光公司追索款项： 借：短期借款　　　　　　　　　　　　100 000 　　贷：银行存款　　　　　　　　　　　　　　100 000 同时： 借：应收账款——阳光公司　　　　　　100 000 　　贷：应收票据——阳光公司　　　　　　　　100 000 若前景公司存款账户无款可扣： 借：应收账款——阳光公司　　　　　　100 000 　　贷：应收票据——阳光公司　　　　　　　　100 000

⑦ 思考：

1. 根据业务范例2-1第（4）题，假定前景公司此项贴现协议明确是银行有追索权的，待票据到期阳光公司无力付款，则前景公司该怎样处理？

2. 业务范例2-1第（7）题中，贴现银行向前景公司退票扣款为什么是10万元而不是985 000元？

3. 业务范例2-1第（7）题中，贴现银行向前景公司退票扣款，前景公司存款账户无款可扣，其账务处理为什么仅做第二步？

扫描二维码学习微课：应收票据的核算。

应收票据的核算

二、应收账款

应收账款是指企业因销售商品、提供劳务等经营活动，应向购货单位或接受劳务单位收取的款项。应收账款是企业因采用赊销政策，导致商品已经销售或劳务已经提供而形成的暂未收取的款项。它是交易双方在相互信任的条件下凭发票、账单建立的一种信用关系。

企业在非购销经营活动中产生的应收款项，不能列为应收账款。

（一）应收账款的确认与初始计量

应收账款通常是由企业赊销活动引起的，因此应收账款的确认应与收入的确认相一致，即以收入确认日作为应收账款的入账时间。

应收账款的初始计量是指应收账款形成时入账金额的确定。通常情况下，应收账款应按其实际发生的金额计价入账，主要包括：①销售商品、提供劳务等应收取的价款；②增值税税额；③代购货单位垫付的运杂费、包装费等款项。

企业的商品销售有时会存在销售折扣，因此企业应收账款的计量，还需要考虑商业折扣和现金折扣等销售折扣因素。

1. 商业折扣

商业折扣是指企业在商品交易时，根据市场供需情况，或针对不同的顾客，在商品标价上给予的扣除。商业折扣是销售中的价款扣除，所以，企业应收账款应按扣除商业折扣以后的实际成交金额计量。

💡 **重要提示：**

商业折扣是企业常用的促销手段，通常用百分比来表示，如5%、10%等。例如，企业约定，购买10件以上的商品可给予客户5%的折扣，或客户每购买10件送1件。这是企业为了促销或尽快出售商品，而采取降低销售价格的销售方式。商业折扣一般是在交易发生时即已确定。它是确定实际销售价格的一种手段，所以，企业应收账款应按扣除商业折扣以后的实际成交金额计量。

❓ **思考：**

某公司为了促销产品，以九折的方式销售产品一批，产品标价为50 000元，增值税税率为13%，价税款尚未收到。请问，此项业务应入账的应收账款为多少元？

2. 现金折扣

现金折扣又称销货折扣，是指债权人为鼓励债务人在规定的期限内尽早付款，而向债务人提供的债务扣除。现金折扣发生在赊销交易中，企业确认应收账款和销售收入时还不能确定相关的现金折扣，所以，附有现金折扣条件的销售业务，应按照未扣减现金折扣的实际销售金额作为应收账款的入账价值，即总价法。当客户在折扣期内支付货款发生现金折扣时，将其视为加速资金周转的理财费用，列为财务费用。

💡 **重要提示：**

企业为了鼓励客户在一定期限内尽早付款，通常与债务人达成协议，债务人在不同期限内付款可享受不同比例的折扣。现金折扣一般用符号"折扣/付款期限"表示。例如 5/10，2/20，n/30，表示信用付款期为 30 天，买方在 10 天内付款可按售价给予 5% 的折扣；10 天以后在 20 天内付款可按售价给予 2% 的折扣；在 20 天以后 30 天内付款，则不给予折扣。

❓ **思考：**

债务人如果在 30 天后才付款，则如何处理？

附有现金折扣条件的销售业务，商品销售时还不能确定相关的现金折扣是否发生、发生多少，这都应视购买方的付款情况而定。所以，此类业务在确认应收账款和营业收入时，是不考虑现金折扣的。

（二）应收账款的核算

企业应设置"应收账款"账户，对发生的应收账款进行核算。"应收账款"账户属于双重性质账户。该账户可按债务人进行明细核算。相关账务处理如表 2-7 所示。

表 2-7　应收账款发生和收回的账务处理

业务 5	账务处理
企业发生应收账款时	借：应收账款 　贷：主营业务收入 　　　应交税费——应交增值税（销项税额） 　　　银行存款　　（代购货单位垫付的包装费、运杂费等）
企业收回应收账款时	借：银行存款 　贷：应收账款
企业应收账款经协商改用商业汇票结算，在收到已承兑的商业汇票时	借：应收票据 　贷：应收账款

❓ **思考：**

1. 商品折扣和现金折扣对应收账款的确认与计量有直接影响吗？

2. 应收账款的明细账应采用哪种格式？

【业务范例 2-2】前景股份有限公司是增值税一般纳税人，发生下列应收款项业务。

（1）2023 年 6 月 8 日，前景公司向阳光公司销售甲产品一批，发票注明的商品价款为 30 万元，增值税税额为 39 000 元，双方商定的付款条件（货款部分）为 2/10，1/20，n/30。另外，前景公司以银行存款代垫运杂费 5 000 元。现金折扣不考虑增值税。

（2）接上题，前景公司分别于 6 月 17 日、6 月 25 日、6 月 30 日收到阳光公司支付价税款的分录。

（3）接第（1）题，假定 7 月 6 日，前景公司收到一张阳光公司签发的商业承兑汇票，面值为 344 000 元，用以抵付此项应收款。

业务处理如表 2-8 所示。

表 2-8　业务范例 2-2 的核算

业务		账务处理
（1）	6 月 8 日销售甲产品一批	借：应收账款——阳光公司　　　　　344 000 　　贷：主营业务收入——甲产品　　　　　　300 000 　　　　应交税费——应交增值税（销项税额）　39 000 　　　　银行存款　　　　　　　　　　　　　　5 000
（2）	6 月 17 日收到价税款	财务费用 = 300 000 × 2% = 6 000（元） 借：银行存款　　　　　　　　　　338 000 　　财务费用　　　　　　　　　　　6 000 　　贷：应收账款——阳光公司　　　　　　344 000
	6 月 25 日收到价税款	财务费用 = 300 000 × 1% = 3 000（元） 借：银行存款　　　　　　　　　　341 000 　　财务费用　　　　　　　　　　　3 000 　　贷：应收账款——阳光公司　　　　　　344 000
	6 月 30 日收到价税款	借：银行存款　　　　　　　　　　344 000 　　贷：应收账款——阳光公司　　　　　　344 000
（3）	收到商业承兑汇票抵付应收账款	借：应收票据——阳光公司　　　　344 000 　　贷：应收账款——阳光公司　　　　　　344 000

三、预付账款

（一）预付账款概述

预付账款是企业按照合同规定，预先支付给供应单位的款项。预付账款属于企业的一项短期性债权，主要包括：①企业预付的购货款；②购货、接受劳务预付的定金（或订金）；③在建工程预付的工程款等。

预付账款不包括预付性费用支出。如预付一年以内的报刊订阅费、预付一年以内的租赁费等，应直接列为当期的成本费用；超过一年的预付性费用支出，应列为长期待摊费用等进行处理。

（二）预付账款的核算

企业预付的款项，一般应设置"预付账款"账户进行核算。"预付账款"账户属于双重性质账户，该账户可按供应单位进行明细核算。相关账务处理如表 2-9 所示。

💡 重要提示：

预付账款和应收账款虽然都属于企业的短期债权，但两者产生的原因不同。应收账款是企业应收的销货款，即是由销货引起的，应向购货方收取的款项；预付账款是企业预先支付的货款等，即是由购货或接受劳务供应引起的，是预先付给供货方的款项。因此，两者应分别核算。

表 2-9　发生预付账款的账务处理

业务 6	账务处理
企业因购货等而预付的款项	借：预付账款 　　贷：银行存款

续表

业务6	账务处理
收到所购的原材料或商品等货物时	借：原材料 　　应交税费——应交增值税（进项税额） 　贷：预付账款
补付价款时	借：预付账款 　贷：银行存款
退回多付的货款时	借：银行存款 　贷：预付账款

预付款项不多的企业，可以不设"预付账款"账户，而将预付的款项并入"应付账款"账户进行核算。

⑦ 思考：

1. 预付款项不多的企业，为什么是并入"应付账款"账户进行核算，而不是并入"应收账款"账户？

2. 假定前景公司在收到所购材料后，因缺乏货币资金，差价款无力及时补付，则"预付账款"账户的余额在哪方？这反映了什么？

【业务范例2-3】前景股份有限公司是增值税一般纳税人，发生下列预付账款业务。

（1）2023年11月8日，前景公司按合同预付给大众公司购货款2万元。

（2）11月15日，收到大众公司发来的原材料，材料已验收入库，专用发票列明材料价款为5万元，增值税税额为6 500元。

（3）11月18日以存款补付上述差额款。

业务处理如表2-10所示。

表2-10　业务范例2-3的核算

业务	账务处理	
（1）2023年11月8日，以存款预付购货款时	借：预付账款——大众公司 　贷：银行存款	20 000 20 000
（2）11月15日，收到所购材料时	借：原材料 　　应交税费——应交增值税（进项税额） 　贷：预付账款——大众公司	50 000 6 500 56 500
（3）11月18日，补付余款时	借：预付账款——大众公司 　贷：银行存款	36 500 36 500

四、应收股利和应收利息

（一）应收股利的账务处理

应收股利是指企业应收取的现金股利和应收取其他单位分配的利润。为了反映和监督应收股利的增减变动及其结存情况，企业应设置"应收股利"科目。相关账务处理如表2-11所示。

表2-11　取得股利的账务处理

业务7	账务处理
企业在持有以公允价值计量且其变动计入当期损益的金融资产（交易性金融资产）期间、被投资单位宣告发放现金股利	借：应收股利 　　贷：投资收益
企业收到分配的现金股利或利润时	借：其他货币资金——存出投资款（企业通过证券公司购入上市公司股票所形成的股权投资取得的现金股利） 　　或银行存款（企业持有的其他股权投资取得的现金股利或利润） 　　贷：应收股利

（二）应收利息的账务处理

应收利息是指企业根据合同或协议规定应向债务人收取的利息。相关账务处理如表2-12所示。

表2-12　收到利息的账务处理

业务8	账务处理
被投资单位期末计息（债券）	借：应收利息　　　　　　　　（债券面值×票面利率×计息期） 　　贷：投资收益
企业收到分配的利息时	借：其他货币资金——存出投资款 　　贷：应收利息

五、其他应收款

（一）其他应收款概述

企业其他应收款，是指除应收票据、应收账款、预付账款等以外的其他各种应收及暂付款项。企业其他应收款一般包括以下内容：①应收各种赔款、罚款；②应收出租包装物租金；③应向职工收取的各种垫付款项，如为职工垫付的医药费、房租、水电费等；④存出保证金，如租入包装物应付的押金；⑤备用金；⑥其他各种应收及暂付款项。

（二）其他应收款的核算

其他应收款业务，应设置"其他应收款"账户进行核算，该账户可按对方单位（或个人）进行明细分类核算。相关账务处理如表2-13所示。

1. 其他应收款的一般业务

表2-13　发生其他应收款业务的账务处理

业务9	账务处理
企业发生其他应收款时	借：其他应收款 　　贷：营业外收入或待处理财产损溢　　　　　　（赔款、罚款等） 　　　　其他业务收入　　　　　　　　　　　　（出租包装物租金） 　　　　银行存款或库存现金（垫付水电费、房租、医药费等、支付押金）
企业收回或转销其他应收款时	借：库存现金、银行存款、应付职工薪酬等 　　贷：其他应收款

2. 备用金

备用金是企业拨付给内部用款单位或职工个人作为零星开支的备用款项。企业内部使用的备用金，应通过"其他应收款——备用金"账户进行核算，也可单独设置"备用金"账户进行核算。企业备用金有两种报结制度，其账务处理是不同的。

（1）定额备用金制度，是指根据用款单位的实际需要，由财会部门会同用款单位核定备用金定额并拨付款项，同时规定其用途和报销期限，待用款单位实际支用后，凭有效单据向财会部门报销，财会部门根据报销数额，以现金补足备用金定额的制度。该用款单位撤销或不再采用定额备用金制度，则全额收回拨付的备用金。这种方法有利于企业对备用金的使用进行控制，并可减少财会部门日常的核算工作，一般适用于有经常性开支的内部用款单位。

（2）非定额备用金制度，也称借款报账制，是指用款单位或个人需要使用备用金时，按需要逐次借用和报销的制度。这种制度方便灵活，并可以减少和控制单位内部与个人备用金资金的占用。但采用这一制度会增加财会部门备用金日常核算的工作量。相关账务处理如表 2-14 所示。

表 2-14　使用非定额备用金的账务处理

业务 10	账务处理
企业拨付各部门备用金时	借：其他应收款——备用金 　　贷：银行存款
报销时	借：管理费用等 　　贷：其他应收款——备用金

【业务范例 2-4】前景股份有限公司是增值税一般纳税人，2023 年发生下列其他往来业务。

（1）11 月 10 日，前景公司向东方公司购买物品，借用包装物一批，以银行存款支付包装物押金 3 200 元。

（2）12 月 10 日，东方公司如期退还包装物，前景公司收回押金并存入银行。

（3）11 月 18 日前景公司因自然灾害造成一批库存材料毁损，平安保险公司已确认赔偿款 30 000 元。

（4）前景公司行政科实行定额备用金制度，财会部门根据核定的备用金定额 5 000 元，开出现金支票拨付。

（5）11 月 25 日前景公司行政科向财会部门报销日常办公用品购置费、业务接待费等 3 560 元（取得普通发票）。经审核有关单据及审批意见后，同意报销，并以现金补足定额。

（6）前景公司采购员王明 11 月 5 日因出差预借差旅费 1 500 元，以现金支付。11 月 12 日，王明出差回来报销差旅费 1 680 元（其中取得专用发票的住宿费 600 元，增值税 36 元），差额 180 元以现金支付。

业务处理如表 2-15 所示。

表 2-15　业务范例 2-4 的核算

业务	账务处理
（1）11月10日支付包装物押金	借：其他应收款——存出保证金（东方公司）　　　3 200 　　贷：银行存款　　　　　　　　　　　　　　　　　　3 200
（2）12月10日收回包装物押金	借：银行存款　　　　　　　　　　　　　　　　3 200 　　贷：其他应收款——存出保证金（东方公司）　　　　3 200
（3）11月18日确认保险公司赔款责任	借：其他应收款——应收赔偿款、罚款（平安保险公司）30 000 　　贷：待处理财产损溢——待处理流动资产损溢　　　30 000
（4）收到备用金	借：其他应收款——备用金（行政科）　　　　　5 000 　　贷：银行存款　　　　　　　　　　　　　　　　　5 000
（5）定额备用金报销	借：管理费用　　　　　　　　　　　　　　　　3 560 　　贷：库存现金　　　　　　　　　　　　　　　　　3 560
（6）王明预借差旅费和报销差旅费	11月5日，预借差旅费时： 借：其他应收款——备用金（王明）　　　　　　1 500 　　贷：库存现金　　　　　　　　　　　　　　　　　1 500 11月12日，出差回来报销差旅费时： 借：管理费用　　　　　　　　　　　　　　　　1 644 　　应交税费——应交增值税（进项税额）　　　　36 　　贷：其他应收款——备用金（王明）　　　　　　　1 500 　　　　库存现金　　　　　　　　　　　　　　　　　180

任务单

1. 商业汇票按承兑人不同，分为 _____ 和 _____ 两种；按照是否带息，分为 _____ 和 _____ 两种。

2. 企业收到开出、承兑的商业汇票无论是否带息，均按票据的 _____ 入账。带息票据的利息收入，应计入 _____ 科目。

3. 企业对于到期无力支付票款的商业承兑汇票，转销时应将应收票据转入 _____ 会计科目。

4. 企业持应收票据向银行申请贴现，银行有追索权的，应贷记"_____"账户；若银行无追索权，则贷记"_____"账户。

5. 已贴现的商业承兑汇票到期，付款人无力付款的，且银行附有追索权的，贴现企业应 _____ 。

6. 销售折扣包括 _____ 和 _____ ；_____ 一般用符号 5/10，2/20，n/30 表示，代表的含义是：_____ 。

存在商业折扣时，应收账款按 _____ 入账；存在现金折扣时，应收账款按 _____ 入账。

8. 判断：应收账款既附有商业折扣又附有现金折扣条件的，应按照应收总额扣除商业折扣和最大现金折扣后的金额入账。（　　　）

9. 简答：应收账款是流动资产，超过一年未能收回，要转为非流动资产吗？

_____。

10. 预付账款属于企业的一项 _____（请填资产或负债）。

11. "预付账款"账户属于双重性质账户，期末借方余额，反映 _____；期末贷方余额，反映 _____。

12. 企业为职工垫付的水电费应通过 _____ 科目核算。

课后拓展

扫描二维码测试：往来结算业务（债权）的核算。

往来结算业务（债权）的核算

任务二　应收款项减值的核算

学习任务

扫描二维码完成学习任务。

知识准备

企业各项应收款项，可能会因购买方拒付、死亡、破产等信用缺失原因出现无法收回的可能，甚至完全无法收回，这就是减值和坏账的问题。

学习任务

应收款项减值有两种核算方法：直接转销法和备抵法，执行《小企业会计准则》的企业，应采用直接转销；执行《企业会计准则》的企业，应采用备抵法。

一、直接转销法

直接转销法是指日常核算中不考虑应收款项发生坏账的可能，在应收款项实际发生坏账时，将其作为坏账损失计入当期损益的方法。

（一）小企业坏账损失的确认条件

小企业应收及预付款项符合下列条件之一的，减除可收回的金额后确认的无法收回的应收及预付款项，作为坏账损失。

（1）债务人依法宣告破产、关闭、解散、被撤销，或者被依法注销、吊销营业执照，其清算财产不足清偿的。

（2）债务人死亡，或者依法被宣告失踪、死亡，其财产或者遗产不足清偿的。

（3）债务人逾期 3 年未清偿，且有确凿证据证明已无力清偿债务的。

（4）与债务人达成债务重组协议或法院批准破产重整计划后，无法追偿的。

（5）因自然灾害、战争等不可抗力导致无法收回的。

（6）国务院财政、税务主管部门规定的其他条件。

（二）小企业坏账损失的核算

应收及预付款项的坏账损失应当于实际发生时计入营业外支出，同时冲减应收及预付款项，坏账收回，则作为企业的营业外收入。相关账务处理如表 2-16 所示。

表 2-16　小企业发生坏账的账务处理

业务 1	账务处理
发生坏账时	借：银行存款　　　　　　　　　　　　　（可收回的金额） 　　营业外支出　　　　　　　　　　　　　（坏账损失） 　贷：应收账款等
坏账收回时	借：银行存款 　贷：营业外收入

（三）直接转销法的优缺点

直接转销法的优缺点如表 2-17 所示。

表 2-17　直接转销法的优缺点

直接转销法的优点	账务处理简单，将坏账损失在实际发生时确认为坏账损失符合其偶发性特征和小企业经营管理的特点
直接转销法的缺点	（1）不符合权责发生制会计基础，也与资产定义存在一定的冲突；只有在坏账实际发生时，才将其确认为当期损益，导致资产和各期损益不实。 （2）在资产负债表上，应收账款是按账面余额而不是按账面价值反映，这在一定程度上高估了期末应收款项

二、备抵法

备抵法是采用一定方法按期确定预期信用损失，形成坏账准备，当实际发生坏账时，冲减坏账准备和转销相应的应收款项的方法。

（一）预期信用损失概述

预期信用损失，是指以发生违约风险为权重的金融工具信用损失的加权平均数。信用损失是指企业按照实际利率折现、根据合同应收的所有现金流量与预期收取的所有现金流量之间的差额。

（二）计提坏账准备的范围

企业各项应收款项包括应收账款、应收票据、预付账款、其他应收款等。确认发生减值的，均应按规定计提坏账准备。

（三）预期信用损失确定的方法

通过应收款项账面余额和预计可收回金额的差额来确定预期信用损失。应收款项坏账准备可以分项分类计算确定（见表 2-18），也可以以组合为基础计算确定（见表 2-19）。

表 2-18　应收票据坏账准备分类计算（1）

类别	期末余额					期初余额				
	账面余额		坏账准备		账面价值/万元	账面余额		坏账准备		账面价值/万元
	金额/万元	比例/%	金额/万元	计提比例/%		金额/万元	比例/%	金额/万元	计提比例/%	
按单项计提坏账准备的应收票据	1 250	100.00	37.50		1 212.50	1 050	100.00	27.50		1 022.50

续表

类别	期末余额					期初余额				
	账面余额		坏账准备		账面价值/万元	账面余额		坏账准备		账面价值/万元
	金额/万元	比例/%	金额/万元	计提比例/%		金额/万元	比例/%	金额/万元	计提比例/%	
其中：										
商业承兑汇票	750	60.00	37.50	5.00	712.50	550	52.38	27.50	5.00	522.50
银行承兑汇票	500	40.00			500	500	47.62			500
合计	1 250	100.00	37.50		1 212.50	1 050	100.00	27.50		1 022.50

表2-19 应收账款坏账准备分类计算（2）

年限	期末余额		
	账面余额/万元	坏账准备/万元	计提比例/%
1年以内（含1年）	5 000	25.00	5.00
1～2年（含2年）	1 000	20.00	20.00
2～3年（含3年）	200	100.00	50.00
超过3年	45	45.00	100.00

（四）应收账款减值（坏账准备）的账务处理

企业计提的坏账准备，应设置"坏账准备"账户进行核算，该账户可按应收款项的类别进行明细核算，是资产的备抵科目。对方科目为"信用减值损失"，损益科目。相关账务处理如表2-20所示。

表2-20 备抵法下发生坏账的账务处理

业务2	账务处理
企业资产负债表日应收款项发生减值的，计提坏账准备	借：信用减值损失——计提的坏账准备* 贷：坏账准备
确实无法收回的应收款项，转销坏账	借：坏账准备 贷：应收账款、其他应收款等
已确认并转销的应收款项以后又收回的，应按实际收回的金额	借：应收账款 贷：坏账准备 借：银行存款 贷：应收账款

*本期应计提多少坏账准备或者冲减多少坏账准备，代表的是本期发生额。

"坏账准备"应有的期末余额＝应收款项期末余额×计提坏账准备比例

本期应计提的坏账准备＝"坏账准备"应有的期末余额＋"坏账准备"借方期初余额－"坏账准备"贷方期初余额

（五）备抵法的优缺点

备抵法的优缺点如表2-21所示。

表2-21　备抵法的优缺点

备抵法的优点	（1）符合权责发生制和会计谨慎性要求，在资产负债表中列示应收款项的净额，使报表使用者能了解企业应收款项预期可收回的金额和谨慎的财务状况； （2）在利润表中作为营业利润项目列示，有利于落实企业管理者的经管责任，有利于企业外部利益相关者如实评价企业的经营业绩，做出谨慎的决策
备抵法的缺点	（1）预期信用损失的估计需要考虑的因素众多，且有部分估计因素带有一定的主观性，对会计职业判断的要求较高，可能导致预期信用损失的确定不够准确、客观； （2）预期信用减值损失影响各期营业利润金额的计算与确定，客观存在企业管理者平滑利润进行盈余管理甚至利润操纵与舞弊的可能性，增加会计职业风险

扫描二维码学习微课：计提坏账准备。

【业务范例2-5】前景股份有限公司是增值税一般纳税人，发生下列应收款项业务。

计提坏账准备

（1）假设2020年以前前景公司应收账款未发生过减值，从未计提过相应的坏账准备。2020年12月31日，前景公司的应收账款余额为200万元，提取坏账准备的比例为3%；2021年6月，前景公司确认发生坏账5万元，年末应收账款余额为190万元；2022年9月，上年已核销的坏账收回3万元，年末应收账款余额为169万元。

（2）前景公司2023年初"其他应收款"余额为50万元，坏账准备的计提比例为2%，2023年7月15日经批准确认其他应收款发生坏账3万元，2023年11月7日收回已核销的坏账15 000元。2023年末"其他应收款"余额为30万元。

（3）假设前景公司执行《小企业会计准则》，2023年4月23日，因A公司宣告破产，前景公司确认应收A公司的一笔销货款56 500元无法收回。

业务处理如表2-22所示。

表2-22　业务范例2-5的核算

	业务	账务处理
（1）	2020年末，提取坏账准备	按应收款项余额应计提的坏账准备 ＝ 2 000 000 × 3% ＝ 60 000（元） 借：信用减值损失——计提的坏账准备　　　　　60 000 　　贷：坏账准备——应收账款　　　　　　　　　　　60 000
	2021年6月，确认坏账5万元	借：坏账准备——应收账款　　　　　　　　　　50 000 　　贷：应收账款　　　　　　　　　　　　　　　　　50 000
	2021年末，调整计提坏账准备	按应收款项余额计算应计提的坏账准备 ＝ 1 900 000 × 3% ＝ 57 000（元） 本期末应调整计提的坏账准备 ＝ 57 000 － （60 000 － 50 000） ＝ 47 000（元） 借：信用减值损失——计提的坏账准备　　　　　47 000 　　贷：坏账准备——应收账款　　　　　　　　　　　47 000
	2022年9月，收回已核销的坏账3万元，款项已转存银行	借：银行存款　　　　　　　　　　　　　　　　30 000 　　贷：坏账准备——应收账款　　　　　　　　　　　30 000

续表

业务		账务处理
（1）	2022年年末，调整计提坏账准备时	按应收款项余额应计提的坏账准备 = 1 690000 × 3% = 50 700（元） 本期末应提取的坏账准备 = 50 700 − (57 000 + 30 000) = −36 300（元） （负数应冲减） 借：坏账准备——应收账款　　　　　　　　　　　36 300 　　贷：信用减值损失——计提的坏账准备　　　　　　　　　36 300
（2）	2023年7月15日，确认坏账3万元时	借：坏账准备——其他应收款　　　　　　　　　　30 000 　　贷：其他应收款　　　　　　　　　　　　　　　　　　30 000
	2023年11月7日，收回已核销坏账15 000元，款项转存银行	借：其他应收款　　　　　　　　　　　　　　　15 000 　　贷：坏账准备——其他应收款　　　　　　　　　　　　15 000 借：银行存款　　　　　　　　　　　　　　　　15 000 　　贷：其他应收款　　　　　　　　　　　　　　　　　　15 000
	2023年末，应调整计提的坏账准备	"坏账准备"账户年初贷方余额 = 500 000 × 2% = 10 000（元） 年末计提坏账准备前，"坏账准备"账户余额为借方余额：5 000元 （10 000 − 30 000 + 15 000） 年末应调整计提坏账准备 = 300 000 × 2% + 5000 = 11 000（元） 借：信用减值损失——计提的坏账准备　　　　　11 000 　　贷：坏账准备——其他应收款　　　　　　　　　　　　11 000
（3）	2023年4月无法收回A公司的货款	借：营业外支出　　　　　　　　　　　　　　　56 500 　　贷：应收账款——A公司　　　　　　　　　　　　　　56 500

❓ 思考：

应收款项减值和坏账有哪些区别？

任务单

1. "坏账准备"账户是 _____ 类账户，它是应收款项的 _____ 账户，期末贷方余额会导致应收款项的账面价值 _____ 。

2. 小企业采用 _____ 核算应收款项减值；《企业会计准则》采用 _____ 核算应收款项减值，_____ 更符合谨慎性原则。

3. 判断：在备抵法下，已确认坏账，以后又收回的，直接借记"银行存款"，贷记"营业外收入"。（　　）

4. 信用减值损失属于 _____ 类账户，_____ （请填会或不会）影响企业的营业利润。

5. 转销坏账，_____ （请填会或不会）影响企业应收款项的账面价值。

6. 公司在确认坏账损失时，应记入的借方科目是（　　）。

A. 营业外支出　　　　　　B. 坏账准备　　　　　　C.信用减值损失　　　　　　D.应收账款

7. 以下各项中，可以确认为坏账损失的有（　　）。

A.债务人逾期3年未偿还的债务

B.债务人死亡，或者依法被宣告失踪、死亡，其财产或者遗产不足清偿的

C.债务人逾期2年未偿还的债务

D. 债务人不愿意偿还的债务

E. 债务人依法宣告破产、关闭、解散、被撤销，或者被依法注销、吊销营业执照，其清算财产不足清偿的

8. 2023 年 6 月 17 日，因 B 公司宣告破产，前景公司确认应收 B 公司的一笔销货款 56 200 元无法收回。按《小企业会计准则》规定，前景公司对该笔业务账务处理正确的是（　　）。

A. 借：销售费用　　　　　　　　　　　　　　56 200
　　　　贷：应收账款——B 公司　　　　　　　　　　　　56 200

B. 借：财务费用　　　　　　　　　　　　　　56 200
　　　　贷：应收账款——B 公司　　　　　　　　　　　　56 200

C. 借：管理费用　　　　　　　　　　　　　　56 200
　　　　贷：应收账款——B 公司　　　　　　　　　　　　56 200

D. 借：营业外支出　　　　　　　　　　　　　56 200
　　　　贷：应收账款——B 公司　　　　　　　　　　　　56 200

9. 坏账准备的调整计提主要考虑以下哪些因素（　　）。

A. 应收款项期末余额

B. 已计提的坏账准备

C. 本期已确认的坏账

D. 期末已确认为坏账的应收款项本期收回的情况

E. 企业自行确定的坏账准备率

10. 2022 年初，前景公司"坏账准备"账户贷方余额为 920 000 元，计提坏账准备金的比例为 5%。同年 5 月，债务人 C 公司因长期亏损已逾期三年未偿还前欠本公司货款 100 000 元，经批准，本公司将其确认为坏账；2022 年末，前景公司应收账款余额为 12 000 000 元。2023 年 7 月 C 公司扭亏为盈，首批偿还原欠债务 40 000 元。2023 年末，前景公司应收账款余额为 10 000 000 元。

求：（1）2022 年 5 月核销坏账。

（2）2022 年末计提坏账准备。

（3）2023 年 7 月收回已核销的坏账。

（4）2023 年末计提坏账准备。

课后拓展

扫描二维码测试：应收款项减值的核算。

应收款项减值的核算

任务三　往来结算业务（债务）核算

学习任务

扫描二维码完成学习任务。

学习任务

知识准备

应付及预收款项是指企业在日常生产经营活动中发生的各项债务。应付是指企业购买材料或者商品时需要支出的款项；预收是指企业向购货方预先收取的部分款项。应付及预收款项包括应付票据、应付账款、预收账款、其他应付款、应付股利和应付利息等。

一、应付票据

（一）应付票据概述

应付票据是指企业购买材料、商品和接受服务等开出、承兑的商业汇票，包括商业承兑汇票和银行承兑汇票。

我国商业汇票的付款期限不超过 6 个月，因此企业应将应付票据作为流动负债管理和核算。在会计实务中，一般均按照开出、承兑的应付票据的面值入账。企业应当设置"应付票据备查簿"，详细登记商业汇票的种类、号数和出票日期、到期日、票面余额、交易合同号和收款人姓名或单位名称以及付款日期和金额等资料。应付票据到期结清时，上述内容应当在备查簿内予以注销。

（二）应付票据的核算

发生应付票据业务的账务处理如表 2-23 所示。

表 2-23　发生应付票据业务的账务处理

业务 1	账务处理	
采购开出商业汇票	借：材料采购、在途物资、原材料、库存商品等 　　应交税费——应交增值税（进项税额） 　贷：应付票据	
银行承兑汇票支付给银行的手续费	借：财务费用 　　应交税费——应交增值税（进项税额） 　贷：银行存款	
到期支付票据	借：应付票据 　贷：银行存款	
转销应付票据	商业承兑汇票到期无力偿还票款	借：应付票据 　贷：应付账款
	银行承兑汇票到期无力偿还票款*	借：应付票据 　贷：短期借款

*应付银行承兑汇票到期，如企业无力支付票款，则由承兑银行代为支付，并作为付款企业的借款处理。

二、应付账款

（一）应付账款概述

应付账款是指企业因购买材料、商品或接受服务等经营活动而应付给供应单位的款项。实务中，为了使所购入材料、商品的金额、品种、数量和质量等与合同规定的条款相符，避免因验收时发现所购材料、商品的数量或质量存在问题而对入账的材料、商品或应付账款金额进行改动，在材料、商品和发票账单同时到达的情况下，一般在所购材料、商品验收入库后，根据发票账单登记入账，确认应付账款。在所购材料、商品已经验收入库，但是发票账单未能同时到达的情况下，企业应付材料、商品供应单位的债务已经成立，在会计期末，为了反映企业的负债情况，需要将所购材料、商品和相关的应付账款暂估入账，待下月月初用红字将上月月末暂估入账的应付账款予以冲销。

（二）应付账款的核算

企业应设置"应付账款"科目核算应付账款的发生、偿还、转销等情况。该科目的贷方登记应付未付款项的增加，借方登记应付未付款项的减少，期末贷方余额反映企业尚未支付的应付账款余额。本科目可按债权人设置明细科目进行明细核算。相关账务处理如表2-24所示。

表2-24　发生应付账款业务的账务处理

业务2	账务处理	
发生时	借：原材料等 　　应交税费——应交增值税（进项税额） 　　　贷：应付账款 提示：附有商业折扣的，应按扣除商业折扣后的金额入账	
偿还时	借：应付账款 　　贷：银行存款 　　　应付票据等　　　　　　　　　　　　　　　　（开出商业汇票抵付）	
	附有现金折扣条件的应付账款偿还时： 借：应付账款 　　贷：银行存款　　　　　　　　　　　　　　　（实际偿还的金额） 　　　财务费用　　　　　　　　　　　　　　　（享有的现金折扣）	
实务中，企业外购电力、燃气等动力时，一般通过"应付账款"科目核算	（1）在每月付款时先做暂付款处理： 借：应付账款 　　应交税费——应交增值税（进项税额） 　　　贷：银行存款等	（2）月末按用途分配： 借：生产成本 　　制造费用 　　管理费用等 　　　贷：应付账款
确实无法支付的应付账款予以转销时	借：应付账款 　　贷：营业外收入	

三、预收账款

（一）预收账款概述

预收账款是企业在提供商品或供应劳务之前，按照合同规定向购货单位预先收取的款项。它是买卖双方协议商定，由卖货方或提供劳务方预先向购货方或接受劳务方收取的一部分货款或定金而形成的一项负债。这项负债需要企业用以后的商品或劳务等偿付。

（二）预收账款的核算

企业应设置"预收账款"科目核算预收账款的取得、偿付等情况。该科目贷方登记发生的预收账款金额，借方登记企业冲销的预收账款金额；期末贷方余额，反映企业预收的款项，如为借方余额，反映企业尚未转销的款项。本科目一般应按照客户设置明细科目进行明细核算。相关账务处理如表 2-25 所示。

表 2-25　发生预收账款业务的账务处理

业务 3	账务处理
取得预收款时	借：银行存款等 　　贷：预收账款 　　　　应交税费——应交增值税（销项税额）*
确认收入时	借：预收账款 　　贷：其他业务收入等
收到补付的款项时	借：银行存款等 　　贷：预收账款 　　　　应交税费——应交增值税（销项税额）
退回客户多预付的款项时	借：预收账款 　　　应交税费——应交增值税（销项税额）　　　　（如有） 　　贷：银行存款等

*在收到预收账款时已发生纳税义务，应确认增值税销项税额。

不单独设置"预收账款"科目的企业，发生的预收账款通过"应收账款"科目贷方核算。

四、其他应付款

（一）其他应付款概述

其他应付款是指企业除应付票据、应付账款、预收账款、应付职工薪酬、应交税费、应付利息、应付股利等经营活动以外的其他各项应付、暂收的款项，如应付短期租赁固定资产租金、应付低价值资产租赁的租金、应付租入包装物租金、出租或出借包装物向客户收取的押金、存入保证金等。

（二）其他应付款的核算

企业应设置"其他应付款"科目核算其他应付款的增减变动及其结存情况。该科目贷方登记发生的各种应付、暂收款项；借方登记偿还或转销的各种应付、暂收款项；该科目期末贷方余额，反映企业应付未付的其他应付款项。本科目按照其他应付款的项目和对方单位（或个人）设置明细科目进行明细核算。相关账务处理如表 2-26 所示。

表 2-26　发生其他应付款业务的账务处理

业务 4	账务处理
发生时	借：管理费用等 　　贷：其他应付款
支付或退回时	借：其他应付款 　　贷：银行存款等

五、应付利息和应付股利

（一）应付利息

应付利息是指企业按照合同约定应支付的利息，包括预提短期借款利息、分期付息到期还本的长期借款、企业债券等应支付的利息。

企业应设置"应付利息"科目核算应付利息的发生、支付情况。该科目贷方登记按照合同约定计算的应付利息，借方登记实际支付的利息，期末贷方余额反映企业应付的利息。本科目一般应按照债权人设置明细科目进行明细核算。相关账务处理如表 2-27 所示。

表 2-27　计提利息和支付利息的账务处理

业务 5	账务处理
计提时	借：财务费用等 　　贷：应付利息
实际支付时	借：应付利息 　　贷：银行存款等

💡 **重要提示：**

如果是到期一次还本付息的长期借款及应付债券的利息不属于流动负债，不通过"应付利息"科目核算。

（二）应付股利

应付股利是企业根据股东大会或类似权力机构审议批准的利润分配方案确定分配给投资者的现金股利或利润。

企业应设置"应付股利"科目核算企业宣告发放但尚未实际支付的现金股利或利润。该科目贷方登记应支付的现金股利或利润；借方登记实际支付的现金股利或利润；期末贷方余额反映企业应付未付的现金股利或利润。本科目应按照投资者设置明细科目进行明细核算。相关账务处理如表 2-28 所示。

表 2-28　发放股利和支付股利的账务处理

业务 6	账务处理
宣告时	借：利润分配——应付现金股利或利润 　　贷：应付股利
实际支付时	借：应付股利 　　贷：银行存款等

💡 **重要提示：**

企业董事会或类似机构通过的利润分配方案中拟分配的现金股利或利润，不做账务处理，不通过"应付股利"科目核算，但应在附注中披露。

企业宣告分配股票股利不需要进行账务处理。企业实际分配股票股利不通过"应付股利"科目核算，应通过"股本"科目核算。

【业务范例 2-6】前景股份有限公司是增值税一般纳税人，发生下列应付款项业务。

（1）前景公司的原材料按实际成本核算。2023 年 6 月 1 日购入原材料一批，增值税专用发票上注明的价款为 60 000 元，增值税税额为 7 800 元，原材料已验收入库。该公司开出并经开户银行承兑的商业汇票一张，面值为 67 800 元、期限为 3 个月。交纳银行承兑手续费 33.9 元，其中增值税税额 1.92 元。2023 年 9 月 1 日商业汇票到期，前景公司通知其开户银行以银行存款支付票款。

（2）接上题，假设上述银行承兑汇票在 2023 年 9 月 1 日到期时，前景公司无力支付票款。

（3）6 月 8 日前景公司从 A 公司购买甲材料一批，专用发票所列的货款为 10 万元，增值税 13 000 元，材料已验收入库，款项尚未支付。若在 10 天内付款可享受货款部分 5% 的现金折扣。

（4）6 月 30 日前景公司，根据有关资料结算本月应付电费 3 万元，其中基本生产车间产品生产用 2 万元，车间照明用 4 000 元，厂部照明用 6 000 元。7 月 8 日以存款支付本期应付电费 41 000 元，并按应付电费的 13% 支付增值税 5 330 元（取得增值税专用发票）。

（5）前景公司于 6 月 15 日，按合同规定预收四新公司货款 4 万元存入银行。7 月 12 日，实际销售给四新公司的商品共计货款 8 万元，增值税 10 400 元，差额 52 800 元于 7 月 20 日收到并存入银行。

（6）前景公司 2023 年 5 月 5 日借入 5 年期到期还本、每年付息的长期借款 3 000 000 元，合同约定年利率为 6%。借款费用未满足资本化条件。不考虑其他因素，年末计提并支付利息。

（7）前景公司有 A、B 两个股东，其出资分别占注册资本的 30% 和 70%。2023 年度该公司实现净利润 6 000 000 元，经过股东会批准，决定分配股利 4 000 000 元。股利已用银行存款支付。

业务处理如表 2-29 所示。

表 2-29 业务范例 2-6 的核算

	业务	账务处理
（1）	6 月 1 日，开出并承兑商业汇票购入材料	借：原材料　　　　　　　　　　　　　　　60 000 　　应交税费——应交增值税（进项税额）　7 800 　　贷：应付票据　　　　　　　　　　　　　　　67 800
	6 月 1 日，支付商业汇票承兑手续费	借：财务费用　　　　　　　　　　　　　　31.98 　　应交税费——应交增值税（进项税额）　1.92 　　贷：银行存款　　　　　　　　　　　　　　　33.9

续表

	业务	账务处理	
（1）	9月1日，支付商业汇票款	借：应付票据 　　贷：银行存款	67 800 67 800
（2）	假设前景公司无力支付票款	借：应付票据 　　贷：短期借款	67 800 67 800
（3）	6月8日材料验收入库时	借：原材料 　　应交税费——应交增值税（进项税额） 　　贷：应付账款——A公司	100 000 13 000 113 000
	若前景公司6月17日支付货款	财务费用 = 100 000 × 5% = 5 000（元） 借：应付账款——A公司 　　贷：财务费用 　　　　银行存款	 113 000 5 000 108 000
	若前景公司6月30日支付货款	借：应付账款——A公司 　　贷：银行存款	113 000 113 000
（4）	6月30日结算应付电费	借：生产成本——基本生产成本 　　制造费用 　　管理费用 　　贷：应付账款——电力公司	20 000 4 000 6 000 30 000
	7月8日以存款支付应付电费 及增值税	借：应付账款——电力公司 　　应交税费——应交增值税（进项税额） 　　贷：银行存款	41 000 5 330 46 330
（5）	6月15日，收到预收款项	借：银行存款 　　贷：预收账款——四新公司	40 000 40 000
	7月12日，公司发售产品	借：预收账款——四新公司 　　贷：主营业务收入 　　　　应交税费——应交增值税（销项税额）	90 400 80 000 10 400
	7月20日收到补付的价款	借：银行存款 　　贷：预收账款——四新公司	52 800 52 800
（6）	每年计算确认利息费用	应付利息 = 3 000 000 × 6% = 180 000（元） 借：财务费用 　　贷：应付利息	 180 000 180 000
	公司每年支付利息	借：应付利息 　　贷：银行存款	180 000 180 000
（7）	确认应付投资者利润	A股东应分配的股利 = 4 000 000 × 30% = 1 200 000（元） B股东应分配的股利 = 4 000 000 × 70% = 2 800 000（元） 借：利润分配——应付股利 　　贷：应付股利——A股东 　　　　　　　——B股东	 4 000 000 1 200 000 2 800 000
	支付投资者利润	借：应付股利——A股东 　　　　　　——B股东 　　贷：银行存款	1 200 000 2 800 000 4 000 000

六、长期应付款

"长期应付款"科目，用以核算企业应付的款项及偿还情况，如以分期付款方式购入固定资产发生的应付款项。该科目可按长期应付款的种类和债权人进行明细核算。该科目的贷方登记发生的长期应付款，借方登记偿还的应付款项，期末贷方余额反映企业尚未偿还的长期应付款。

企业购买资产有可能延期支付有关价款。如果延期支付的购买价款超过正常信用条件，实质上具有融资性质的，所购资产的成本不能以各期付款额之和确定，应当以延期支付购买价款的现值为基础确认。固定资产购买价款的现值，应当按照各期支付的价款选择适当的折现率进行折现后的金额加以确定。折现率是反映当前市场货币时间价值和延期付款债务特定风险的利率。该折现率实质上是供货企业的必要报酬率。各期实际支付的价款之和与其现值之间的差额，应当在信用期间内采用实际利率法进行摊销，计入相关资产成本或当期损益。相关账务处理如表2-30所示。

表2-30　融资租赁资产的账务处理

业务7	账务处理
以融资租赁方式租入资产时	借：固定资产、在建工程、财务费用等 　　未确认融资费用（差额） 贷：长期应付款（支付的价款总额）
租赁期内支付租赁费	借：长期应付款——应付融资租赁款 　　应交税费——应交增值税（进项税额） 贷：银行存款

【业务范例2-7】前景股份有限公司是增值税一般纳税人，发生下列应收款项业务。

前景公司以融资租赁方式租入一项设备，合同确定的最低租赁付款额为550万元，租赁开始日确认的固定资产公允价值为515万元；最低租赁付款额的现值为530万元；租入设备直接交付安装，以银行存款支付专用发票所列安装费10万元，增值税9 000元；租赁期为5年，每年应付租赁费110万元，支付租赁付款时，收取增值税专用发票，增值税税率为13%；假定未确认融资费用在租赁期内平均摊销。

业务处理如表2-31所示。

表2-31　业务范例2-7的核算

业务	账务处理
融资租入设备直接交付安装	借：在建工程——安装设备　　5 150 000 　　未确认融资费用　　350 000 贷：长期应付款——应付融资租赁款　　5 500 000
以存款支付安装费时	借：在建工程——安装工程　　100 000 　　应交税费——应交增值税（进项税额）　　9 000 贷：银行存款　　109 000

续表

业务	账务处理
设备安装完工达到预定可使用状态	借：固定资产——融资租入固定资产　　　　5 250 000 　　贷：在建工程——在安装设备　　　　　　　　5 150 000 　　　　　　　——安装工程　　　　　　　　　　100 000
租赁期内每年末摊销未确认融资费用	财务消费 = 350 000 ÷ 5 = 70 000（元） 借：财务费用　　　　　　　　　　　　　　70 000 　　贷：未确认融资费用　　　　　　　　　　　　70 000
租赁期内每年以存款支付租赁费	借：长期应付款——应付融资租赁款　　　　1 100 000 　　应交税费——应交增值税（进项税额）　143 000 　　贷：银行存款　　　　　　　　　　　　　　1 243 000
租赁期满，设备所有权转给承租企业	借：固定资产——生产经营用固定资产　　　5 250 000 　　贷：固定资产——融资租入固定资产　　　　5 250 000

任务单

1. 企业预收款项业务不多的情况下可以不设置"预收账款"科目，而是将预收的款项通过 _____ 科目核算。

2. 债权单位撤销或其他原因使应付账款无法支付，则该应付账款应转入（　　）账户。

A. 投资收益　　　　　B. 其他应付款　　　　　C. 营业外收入　　　　　D. 营业外支出

3. 一张面值为 200 000 元的商业承兑汇票到期，公司无力支付，应该做（　　）账务处理。

A. 借：应付票据　　　200 000　　　　　B. 借：应付票据　　　200 000
　　　贷：应付账款　　　　　200 000　　　　　　贷：短期借款　　　　　　200 000

C. 借：应收账款　　　200 000　　　　　D. 借：应付票据　　　200 000
　　　贷：应收票据　　　　　200 000　　　　　　贷：银行存款　　　　　　200 000

4. 下列各项中，属于"其他应付款"科目核算的有（　　）。

A. 支付的包装物押金　　　　　　　　　　B. 收取的包装物租金

C. 职工未按期领取的工资　　　　　　　　D. 应付经营租入固定资产的租金

5. 以分期付款方式购入固定资产发生的应付款项记入 _____ 科目。

6. 下列各项中，可以记入"应付账款"账户的有（　　）。

A. 购入材料尚未支付的货款　　　　　　　B. 接受外部劳务尚未支付的款项

C. 收到的出租包装物押金　　　　　　　　D. 代扣职工的住房公积金

E. 签发的商业承兑汇票到期无款支付

7. 判断：

（1）应付股利是指企业董事会或类似机构通过的利润分配方案中拟分配给投资者的现金股利或利润。（　　）

（2）应付股利反映企业宣告但尚未实际发放的现金股利或股票股利。（　　）

（3）应付票据是指企业购买材料、商品或接受劳务等而开出并承兑的票据，包括银行汇票

和商业汇票。（　　）

8.企业对于到期无力支付票款的银行承兑汇票，转销时应贷记的会计科目是 _____。

课后拓展

扫描二维码测试：往来结算业务（债务）核算。

往来结算业务
（债务）核算

素质拓展

内诚于心，外信于人

2001 年 4 月 16 日，从不题字的国务院总理朱镕基在视察上海国家会计学院时，为该校题写了校训"不做假账"；同年 10 月 29 日，他在视察北京国家会计学院后，又题字："诚信为本，操守为重，坚持准则，不做假账。"这个题字后来被刻成碑石，作为校训。这16 个字意义深远，更是对当时全国 1 000 多万名会计人员的职业操守提出的要求，是对职业底线的重申。

"诚信"是会计人一直坚持的基本职业道德。那么到底何为诚信？今天我们一起通过历史上发生的故事来更深层次地体会这两个字的含义。

河南省巩义县有一座"康百万庄园"，这里记载了一个跨越明、清、民国三个历史时期的大家族的历史。四百余年的家族昌盛史，财富绵延十二代，成为豫商精神的代表。而文中要讲的就是发生在光绪年间这个家族的一个小故事。

爷爷康伯儒教导孙子康悔文时，给他布置了一个小任务。爷爷要孙子去街上借点钱回来，多少不限，但是约法三章：不能找自己的母亲要，不能找亲戚朋友借，更不能偷。

小悔文在街上东转转、西瞧瞧，终于在一家酒馆开了口，却被老板娘当作捣乱的孩子给轰走了。他这时才明白：向人借钱很难，哪怕是一文钱，也很难。小悔文没完成任务，爷爷会惩罚他吗？

爷爷写了一张字条给悔文，让悔文去对面点心铺借一串钱。这次，悔文成功借回了钱。

小悔文使出浑身解数，说了很多好话都借不来一文钱，为何爷爷用一张纸条就能轻松借回来一串钱？这就是"信"。何为信？人言为信。宋代理学家程颐认为"以实之谓信"，其中包含了两层意思：一是指平时说话、做事要诚实可靠；二是要信守承诺、言行一致、诚实不欺。正是因为康老太爷平日里一诺千金，"信"才得以慢慢确立。

那什么又是"诚"呢？宋代理学家朱熹认为"诚者，真实无妄之谓"。"诚"被认为是一个人内在的道德品质，代表着诚实、真诚、诚恳。"信"是内诚于心的外化表现。诚与信，内外兼备，千百年来，不仅是商人、会计这些经济工作者最基础的职业道德，更被中华民族视为自身的行为规范和道德修养。

真实、可靠的会计信息是企业科学管理和政府宏观经济决策的重要依据。虚假的会计信息必然会造成决策失误、经济秩序混乱。诚信是一个人、一家公司乃至国家政府的依托和根本。中华民族走向复兴，不仅要有物质基础，更要有丰富的精神准备，让我们每一个会计人员从我做起，从小事做起，内诚于心，外信于人，坚决捍卫我们文明的底线。

扫描二维码学习微课："内诚于心，外信于人"，并完成任务单。

1. 内诚于心，外信于人
2. 素质拓展任务单

评价反馈

扫描二维码进行学习评价反馈。

评价反馈

学习情境 三

投资核算

学习目标

学习目标

1. 能识别不同的投资业务使用什么会计账户。
2. 能区别交易性金融资产和长期股权投资所适用的投资对象。
3. 能概括长期股权投资业务的两种核算方法。
4. 能按照会计准则要求完成各项投资业务的核算。
5. 提高学生的投资意识和风险防范意识，树立正确的价值观、财富观和理财观，具备批判思维。
6. 培养学生恪守诚信和不做假账的会计职业道德。

学习任务及学时分配表

序号	学习任务	学时安排	备注
1	投资业务识别与判断	1学时	
2	交易性金融资产核算	6学时	
3	长期股权投资核算	8学时	
4	素质拓展：你会投资吗？	1学时	
	合计	16学时	

案例导入

翰宇药业（300199）2020年12月28日审议通过了《关于对参股公司会计核算方法变更的议案》。公司2015年投资上海健麾信息技术股份有限公司（以下简称"健麾信息"），持有其15%的股权，健麾信息董事会由9名成员组成，公司委派了一名董事参与经营管理。2020年12月22日，健麾信息成功在上交所主板上市，上市后公司股份稀释，稀释后持有健麾信息10.19%的股权，2020年12月29日，公司委派的董事PINXIANG YU辞任，公司未以任何方式通过任何人员实质参与健麾信息的经营管理决策，未与健麾信息之间发生重要交易，也未向健麾信息提供关键技术资料等影响健麾信息公司运营的信息，并永久放弃对健麾信息的董事提名权。因此，公司对其经营决策无法再施加重大影响。

基于这些情况，翰宇药业决定对健麾信息的股权从原来的权益法核算的长期股权投资变更为按照公允价值计量的交易性金融资产。就这个变更，居然正向增加了净利润2.03亿元。

但审计翰宇药业的大华会计师事务所认为，重点是能不能派董事，而不是派不派董事，因此截至2020年12月31日，公司仍保持对健麾信息的重大影响，现阶段对健麾信息股权投资核算方法的变更依据不充分，应继续按照长期股权投资列报，并按权益法进行计量。

通常公司持有大量闲置资金后，会考虑在二级证券市场进行投资活动，购入大量股票和债券，但这些股票和债券种类繁多，其中包括打算近期出售的股票、债券，也有打算持有至到期的多年期债券，还有近期不打算出售而是准备长期持有从而对被投资方产生共同控制（合营企业）或者重大影响（联营企业）的股权……从业务上看，投资对象都是在二级市场购入的股票、债券，但是从管理层持有的意图和目的来看，却大有不同：有些是为了对被投资方的财务或经营决策产生长期持续的影响的，有些是为了在持续的时间内获得稳定现金流的，有些则是为了赚取短期收益的。在财务报告中，我们可以看到它们被分别列示在了不同的项目中：交易性金融资产、长期股权投资等①。

那么按什么标准来划分这些股票和债券，将它们计入不同的账户中呢？在二级证券市场，这些证券的价格是不断波动的，特别是股票，那么又该以什么样的金额来计量这些投资呢？我们将在接下来的学习任务中，分别解决这些问题。

任务一　投资业务识别与判断

学习任务

扫描二维码完成学习任务。

学习任务

知识准备

投资对象涉及的资产主要有两类：金融资产和长期股权投资。

一、金融资产

（一）金融资产的概念

金融资产通常是指企业的库存现金、银行存款、其他货币资金、应收账款、应收票据、贷款、其他应收款、股权投资、债权投资和衍生金融工具形成的资产等。

这里我们重点关注的是股权投资和债权投资。

（二）金融资产的分类

根据《企业会计准则第 22 号——金融工具确认和计量》的规定，企业应当结合自身管理金融资产的业务模式和金融资产的合同现金流量特征，将取得的金融资产分为以下几类。

1. 以摊余成本计量的金融资产

一般来说，企业管理这类金融资产的业务模式是以收取合同现金流量为目标，而且该金融资产在特定日期产生的现金流量，是本金和以未归还本金金额为基础计算的利息，如债权投资，通常是持有的多年期长期债券，企业管理层是打算将债券持有至到期的，其产生的合同现金流量包括投资期间各期应收回的利息和到期日应收回的本金。

2. 以公允价值计量且其变动计入其他综合收益的金融资产

企业管理这类金融资产的业务模式是既以收取合同现金流量为目标又以出售该金融资产为目标，而且该类金融资产在特定日期产生的现金流量，仅是本金和以未归还本金金额

---

① 资料来源：上市公司取消对参股公司会计核算方法的变更，净利润减少 2 亿 [EB/OL].（2021-04-11）[2023-12-15]. http://www.360doc.com/content/21/0411/20/45623180_971716984.shtml.

为基础计算的利息，如其他债权投资、其他权益工具投资等。

3. 以公允价值计量且其变动计入当期损益的金融资产

除了上述两类金融资产之外的金融资产，即被分类为以公允价值计量且其变动计入当期损益的金融资产，如交易性金融资产和其他非流动金融资产（一般持股比例＜20%）。

一般来说，交易性金融资产是企业为了近期出售，以赚取差价为目的的金融资产，是从二级证券市场购入的股票、债券和基金等，因此属于企业的流动资产。

二、长期股权投资

长期股权投资，按照《企业会计准则》规定，根据投资方在股权投资后对被投资方能够施加影响的程度，分为两部分：一部分是按照《企业会计准则第 22 号——金融工具确认和计量》进行核算的以公允价值计量且其变动计入当期损益的金融资产（第三类金融资产）；另一部分是按照《企业会计准则第 2 号——长期股权投资》规定，包括对联营企业、合营企业和子公司的投资。以下重点介绍后者。

对于这类投资，企业对于购入的股权一般是打算长期持有的，目的在于对被投资方的经营和财务决策产生长期的影响，具体包括以下三种。

（1）投资方对被投资方具有重大影响的权益性投资，即对联营企业的投资。

（2）投资方与其他合营方一同对被投资方实施共同控制的权益性投资，即对合营企业的投资。

（3）投资方能对被投资方实施控制的权益性投资，即对子公司的投资。

相关链接：

控制，是指有权决定一个企业的财务和经营政策，并能据以从该企业的经营活动中获取利益。控制的持股比例通常情况下必须高于 50%，但是具体判断时应根据实质重于形式的原则判断。

共同控制，是指按照合同约定对某项经济活动所共有的控制，仅在与该项经济活动相关的重要财务和经营决策需要分享控制权的投资方一致同意时存在。

重大影响，是指对一个企业的财务和经营政策有参与决策的权力，但并不能够控制或者与其他方一起共同控制这些政策的制定。通常情况下认为持股比例介于20%和50%之间的就属于这种情况。

《小企业会计准则》规定，小企业准备长期持有的权益性投资计入"长期股权投资"。

扫描二维码学习微课：股票投资的归属问题。

股票投资的归属
问题

任务单

1. 交易性金融资产的目的是 _____。

2. 债权投资的目的是 _____。

3. 长期股权投资的目的是 _____。

4. 交易性金融资产的投资对象可以是 _____ ，债权投资的投资对象是 _____ ，长期股权投资的投资对象是 _____ 。

5. 对于从二级证券市场购入的股票和债券，会计上根据投资目的来判断和选择相应的科目，请完成下表。

投资对象	投资目的	会计科目
股票	对被投资方实施控制	
	对被投资方实施共同控制或重大影响	
		交易性金融资产
债券	短期出售，赚取差价	
	持有至到期，获取稳定的现金流量	

6. 以上关于投资的科目中，_____ 属于流动资产，属于非流动资产的有 _____ 。

任务二　交易性金融资产核算

学习任务
扫描二维码完成学习任务。

知识准备
交易性金融资产是指企业持有的准备近期出售的金融资产。如企业以赚取差价为目的从二级证券市场购入的股票、债券、基金等。它是企业利用闲散资金获利的一种投资方式。按照《企业会计准则第 22 号——金融工具确认和计量》规定，交易性金融资产以公允价值计量且其变动计入当期损益。

学习任务

一、交易性金融资产的科目设置

"交易性金融资产"科目下一般开设"成本"和"公允价值变动"两个明细科目。"交易性金融资产——成本"科目，反映初始取得投资时的成本，持有期间除非新增或减少投资，一般不会改变。

"交易性金融资产——公允价值变动"科目，反映持有期间投资的公允价值变动增减，公允价值增加在借方，公允价值减少在贷方。

"公允价值变动损益"科目是损益类科目，反映持有期间投资出现的账面上的公允价值变化，是"交易性金融资产——公允价值变动"科目的对方科目，与"交易性金融资产——公允价值变动"方向相反，金额一致。

"投资收益"科目也是损益类科目，反映投资期间获得的损益，包括持有期间的现金股利或利息、处置产生的净损益。

"应收股利"和"应收利息"科目反映持有投资期间发生的债权，"应收股利"反映投资股票应收的现金股利，"应收利息"反映投资债券应收的债券利息。

二、交易性金融资产的核算

（一）取得交易性金融资产

交易性金融资产——成本以取得时的公允价值入账，所支付的价款中若包括已宣告尚未发放的现金股利（股票）或已到付息期尚未领取的利息（债券），应当作为债权计入"应收股利"或"应收利息"。取得过程中发生的交易费用，如支付给代理机构、咨询公司、券商、证券交易所、政府有关部门的手续费、佣金、相关税费及其他必要支出，计入"投资收益"的借方，冲减当期损益。相关账务处理如表3-1所示。

💡 **重要提示：**

支付交易费用时若取得增值税专用发票（一般纳税人），增值税该如何处理？该发票并不是被投资方开出的，而是代理机构、咨询公司或者券商等由于提供了相关服务开出的，投资方购买了该项服务，因此该项增值税是可以抵扣的。

表3-1　取得交易性金融资产的账务处理

业务1	账务处理
企业取得交易性金融资产	借：交易性金融资产——成本（公允价值） 　　　应收股利或应收利息（已宣告但尚未发放的现金股利或已到付息期但尚未领取的利息） 　　贷：其他货币资金——存出投资款
支付相关交易费用	借：投资收益 　　　应交税费——应交增值税（进项税额） 　　贷：其他货币资金——存出投资款

扫描二维码学习微课：取得交易性金融资产。

（二）被投资方宣告发放现金股利或债券计息

企业持有交易性金融资产期间，被投资单位宣告发放现金股利（股票投资），或计息期末计算债券利息（债券投资），按应分得的现金股利或按债券票面利率计算的利息确认债权"应收股利"或"应收利息"，同时确认"投资收益"。相关账务处理如表3-2所示。

取得交易性金融资产

表3-2　持有交易性金融资产的账务处理

业务2	账务处理
被投资单位宣告发放现金股利（股票），或期末计息（债券）	借：应收股利（应分得的现金股利） 　　　或应收利息（债券面值×票面利率×计息期） 　　贷：投资收益
收到现金股利或利息	借：其他货币资金——存出投资款 　　贷：应收股利或应收利息

💡 **重要提示：**

上市公司宣告发放现金股利和实际发放之间通常会有时间差，按照权责发生制原则，宣告发放时就已经获得了收取现金股利的权利，因此需要确认债权。债券一般会在期末计息，但实际收到利息也会有时间差，所以同理，期末就应该确认应收利息。

（三）期末公允价值变动

交易性金融资产是以公允价值计量且变动计入当期损益的金融资产，在资产负债表日，应当对持有的交易性金融资产按照当时的公允价值进行后续计量。对于公允价值与账面余额之间的差额，一方面调整"交易性金融资产——公允价值变动"，另一方面同时计入"公允价值变动损益"。相关账务处理如表3-3所示。

表3-3　交易性金融资产期末的账务处理

业务3	账务处理
资产负债表日，公允价值高于账面余额的差额	借：交易性金融资产——公允价值变动 　　贷：公允价值变动损益
公允价值低于其账面余额的差额	借：公允价值变动损益 　　贷：交易性金融资产——公允价值变动

💡 **重要提示：**

"交易性金融资产——成本"科目在持有期间，除非是新增投资或减少投资，该科目的金额是不变的。"交易性金融资产——公允价值变动"的余额可借可贷。

期末，交易性金融资产的账面价值即此时的公允价值，由"交易性金融资产——成本"和"交易性金融资产——公允价值变动"共同决定。

（四）出售交易性金融资产

出售交易性金融资产，应按实际收到的金额计入"其他货币资金"等科目，按照交易性金融资产的账面价值注销交易性金融资产，两者的差额计入"投资收益"。出售时也要向券商、代理机构等支付交易费用，会计核算原理与购入时相同。相关账务处理如表3-4所示。

表3-4　出售交易性金融资产的账务处理

业务4	账务处理
出售交易性金融资产	借：其他货币资金——存出投资款　　　　　　（按实际售价计算） 　　贷：交易性金融资产——成本 　　　　　　　　　　——公允价值变动（或在借方） 　　投资收益（若亏损在借方）
出售时支付交易费用	借：投资收益　　　　　　　　　　　　　　　　（交易费用） 　　应交税费——应交增值税（进项税额） 　　贷：其他货币资金——存出投资款

💡 **重要提示：**

资产的减少一定是按照账面价值注销的。交易性金融资产的账面价值是由其名下的两个明细科目共同决定的，一定要一起从反方向减少。

❓ **思考：**

以上出售交易性金融资产的两笔分录，合成一笔怎么写？

扫描二维码学习微课：持有及出售交易性金融资产。

持有及出售交易性
金融资产

（五）转让金融商品应交增值税

转让金融商品时按差额缴纳增值税，应按照卖出价与买入价（不扣除已宣告尚未发放现金股利和已到付息期尚未领取的利息）的差额为销售额来计算增值税，税率为6%，注意该差额是含税金额。若该差额是负数，即产生了转让损失，则可结转至下月抵扣，但仅以本年度为限。年末仍出现负差的，即应交税费——转让金融商品应交增值税有借方余额，本年度的金融资产转让损失不可转入下年度继续抵扣，因此需要将借方余额转出。转出后，应交税费——转让金融商品应交增值税没有余额。相关账务处理如表3-5所示。

表3-5　转让金融商品应交增值税的账务处理

业务5	账务处理
转让金融商品应交增值税	转让金融商品应交增值税 = （卖出价－买入价）/（1 + 6%）× 6% 借：投资收益 　贷：应交税费——转让金融商品应交增值税
若出现负差	借：应交税费——转让金融商品应交增值税 　贷：投资收益
若年末仍是负差，结转应交税费——转让金融商品应交增值税	借：投资收益 　贷：应交税费——转让金融商品应交增值税

💡 **重要提示：**

转让金融商品时缴纳的增值税和出售交易性金融资产时交易费用涉及的增值税是不同的，征收的对象不同，计算方法也不同，核算时的科目也不同，不要混淆。

【业务范例3-1】前景股份有限公司是增值税一般纳税人，发生下列投资业务。

（1）2023年2月25日向证券公司存出投资款200万元。同日，委托证券公司购入某上市公司股票50 000股，支付价款505 000元（其中包含已宣告尚未发放的现金股利5 000元），另支付相关交易费用1 250元，增值税75元，公司准备短期持有获取差价收益。

（2）3月20日，收到被投资方发放的现金股利并存入投资款专户。

（3）3月31日，该股票市值为45万元。

（4）4月30日，公司仍持有该股票，其市值为48万元。

（5）5月9日，被投资方宣告派发现金股利，前景股份有限公司应分得5 000元；5月20日，收到存入投资款专户。

（4）6月5日，将股票全部出售，售价为60万元，款已收到。交易费用为1 485元，增值税为89元，转让该金融商品应交增值税为5 380元。

业务处理如表3-6所示。

表3-6　业务范例3-1的核算

业务		账务处理	
（1）	2023年2月25日取得投资	借：交易性金融资产——成本 　　应收股利 　　投资收益 　　应交税费——应交增值税（进项税额） 　贷：其他货币资金——存出投资款	500 000 5 000 1 250 75 506 325

续表

	业务	账务处理	
（2）	3月20日收到被投资方宣告发放的现金股利	借：其他货币资金——存出投资款 　贷：应收股利	5 000 　　　5 000
（3）	3月31日股票市值变动	借：公允价值变动损益 　贷：交易性金融资产——公允价值变动	50 000 　　　50 000
（4）	4月30日股票市值变动	借：交易性金融资产——公允价值变动 　贷：公允价值变动损益	30 000 　　　30 000
（5）	5月9日被投资方宣告派发现金股利	借：应收股利 　贷：投资收益	5 000 　　　5 000
	5月20日收到现金股利	借：其他货币资金——存出投资款 　贷：应收股利	5 000 　　　5 000
（6）	6月5日出售股票	借：其他货币资金——存出投资款 　　交易性金融资产——公允价值变动 　贷：交易性金融资产——成本 　　　投资收益 借：投资收益 　　应交税费——应交增值税（进项税额） 　贷：其他货币资金——存出投资款 借：投资收益 　贷：应交税费——转让金融商品应交增值税	600 000 20 000 　　　500 000 　　　120 000 1 485 89 　　　1 574 5 380 　　　5 380

相关链接：

按照《小企业会计准则》规定，小企业购入的能随时变现且持有时间不准备超过1年（含1年）的投资通过"短期投资"核算（见表3-7）。

表3-7　小企业短期投资的账务处理

业务6	账务处理	
取得投资	借：短期投资 　　应收股利或应收利息 　贷：银行存款	（实际买价和相关税费） （已宣告尚未发放的现金股利或已到付息期尚未领取的利息）
持有期间被投资方宣告发放的现金股利或债券计息日计息	借：应收股利或应收利息 　贷：投资收益	
出售投资	借：银行存款 　贷：短期投资 　　应收股利或应收利息 　　投资收益	（实际售价） （账面价值） （尚未收到的现金股利或利息） （差额）

任务单

1. 交易性金融资产的投资对象可以是 _____。

2. 交易性金融资产取得时的成本包括下面哪些内容：（　　）。

A. 买价　　　　　　　　B. 交易费用　　　　　　C. 已宣告尚未发放的现金股利

D.已到付息期尚未领取的利息　　　　　　　E.增值税（一般纳税人取得专用发票）

3.交易性金融资产的核算中，涉及当期损益的科目有 _____。

4.出售交易性金融资产时，投资收益由下面哪些内容确定：（　　　）。

A.售价　　　　　　　　B.交易费用　　　　C.交易性金融资产的账面价值

D.交易费用产生的增值税（一般纳税人取得专用发票）

5.出售交易性金融资产时，有可能会涉及增值税，业务中交易费用涉及的增值税和转让金融商品应交增值税的会计处理有什么不同？

_____。

6.期末交易性金融资产按照 _____ 来计量，其账面价值由以下科目决定：_____。

7.交易性金融资产业务中产生的投资收益包括下面哪些内容：（　　　）。

A.公允价值变动　　　　B.交易费用　　　　C.处置损益　　　　D.应收股利或利息

E.转让金融商品应交增值税

8.12月份转让金融商品时如果产生了转让损失，还需要做会计处理吗？应该怎么做？

_____。

课后拓展

　　扫描二维码测试：交易性金融资产的核算。

交易性金融资产的核算

任务三　长期股权投资核算

学习任务

　　扫描二维码完成学习任务。

知识准备

学习任务

　　适用《企业会计准则第2号——长期股权投资》中的股权投资是指以下三种投资。

　　（1）投资方能对被投资方实施控制的权益性投资，即对子公司的投资。

　　（2）投资方与其他合营方一同对被投资方实施共同控制的权益性投资，即对合营企业的投资。

　　（3）投资方对被投资方具有重大影响的权益性投资，即对联营企业的投资。

一、长期股权投资的初始计量

　　长期股权投资的取得分为以合并方式取得的长期股权投资和以合并以外的其他方式取得的长期股权投资两种形式。前者是指对子公司的投资，即投资方能对被投资方实施控制的权益性投资；后者是指对合营企业或联营企业的投资，即投资方能对被投资方实施共同

25

控制或产生重大影响的权益性投资。

相关链接：

小企业准备长期持有的权益性投资按照《小企业会计准则》规定计入"长期股权投资"科目，按照成本法核算。

（一）以合并方式取得长期股权投资

合并方式取得长期股权投资分为同一控制下的企业合并和非同一控制下的企业合并两种形式。

重要提示：

同一控制是指投资方和被投资方均为被同一家母公司控制的子公司；非同一控制是指投资方和被投资方是两家独立公司，并没有相同的母公司。

同一控制下的企业合并实质上是集团内部资产的重新配置和账面调拨，涉及的是集团内部不同企业间资产和所有者权益的变动，并不具备商业实质，因此整个计量过程中不应产生经营性损益和非经营性损益。

非同一控制下的企业合并的实质是不同市场主体之间的产权交易，投资方（购买方）如果以非现金资产作为对价，实质相当于按公允价值转让或处置了这些资产，具备了商业实质，因此会产生经营性损益和非经营性损益。只是对于不同的非现金资产，其处置损益涉及的账户和实现方式有所区别。具体计量要求见表3-8，相关账务处理见表3-9。

表3-8　合并方式取得的长期股权投资的初始计量

合并方式		长期股权投资的计量		
		长期股权投资	其他	
同一控制	支付现金、转让非现金资产或承担债务	合并日被合并方净资产在母公司合并报表上的账面价值的份额	按支付的合并对价的账面价值贷记相关资产、负债，按其差额确认"资本公积——资本溢价或股本溢价"	合并发生的审计、法律服务、评估咨询等中介费用以及其他相关管理费用，借记"管理费用"
	发行权益性证券		按股票面值确认"股本"，发行证券的交易费用贷记"银行存款"，按其差额确认"资本公积——股本溢价"*	
非同一控制	支付现金、转让非现金资产或承担债务	合并日现金、非现金资产或发行权益性证券的公允价值	按支付的合并对价的账面价值贷记相关资产、负债，资产处置等直接费用贷记"银行存款"，按其差额确认转让资产的出售损益：转让资产若为产品，则通过"主营业务收入"和"主营业务成本"科目核算损益；若为固定资产或无形资产，则通过"资产处置损益"科目核算损益；若为交易性金融资产，则通过"投资收益"科目核算损益	
	发行权益性证券		按股票面值确认股本，发行证券的交易费用贷记"银行存款"，按其差额确认"资本公积——股本溢价"*	

*发行权益性证券产生的交易费用（如佣金、手续费等），在溢价收入中扣除，即从"资本公积"中扣除；不足扣减的部分，应当依次冲减"盈余公积"和"利润分配——未分配利润"。

表 3-9　合并方式取得长期股权投资的账务处理

业务 1	账务处理
同一控制下以支付现金、转让非现金资产或承担债务方式作为合并对价	借：长期股权投资（合并日被合并方净资产在母公司合并报表上的账面价值的份额）① 　　应收股利（应享有的被投资方已宣告尚未发放的现金股利）② 　　贷：有关资产（银行存款/库存商品/固定资产清理/无形资产/交易性金融资产等 　　　　的账面价值）③ 　　　　或有关负债（应付账款等的账面价值）③ 　　　　应交税费——应交增值税（销项税额）（资产的公允价值×税率）④ 　　　　资本公积——资本溢价或股本溢价（差额，也可在借方）*⑤
同一控制下以发行权益性证券作为合并对价	借：长期股权投资（合并日被合并方净资产在母公司合并报表上的账面价值的份额）① 　　应收股利（应享有的被投资方已宣告尚未发放的现金股利）② 　　贷：股本（发行股份的面值）③ 　　　　银行存款（发行权益性证券产生的交易费用）④ 　　　　资本公积——资本溢价或股本溢价（差额，也可在借方）*⑤
非同一控制下以支付现金或承担债务方式作为合并对价	借：长期股权投资（合并日支付的现金或承担负债的公允价值）① 　　应收股利（应享有的被投资方已宣告尚未发放的现金股利）② 　　贷：银行存款 　　　　或有关负债（应付账款等的账面价值）③
非同一控制下以转让非现金方式作为合并对价	（1）非现金资产是存货： 借：长期股权投资（合并日转让存货的含增值税的公允价值） 　　贷：主营业务收入或其他业务收入（存货的公允价值） 　　　　应交税费——应交增值税（销项税额）（存货的公允价值×税率） 借：主营业务成本或其他业务成本（存货的账面价值） 　　存货跌价准备 　　贷：库存商品或原材料 （2）非现金资产是无形资产： 借：长期股权投资（合并日转让无形资产的含增值税的公允价值）① 　　无形资产减值准备 　　累计摊销　　　　　　　　　　}（无形资产的账面价值）② 　　贷：无形资产 　　　　应交税费——应交增值税（销项税额）（无形资产的公允价值×税率）③ 　　　　资产处置损益　　　　　　（差额，也可能在借方）④ （3）非现金资产是固定资产： 借：固定资产清理 　　累计折旧 　　固定资产减值准备　　　　　　　　　　　　}（固定资产的账面价值） 　　贷：固定资产 借：长期股权投资　　　　　　　（合并日转让固定资产的含增值税的公允价值） 　　贷：固定资产清理　　　　　　　　　（固定资产的公允价值） 　　　　应交税费——应交增值税（销项税额）　　（固定资产的公允价值×税率） 借：固定资产清理 　　贷：资产处置损益　　　　　　（前面两笔分录的差额，分录有可能相反）
非同一控制下以发行权益性证券作为合并对价	借：长期股权投资（合并日发行的权益性证券的公允价值）① 　　应收股利　（应享有的被投资方已宣告尚未发放的现金股利）② 　　贷：股本　（发行股份的面值）③ 　　　　银行存款（发行权益性证券产生的交易费用）④ 　　　　资本公积——资本溢价或股本溢价（差额，也可在借方）*⑤

续表

业务 1	账务处理
发生的审计、法律服务等中介费用及其他相关管理费用	借：管理费用 　　贷：银行存款等

*如果差额在借方，就借方冲销"资本公积——资本溢价或股本溢价"，不足冲减的部分，应当依次冲减"盈余公积"和"利润分配——未分配利润"。

（二）以非合并方式取得长期股权投资

企业以合并以外的方式取得的长期股权投资，即对合营企业、联营企业的投资，可以用支付现金、转让非现金资产或发行权益性证券等方式取得。实质上是进行权益投资性质的商业交易，类似于非同一控制下的企业合并，只是持有的股权比例不同。因此，也应按照支付现金、非现金资产、发行权益性证券的公允价值或按照非货币性资产交换或债权重组准则规定的初始投资成本来确定"长期股权投资"。

会计处理参考非同一控制下的企业合并。

💡 **重要提示：**

企业以非合并方式取得长期股权投资，发生的审计、法律服务、评估咨询等与投资直接相关的交易费用，计入"长期股权投资"（不同于企业合并）。

二、长期股权投资的后续计量

长期股权投资的后续计量有两种方法：成本法和权益法。成本法适用于控制关系形成的投资，即合并方式取得的长期股权投资，也是对子公司的投资。小企业的长期股权投资按照《小企业会计准则》规定，也是采用成本法核算。权益法适用于以非合并方式取得的长期股权投资，即对合营企业、联营企业的投资（见表 3-10）。

表 3-10　长期股权投资后续计量方法

取得方式		后续计量方法	
		成本法	权益法
企业合并（控制）	同一控制	√	
	非同一控制	√	
非企业合并（共同控制、重大影响）			√
小企业		√	

（一）成本法

成本法是指投资按初始投资成本计价的方法。相关账务处理如表 3-11 所示。

表 3-11　成本法下长期股权投资的账务处理

业务 2	账务处理
被投资方宣告派发现金股利时	（1）宣告时： 借：应收股利　　　　　　　　　（享有被投资方宣告发放的现金股利的份额） 　　贷：投资收益 （2）实际发放时： 借：银行存款 　　贷：应收股利
年末被投资方盈利或亏损	不做账

扫描二维码学习微课：长期股权投资成本法的核算。

长期股权投资成本法的核算

（二）权益法

权益法下，是指投资以初始投资成本计量后，在投资持有期间根据投资企业享有被投资单位所有者权益份额的变动对投资的账面价值进行调整的方法。长期股权投资为投资方在被投资单位拥有的净资产量，被投资方实现净利润、出现亏损、分派现金股利、其他综合收益或其他所有者权益变动都会引起投资方净资产量的相应变动，因此也要相应调整长期股权投资的账面价值。

权益法下需在"长期股权投资"科目下开设"投资成本""损益调整""其他综合收益"和"其他权益变动"等明细科目。这些明细科目与被投资方所有者权益变动之间存在对应关系，具体对应关系如表 3-12 所示。

表 3-12　权益法下长期股权投资明细科目与被投资方所有者权益变动对应关系

业务	被投资方所有者权益变动	长期股权投资明细科目
被投资方宣告派发现金股利	留存收益	损益调整
被投资方盈利或亏损		
直接计入所有者权益的利得或损失变动	其他综合收益	其他综合收益
	资本公积——其他资本公积	其他权益变动

相关账务处理如表 3-13 所示。

表 3-13　权益法下长期股权投资的账务处理

业务 3	账务处理
调整长期股权投资初始投资成本*	（1）长期股权投资初始投资成本>投资时应享有被投资方可辨认净资产公允价值份额：不调整，不做账 （2）长期股权投资初始投资成本<投资时应享有被投资方可辨认净资产公允价值份额： 借：长期股权投资——投资成本　　　　　　　　　　　　（差额） 　　贷：营业外收入
被投资方宣告派发现金股利时	（1）宣告时： 借：应收股利　　　　　　　　　（享有被投资方宣告发放的现金股利的份额） 　　贷：长期股权投资——损益调整 （2）实际发放时： 借：银行存款 　　贷：应收股利

续表

业务3	账务处理
年末被投资方盈利或亏损	借：长期股权投资——损益调整　　　　　（占有被投资方实现净利润的份额） 　　　贷：投资收益 亏损做相反分录，若存在超额亏损，按顺序贷记以下科目： 借：投资收益 　　　贷：长期股权投资——损益调整　　　　　　　　　　（减至零为限） 　　　　　长期应收款　　　　　　　　　　　　　　　　（减至零为限）** 　　　　　预计负债 若还有应分担的被投资方的损失，在备查簿上登记。以后实现净利润的，应按与上述相反的顺序处理
被投资单位发生的其他综合收益变动	借：长期股权投资——其他综合收益 　　　贷：其他综合收益 属于调整减少的，做相反记录
被投资单位发生的其他权益变动	借：长期股权投资——其他权益变动 　　　贷：资本公积——其他资本公积 属于调整减少的，做相反记录

　　*权益法下，当长期股权投资的初始投资成本大于投资时应享有被投资单位可辨认净资产公允价值份额的，其差额是投资企业取得的商誉价值，不必调整已确认的初始投资成本，而小于的差额是交易过程中转让方的让步，需计入"营业外收入"。

　　**投资企业对被投资方的长期债权，实质上构成对被投资单位的净投资。但不包括投资企业与被投资单位之间因销售商品、提供劳务等日常活动所产生的长期债权。

　　扫描二维码学习微课：长期股权投资权益法的核算。

三、计提长期股权投资减值准备

　　资产负债表日，若长期股权投资的未来可收回金额低于账面价值，判定其发生减值的，应按差额计提长期股权投资减值准备，冲减长期股权投资的账面价值，处置长期股权投资时要一并注销。相关账务处理如表3-14所示。

1. 长期股权投资的取得（权益法）的核算
2. 长期股权投资的后续计量一（权益法）的核算
3. 长期股权投资的后续计量二（权益法）的核算

表3-14　计提长期股权投资减值准备的账务处理

业务4	账务处理
计提长期股权投资减值准备	借：资产减值损失 　　　贷：长期股权投资减值准备 一经计提，不得转回
小企业发生长期股权投资损失	借：银行存款 　　　贷：长期股权投资 　　　　　营业外支出*

　　*小企业发生长期股权投资减值损失采用直接转销法。

四、处置长期股权投资

　　处置长期股权投资时，应按处置的比例注销长期股权投资的账面价值，将实际收到的价款和长期股权投资账面价值的差额计入"投资收益"，如果存在有已宣告尚未收回的现金股利，也一并注销。权益法下，还应当将原计入所有者权益的利得或损失"其他综合收益"和"资本公积——其他资本公积"作为实现的损益转入"投资收益"。相关账务处理如表 3-15 所示。

表 3-15 处置长期股权投资的账务处理

业务 5	账务处理
成本法下处置长期股权投资	借：银行存款　　　　　　　　　　　　　　（实际取得价款） 　　长期股权投资减值准备 　　贷：长期股权投资　　　　　　　　　　（账面价值） 　　　　应收股利　　　（已宣告分派但尚未领取的现金股利） 　　　　投资收益　　　　　　　　　（差额，也可能在借方）
权益法下处置长期股权投资	借：银行存款　　　　　　　　　　　　　　（实际取得价款） 　　长期股权投资减值准备 　　贷：长期股权投资——投资成本 　　　　　　　　　——损益调整 　　　　　　　　　——其他综合收益　　　（账面价值） 　　　　　　　　　——其他权益变动 　　　　投资收益　　　　　　　　（差额，也可能在借方） 借：其他综合收益　　　　　　　　　　　　（或贷） 　　资本公积——其他资本公积　　　　　　（或贷） 　　贷：投资收益　　　　　　　　　　　　（或借）

扫描二维码学习微课：长期股权投资的处置（权益法）的核算。

【业务范例 3-2】前景股份有限公司、超音股份有限公司、灵媒股份有限公司均不在同一集团内，均为一般纳税人，2022 年至 2023 年前景股份有限公司发生如下交易或事项。

长期股权投资的处置（权益法）的核算

（1）2022 年 1 月，前景公司以 11 亿元购入超音公司有表决权股份的 80%，能够对超音公司实施控制，取得投资时，超音公司所有者权益的账面价值为 15 000 万元（与公允价值相等）。

（2）2022 年 1 月，前景公司以一批产品取得灵媒公司有表决权股份的 30%，能够施加重大影响，产品的账面价值为 8 000 万元，计税价格为 9 000 万元，投资时，灵媒公司可辨认净资产的账面价值为 25 000 万元（与公允价值相等）。

（3）2022 年度超音公司实现净利润 4 000 万元，灵媒公司实现净利润 3 000 万元。

（4）2023 年 3 月，超音公司和灵媒公司宣告分派现金股利，前景公司按其持股比例可分得超音公司现金股利 200 万元，灵媒公司现金股利 100 万元。

（5）2023 年 10 月，灵媒公司其他资本公积增加 3 000 万元。

（6）2023 年 11 月，前景公司将其持有的灵媒公司股份全部出售，取得价款 11 000 万元。

（7）2023 年 12 月，前景公司持有的对超音公司的长期股权投资的未来可收回金额为 9 000 万元。

业务处理如表 3-16 所示。

表3-16　业务范例3-2的核算

业务	账务处理
（1）2022 年 1 月对超音初始投资*	借：长期股权投资——超音　110 000 000 　贷：银行存款　110 000 000
（2）2022 年 1 月对灵媒初始投资*	借：长期股权投资——灵媒（投资成本）　101 700 000 　贷：主营业务收入　90 000 000 　　应交税费——应交增值税（销项税额）　11 700 000 借：主营业务成本　80 000 000 　贷：库存商品　80 000 000
（3）2022 年末被投资方盈利	对超音的投资属于控制关系，后续计量采用成本法，此时不做账 借：长期股权投资——灵媒（损益调整）　9 000 000 　贷：投资收益　9 000 000
（4）2023 年 3 月被投资方宣告派发现金股利时	①超音宣告时： 借：应收股利　2 000 000 　贷：投资收益　2 000 000 ②灵媒宣告时： 借：应收股利　1 000 000 　贷：长期股权投资——灵媒（损益调整）　1 000 000
（5）2023 年 10 月灵媒其他资本公积增加	借：长期股权投资——灵媒（其他权益变动）　3 000 000 　贷：资本公积——其他资本公积　3 000 000
（6）2023 年 11 月出售灵媒股份	借：银行存款　110 000 000 　投资收益　2 700 000 　贷：长期股权投资——投资成本　101 700 000 　　——损益调整　8 000 000 　　——其他权益变动　3 000 000 借：资本公积——其他资本公积　3 000 000 　贷：投资收益　3 000 000
（7）2023 年 12 月计提长期股权投资减值准备	借：资产减值损失　20 000 000 　贷：长期股权投资减值准备　20 000 000

*前景对超音属于非同一控制下的企业合并，按实际支付的现金确认长期股权投资，后续计量采用成本法；前景对灵媒属于非合并方式取得的长期股权投资，施加重大影响，后续计量使用权益法核算，支付非现金资产的含税公允价值为 101 700 000 万元，大于投资时应享有被投资方可辨认净资产公允价值份额 7 500（即 25 000×30%）万元，按 101 700 000 万元确认长期股权投资。

任务单

1. 通过"长期股权投资"核算的投资是指以下投资关系形成的投资：＿＿＿＿＿＿＿＿＿、＿＿＿＿＿＿＿、＿＿＿＿＿＿＿，这些投资中后续计量适用于成本法的是 ＿＿＿＿＿＿＿＿＿，适用于权益法的是 ＿＿＿＿＿＿＿。

2. 通过"控制"关系形成的被投资方称为 ＿＿＿＿＿＿＿，通过"共同控制"形成的被投资方称为 ＿＿＿＿＿＿＿，通过"重大影响"形成的被投资方被称为 ＿＿＿＿＿＿＿。

3. 各种长期股权投资取得方式下的计量有相同的地方，也有不同的地方，学习比较之后填列下表。

项目	合并方式取得（对子公司的投资）		非合并方式取得（对合营企业、联营企业的投资）
	同一控制	非同一控制	
长期股权投资的初始投资成本			
初始投资是否产生处置损益			
发生的审计、法律服务、评估咨询等中介费用以及其他相关管理费用			
发行权益性证券产生的交易费用（如佣金、手续费等）			
应享有被投资方已宣告尚未发放的现金股利			
后续计量方法			

4. 后续计量时，成本法和权益法有很多不同，将对应的会计分录填入下表，不需要会计处理的，注明即可，有明细科目的需注明。

业务	成本法	权益法
初始投资成本是否需要调整（如需要调整，写明调整分录及调整条件）		
被投资方宣告派发现金股利		
被投资方盈利或亏损		
被投资方其他综合收益发生变动		
被投资方资本公积——其他资本公积变动		
处置长期股权投资		

5. 至此你已经学习了很多资产减值的相关知识，请总结后填入下表。

资产	减值准备科目	对方损益科目	是否可以转回
应收预付款项			
存货			
固定资产			
无形资产			
成本模式计量的投资性房地产			
长期股权投资			

6. 长期股权投资权益法核算时，其账面价值由哪些科目共同确定：（　　　）。

A. 长期股权投资——投资成本　　　　　　B. 长期股权投资——损益调整

C. 长期股权投资——其他权益变动　　　　D. 长期股权投资——其他综合收益

E. 长期股权投资减值准备　　　　　　　　F. 应收股利

7. 权益法下，当长期股权投资初始投资成本 > 投资时应享有被投资方可辨认净资产公允价值份额时，"长期股权投资——投资成本"按 ＿＿＿＿＿＿ 入账；当长期股权投资初始投资成本 < 投资时应享有被投资方可辨认净资产公允价值份额时，"长期股权投资——投资成本"按 ＿＿＿＿＿＿ 入账，产生的差额计入 ＿＿＿＿＿＿ 科目。

8. 小企业的长期股权投资业务按照《小企业会计准则》要求通过 ＿＿＿＿＿＿ 科目核算，按照 ＿＿＿＿＿＿ 方法计量。

课后拓展

扫描二维码测试：长期股权投资的核算。

长期股权投资的核算

素质拓展

你会投资吗？

通过本学习情境的学习，我们了解了流动资产中的交易性金融资产和长期投资中的债权投资、长期股权投资，虽然投资对象都是股票或债券，但它们的投资目标是有很大区别的。长期股权投资主要是通过持有被投资方有表决权的股份来对其产生长期的影响，希望被投资方的经营决策能够向着有利于投资方的方向发展。而交易性金融资产的目的主要是希望提高短期内的闲置资金的利用率，获取价差收益。那么在这些投资对象中，公司又会怎么具体选择投资产品呢？债券和股票的风险、收益率又有着怎样具体的差别呢？

一、债券

债券投资，是指购买人以购买债券的形式投放资本，到期向债券发行人收取固定的利息以及收回本金的一种投资方式。债券投资具有安全性高、收益高于银行存款、流动性强的特点。债券按发行人可分为政府债券、公司债券和金融债券三种，一般政府债券、金融债券风险较小，企业债券风险较前两者大，但收益也相对增多。债券按偿还期限的长短，可分为短期债券、中期债券、长期债券和永久债券。一般债券期限越长，利率越高，风险越高；期限越短，利率越低，风险越小。

公司债指数是证券交易所编制的反映中国证券市场企业债整体走势和收益状况的指数，从国内交易所上市企业债中挑选了满足一定条件的具有代表性的债券组成样本，按照债券发行量加权计算的指数。上证公司债指数和深证公司债指数分别反映沪市和深市两个市场的情况（见图 3-1 和图 3-2）。

上证公司债指数 (000022.SH)　　智能交易工具　📱 在APP中查看　＋ 加入

226.91 ⬆ +0.09 +0.04%
2023-01-11 10:17:05

今　开: 226.85		最　高: 226.91
昨　收: 226.82		最　低: 226.84
成交量: 6.85万手		振　幅: 0.03%
成交额: 5178.28万元		

分时　5日　**年线**　日K　周K　月K　年K　5分　15分　30分　60分　⬚　⋮

2023/01/11 开 226.85 高 226.91 收 226.91 低 226.84 量 68500 0.04%

图 3-1　上证公司债指数

深公司债 (399302.SZ)　　智能交易工具　📱 在APP中查看　＋ 加入

197.93 ⬆ +0.02 +0.01%
2023-01-11 10:17:42

今　开: 197.92		最　高: 197.93
昨　收: 197.91		最　低: 197.92
成交量: 330手		振　幅: 0.00%
成交额: 304.54万元		

分时　5日　**年线**　日K　周K　月K　年K　5分　15分　30分　60分　⬚　⋮

2023/01/11 开 197.92 高 197.93 收 197.93 低 197.92 量 330 0.01%

图 3-2　深公司债指数

二、股票

股票投资是指企业或个人用货币购买股票，借以获取收益的行为。股票投资的收益是由"收入收益"和"资本利得"两部分组成的。收入收益是指股票投资者以股东身份，按照持股的份额，在公司盈利分配中得到的股息和红利的收益。资本利得是指投资者在股票价格的变化中所得到的收益，即将股票低价买进、高价卖出所得到的差价收益。

股市指数，是由证券交易所或金融服务机构编制的、表明股票行情变动的一种可供参考的数字，能够反映股票市场总体价格水平及其变动趋势。当股票价格指数上升时，表明股票的平均价格水平上涨；当股票价格指数下降时，表明股票的平均价格水平下降。股市指数是反映市场所在国（或地区）社会、政治、经济变化状况的晴雨表。股市指数有很多种，其中经常用来参考的有以下三种指数（见图 3-3 至图 3-5）。

（1）上证综合指数：其样本股是在上海证券交易所全部上市的股票，反映了上海证券交易所上市股票价格的变动情况。

（2）深证成指：选取深圳证券交易所过去 6 个月内在平均流通市值、平均成交金额等方面排名前 500 的股票作为初始样本，能反映深市整体行情变化的数据指标。

（3）创业板指数：从创业板股票中选取 100 只组成样本股，以反映创业板市场层次的运行情况。

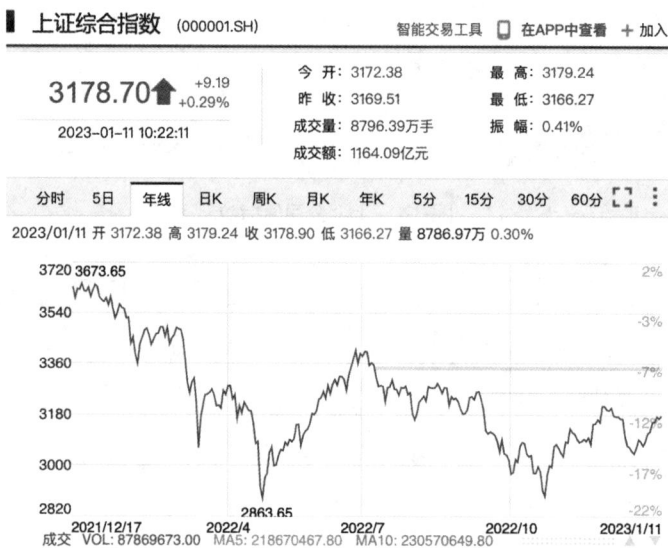

图 3-3　上证综合指数

图 3-4　深证成份指数

创业板指数 (399006.SZ)　　　智能交易工具　□ 在APP中查看　＋ 加入

2470.93 ▼ −3.07 −0.12%
2023-01-11 10:20:27

今　开: 2470.64	最　高: 2472.74
昨　收: 2474.01	最　低: 2456.61
成交量: 2628.71万手	振　幅: 0.65%
成交额: 504.54亿元	

| 分时 | 5日 | 年线 | 日K | 周K | 月K | 年K | 5分 | 15分 | 30分 | 60分 | ⤢ | ⋮ |

2023/01/11 开 2470.64 高 2472.74 收 2470.82 低 2456.61 量 2627.06万 −0.13%

成交 VOL: 26270566.96　MA5: 69628458.20　MA10: 74243799.92

图 3-5　创业板指数

　　不论是什么投资对象，收益与风险都是相对应的。风险较大的证券，其要求的收益率相对较高；反之，收益率较低的投资对象，风险相对较小。但是，不能因为收益与风险有着这样的对应关系，就盲目地认为风险越大，收益就一定越高。收益与风险相对应的原理只是揭示收益与风险的这种内在本质关系：收益与风险共生共存，承担风险是获取收益的前提；收益是风险的成本和报酬。

　　扫描二维码完成任务单。

评价反馈

　　扫描二维码进行学习评价反馈。

素质拓展任务单

评价反馈

学习情境 四

财产物资（存货）核算

1. 能识别存货的范围，对存货进行清晰分类。
2. 熟悉委托加工物资的核算和周转材料的摊销。
3. 能掌握实际成本法和计划成本法核算的原理。
4. 能准确地对存货的收入、发出与结存进行计量。
5. 能按照会计准则要求核算各项存货购、销、存等业务。
6. 能按照会计准则要求核算存货盘盈、盘亏以及期末减值业务。
7. 引导学生深入社会实践、关注现实问题，在面临企业有大量存货时，应特别关注存货减值的影响。养成谨慎、诚信、客观的基本素养。培养学生爱岗敬业、诚实守信的会计职业道德。

学习任务及学时分配表

序号	学习任务	学时安排	备注
1	存货识别与计量	2 学时	
2	原材料的核算	2.5 学时	
3	周转材料的核算	2 学时	
4	委托加工物资的核算	1 学时	
5	库存商品的核算	1 学时	
6	存货的清查与减值	3 学时	
7	素质拓展：扇贝来了又去——揭露獐子岛财务造假	0.5 学时	
	合 计	12 学时	

案例导入

　　一家生产办公桌椅的企业，除了销售产成品，还接受定制。在企业的厂房里，除了各式各样的机器设备，还有木材、螺丝钉、铁钉、钢化玻璃、纸箱、海绵、布料、油漆、劳保物品等材料物资，以及处在各生产阶段的在产品、半成品、产成品等。在销售旺季，企业的生产无法满足订单量，便会委托其他桌椅生产企业加工部分产品。为争取市场份额，该企业还将部分产品放在一些大型商场委托代销，部分产品放在展览馆展览。仓库里存放的产品除了等待销售的之外，还有些是购货方已经付款但尚未提货的产品。

　　在该企业中，我们看到了各种材料物资，处在各个阶段的在产品、半成品、产成品和存放在不同地方的产品等，这些在会计上都属于企业的存货吗？怎么对它们进行分类管理呢？对不同途径来源的存货，它们的成本计量相同吗？这些存货都是分批次加工制造或购入的，每一批次的成本是否一样呢？发出去的成本也一样吗？存放在仓库的各种材料物资，如果出现了毁损、霉烂，又该如何进行会计处理呢？存放在仓库的存货会不会因为陈旧、价格下跌而变得低于原先的成本呢？

我们将在接下来的学习任务中，分别解决这些问题。

任务一　存货识别与计量

学习任务

扫描二维码完成学习任务。

学习任务

知识准备

一、存货的定义和分类

存货，是企业在日常活动中持有以备出售的产成品或商品、处在生产过程的在产品、在生产过程或提供劳务过程中储备而耗用的材料或物料等。按照持有目的区分，存货主要包括用于直接销售的库存商品、产成品，需要进一步加工后销售的原材料、在产品，以及在生产经营过程中使用的包装物、低值易耗品等。除了这些基本形式的存货之外，存货还属于流动资产。存货的品种繁多，存放方式和地点多种多样，委托加工物资、委托代销商品也属于企业的存货，对于农林牧渔类企业，为销售而持有的，或在将来收获为农产品的消耗性生物资产也应列为存货。

二、存货的特点

存货属于企业的流动资产，与其他资产相比，具有以下特点。

（1）存货具有实物形态。

（2）存货具有较强的流动性，存货经常处于不断销售、耗用、购买或重置中。

（3）存货具有发生潜在损失的可能性，存货有可能变为积压物资或降价销售。

（4）持有存货的目的在于准备在正常经营过程中予以出售或耗用。

三、存货的确认

确认一项货物是否属于企业的存货，一方面要符合存货的定义，另一方面要满足存货确认的两个条件：第一，该存货包含的经济利益很可能流入企业。拥有所有权是其重要标志。第二，该存货的成本能够可靠地计量。

一般情况下，只要在盘存日期内其所有权归属于企业，则不论其存放地点，都属于企业存货，包括以下内容。

（1）存放在本企业仓库的存货。

（2）存放在本企业门市部和陈列馆、展览馆（室）的存货。

（3）已发运但尚未办妥托收手续的存货，以及商品已经交付购货方，但其所有权没有转移给对方的存货。

（4）购入后不需经过本企业仓库，直接发给购货单位或加工单位的存货。

（5）委托其他单位加工或代销的存货。

（6）消耗性生物资产也属于存货，是指企业（农、林、牧、渔业）生长中的大田作物、蔬菜、用材林以及存栏待售的牲畜等。

（7）已购入但尚未完成入库手续的在途存货等。

下列各项不属于存货：企业已经销售的存货，因其所有权已经移交给购买方，不论其是否已经发运（提货），均不属于本企业存货；受托加工来料、受托代销商品，也不属于本企业存货，应列为代管物资；专项用于固定资产建设的工程物资，也不是企业存货；生产性生物资产不属于存货。

四、存货的计量

存货的计量包括初始计量（即取得存货时成本的确定）以及发出存货的计量。

（一）存货的初始计量

存货的初始计量是指取得存货入账价值的确定。企业取得存货时，应当按照其成本入账。存货成本，是指存货取得过程中发生的全部实际支出。存货成本有采购成本、加工成本和自制成本三种。存货取得的途径不同，其成本的类型和构成内容也是有所不同的。

1. 存货的采购成本

存货的采购成本包括以下内容。

（1）购买价款，是指购入存货发票账单所列的价款，不包括按规定可以抵扣的增值税。

（2）采购费用，包括运杂费、运输途中的合理损耗和其他可以归属于存货采购成本的费用等。

运杂费是指存货购买后运达企业过程中发生的各项费用，包括运输费、包装费、装卸费、途中保险费等，但不包括运杂费增值税专用发票所列的增值税。

运输途中的合理损耗是指存货在运输过程中，因商品性质、自然条件等因素所发生的自然或不可避免的损耗。这类损耗并不影响购货总成本，只是增加入库存货的单位成本。

其他可以归属于存货采购成本的费用，包括存货采购过程中发生的仓储费、入库前的挑选整理费用等。

💡 提示：

（1）入库前的挑选整理费用，是指存货运达企业入库前，根据工艺加工的需要进行相应的挑选整理过程中发生的费用，包括挑选整理中发生的人工、费用和必要的损耗，并扣除回收的下脚废料价值。（2）企业采购人员差旅费、存货入库后的整理挑选费用、存货验收入库后的仓储经费和入库后发生的短缺损耗均不能列入存货成本。

（3）相关税费，是指购入存货按规定支付相关税费，如增值税、消费税、资源税和关税等。其是否构成存货成本，要视具体情况而定。

价内税是价格组成部分的税金，如消费税、资源税等。企业购入存货支付的价内税应当构成存货成本。

价外税是价格之外的税金，主要是增值税。企业购入存货支付的增值税应区别情况处理：第一，小规模纳税人的企业，其采购货物支付的增值税，无论是否在发票账单上单独列明，也无论是否取得增值税专用发票，一律记入所购货物的成本。第二，一般纳税人的企业，其采购货物支付的增值税，专用发票或完税凭证中注明的，不计入所购货物的成本，作为"进项税额"等待抵扣；用于非应纳增值税项目或免征增值税项目以及未能取得增值税专用发票或完税凭证的，其支付的增值税则计入购入货物的成本。第三，一般纳税人收购农产品，不能取得增值税专用发票，经批准可将其收购价格的一定比例列为增值税的"进项税额"，应以扣除这部分"进项税额"后的价款为购入货物的成本。

关税。进口货物交纳的关税，应计入进口货物的成本。

一般企业外购存货的成本构成如图4-1所示。

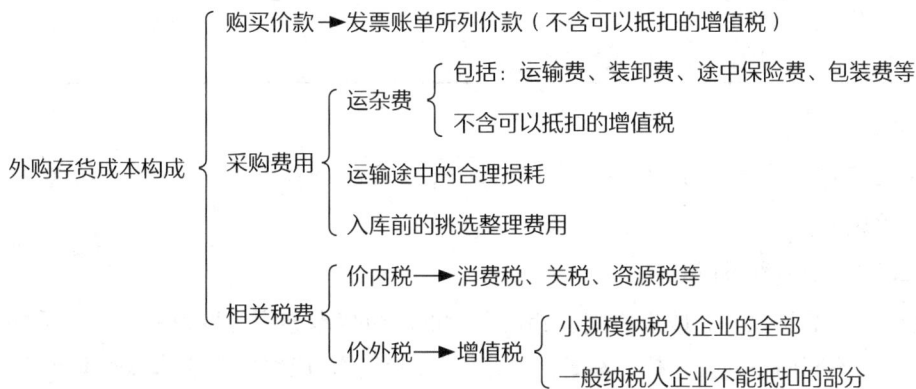

图 4-1 外购存货成本构成

2. 加工取得存货的成本

企业通过进一步加工取得的存货，主要包括产成品、在产品、半成品、委托加工物资等，其成本由采购成本和加工成本构成。

存货的加工成本包括直接人工和制造费用，其实质是企业在加工存货的过程中发生的追加费用。直接人工是指企业在生产产品过程中发生的直接从事产品生产的工人的职工薪酬。制造费用是指企业为生产产品和提供服务而发生的各项间接费用。

3. 企业自制存货的成本

企业自制的存货，主要有自制原材料、自制包装物、自制低值易耗品、自制半成品及库存商品等，其成本包括直接材料、直接人工和制造费用等各项实际支出。

💡 提示：

经过相当长时间的购建或者生产活动才能达到可使用或可销售的存货，其符合资本化条件的借款费用，计入存货成本。

4. 存货的其他成本

存货的其他成本是除采购成本、加工成本以外的，使存货达到目前场所和状态所发生的其他支出。产品设计费的账务处理如表 4-1 所示。

表 4-1　产品设计费的账务处理

其他支出	支出类型	账务处理
产品设计费用	为特定客户设计产品所发生的、可直接认定的产品设计费用	计入存货成本
	一般设计费用	计入当期损益（管理费用）

5. 不应计入存货成本，而应在其发生时计入当期损益的费用

存货相关费用不应计入成本的账务处理如表 4-2 所示。

表 4-2　存货相关费用不应计入成本的账务处理

费用类型	账务处理
非正常消耗的直接材料、直接人工和制造费用	计入当期损益
入库后发生的一般仓储费用	
不能归属于使存货达到目前场所和状态的其他支出	

💡 提示：

在生产过程中为达到下一个生产阶段所必需的仓储费用，如红酒的窖藏费用，计入存货成本。

（二）发出存货的计量

企业存货品种繁多，收发频繁，相同存货的单位成本会因为取得的方式、采购时间、采购地点的不同而不同。这样，在每次发出存货时，就会产生按哪项单位成本计算确定成本的问题，即用什么方法在发出存货与结存存货之间进行成本分配。存货发出成本的确定方法主要有以下几种。

1. 个别计价法

个别计价法，又称具体辨认法。它是指对库存和发出的每一特定货物或每一批特定货物的个别成本加以认定的一种方法（见表 4-3）。

表 4-3　个别计价法的内容

前提假设	实物流转与成本流转一致
具体计算过程	按照各种存货逐一辨认各批发出存货和期末存货所属的购进批别或生产批别，分别按其购入或生产时所确定的单位成本计算各批发出存货和期末存货成本
优点	计算准确，符合实际情况
缺点	存货收发频繁时，工作量较大

2. 先进先出法

先进先出法的相关内容如表 4-4 所示。

表4-4 先进先出法的内容

前提假设	先购入的存货应先发出（用于销售或耗用）
具体计算过程	收到存货时，逐笔登记收到存货的数量、单价和金额；发出存货时，按照先购进先发出的原则逐笔登记存货的发出成本和结存金额
优点	可以随时结转存货发出成本
缺点	较烦琐，存货收发业务较多且存货单价不稳定时，其工作量较大

💡 提示：

在物价持续上升时，期末存货成本接近于市价，而发出成本偏低，会高估企业当期利润和库存存货价值；反之，会低估企业存货价值和当期利润。

3. 月末一次加权平均法

月末一次加权平均法也称全月加权平均法，是指以月初存货数量加上本月全部收入存货数量作为权数，去除月初存货成本加上本月全部收入存货成本，计算出存货加权平均单位成本，从而计算确定本月发出存货成本和期末存货成本的一种方法（见表4-5）。

表4-5 月末一次加权平均法的内容

具体计算过程	加权平均单位成本 = $\dfrac{期初结存存货成本+本月收入存货成本}{期初结存存货数量+本月收入存货数量}$ 本月发出存货成本 = 本月发出存货数量 × 加权平均单位成本 期末结存存货成本 = 期末结存存货数量 × 加权平均单位成本 如果计算出加权平均单价不是整数（除不尽），就要将小数点两位之后的数字四舍五入，为了保持账面数字之间的平衡关系，也便于核对账目，可以采用倒挤成本法计算发出存货的成本，即： 期末结存存货成本 = 期末结存存货数量 × 加权平均单位成本 本月发出存货成本 = 期初结存存货成本 + 本月收入存货成本 − 期末结存存货成本
优点	可以简化成本计算工作
缺点	月末一次计算加权平均单价和发出存货的成本，不便于存货的日常管理与控制

4. 移动加权平均法

移动加权平均法是指每次收到存货以后，根据库存存货的数量和总成本，计算出新的加权平均单位成本，并据以对发出存货进行计价的一种方法（见表4-6）。移动加权平均法与月末一次加权平均法的计算原理基本相同，只是要求在每次收入存货时重新计算加权平均单位成本。

表4-6 移动加权平均法的内容

具体计算过程	移动平均单位成本 = $\dfrac{以前结存存货实际成本+本批收入存货实际成本}{以前结存存货数量+本批收入存货数量}$ 发出存货成本 = 本次发出存货数量 × 移动平均单位成本 期末存货成本 = 期末结存存货数量 × 移动平均单位成本
优点	可及时了解存货的结存情况，计算的平均单位成本以及发出和结存的成本比较客观
缺点	每次计算平均单位成本的工作量较大，对收发货较频繁的企业不太适用

无论选用哪一种计价方法确定发出存货的成本，只要选用的计价方法所计算出来的结果可以使成本与其相关联的收入实现较好配比，这种方法就是可行的。按照会计准则的规定，存货计价方法一经确定，不得随意变更。确需变更的，应对变更的内容和理由、变更的累积影响数以及累积影响数不能合理确定的理由等，在财务报表附注中予以说明。

扫描二维码学习微课：存货发出的计价方法（实际成本法）。

存货发出的计价方法（实际成本法）

【业务范例 4-1】前景股份有限公司是增值税一般纳税人，2023 年发生下列存货计量业务。

（1）公司 1 月 1 日购入一批商品 100 千克，进货价格为 100 万元，增值税税额为 13 万元。所购商品到达后验收发现商品短缺 25%，其中合理损失 15%，另 10% 的短缺无法查明原因。计算该批商品的单位成本。

（2）若企业为增值税小规模纳税人，1 月 10 日购入原材料一批，取得增值税专用发票上注明的价款为 400 000 元，增值税税额为 52 000 元，发生入库前挑选整理费 500 元，材料已经验收入库。计算该批材料的入账价值。

（3）3 月 5 日购入一批原材料，增值税专用发票上注明的价款为 50 万元，增值税税额为 6.5 万元，款项已经支付。另以银行存款支付装卸费 3 000 元（不考虑增值税），入库前发生挑选整理费 2 000 元，运输途中发生合理损耗 1 000 元。不考虑其他因素，计算该批原材料的入账成本。

（4）假设企业采用先进先出法核算原材料，3 月 1 日库存甲材料 500 千克，实际成本为 3 000 元，3 月 5 日购入甲材料 1 200 千克，实际成本为 7 440 元，3 月 8 日购入甲材料 300 千克，实际成本为 1 830 元，3 月 10 日发出甲材料 900 千克。不考虑其他因素，计算企业发出甲材料的实际成本和结存成本。

（5）假设企业采用月末一次加权平均法计算发出材料成本。5 月 1 日结存甲材料 200 件，单位成本 40 元；5 月 15 日购入甲材料 400 件，单位成本 35 元；5 月 20 日购入甲材料 400 件，单位成本 38 元；当月共发出甲材料 500 件。计算企业 5 月份发出甲材料的实际成本。

业务处理如表 4-7 所示。

表 4-7　业务范例 4-1 的核算

业务	业务处理
（1）1 月 1 日计算购入商品的单位成本	该批商品的单位成本 = 总成本（包含合理损失、扣除非合理损失）÷ 总数量（实际数量）=（100 － 100 × 10%）÷（100 － 100 × 25%）= 1.2（万元）
（2）1 月 10 日计算购入材料入账价值	小规模纳税人购进货物，增值税计入采购成本，该批材料的入账价值 = 400 000 + 52 000 + 500 = 452 500（元）。
（3）3 月 5 日计算购入原材料的入账成本	该批原材料的入账成本 = 50 + 0.3 +0.2 = 50.5（万元） 运输途中的合理损耗属于存货的采购成本，本题中 1 000 元的合理损耗本身已包含在 50 万元的价款中，所以无须另外考虑
（4）3 月计算发出甲材料实际成本和结存成本	发出材料的实际成本 = 发出的数量 × 单价 = 500 ×（3 000 ÷ 500）+ 400 ×（7 440 ÷ 1 200）= 5 480（元） 结存材料的实际成本 = 结存的数量 × 单价 = 300 ×（1 830 ÷ 300）+ 800 ×（7 440 ÷ 1 200）= 6 790（元）

续表

业务	业务处理
（5）5 月计算发出甲材料的实际成本	甲材料加权平均单价 =（期初结存材料成本 + 本期购入材料成本）/（期初结存材料数量 + 本期购入材料成本）=（200 × 40 + 400 × 35 + 400 × 38）/（200 + 400 + 400）= 37.2（元/件） 3 月份发出甲材料成本 = 37.2 × 500 = 18 600（元） 或 3 月份发出甲材料成本 = 200 × 40 + 400 × 35 + 400 × 38 − 500（结存）× 37.2 = 18 600（元）

任务单

1. 判断下列内容是否属于企业存货。

（1）为建造厂房等各项工程而储备的各种材料、物资。　　　　　　　　（　　）

（2）汽车制造厂生产的汽车。　　　　　　　　　　　　　　　　　　（　　）

（3）一般企业管理用的汽车。　　　　　　　　　　　　　　　　　　（　　）

（4）已经运出企业用于委托代销的商品和用于展览的商品。　　　　　（　　）

（5）代制品、代修品。　　　　　　　　　　　　　　　　　　　　　（　　）

（6）生产车间的半成品。　　　　　　　　　　　　　　　　　　　　（　　）

（7）存放在仓库的生产工具。　　　　　　　　　　　　　　　　　　（　　）

（8）房地产开发企业销售的商品房。　　　　　　　　　　　　　　　（　　）

2. 外购存货成本的采购费用，包括 _____ 、_____ 、_____ 等。

3. 企业自制的存货，主要有自制原材料、自制包装物、自制低值易耗品、自制半成品及库存商品等，其成本包括 _____ 、_____ 、_____ 等。

4. 存货发出成本确定的加权平均法，分为 _____ 和 _____ 两种。存货发出成本确定的其他方法主要还有 _____ 、_____ 。

5. 判断下列项目是否应计入企业存货成本（用×或√表示即可）。

项目	是否计入存货成本	
	一般纳税人	小规模纳税人
买价		
进口关税等相关税费（不含增值税）		
运输费、装卸费、保险费等归属于采购成本的费用		
增值税专用发票注明的增值税		
增值税普通发票注明的增值税		
入库前发生的挑选整理费、仓储费等		
入库后的一般仓储费、保管费		
运输途中的合理损耗		
运输途中的非正常损耗		
为特定客户设计产品发生的可直接认定的产品设计费用		
一般产品设计费用		

6. 某企业存货按实际成本计价，采用先进先出法计算发出成本。2021 年 3 月，M 存货的期初结存数量为 300 件，单价 10 元；3 月 5 日购入 200 件，单价 12 元；3 月 11 日销售 400 件；3 月 20 日购入 100 件，单价 14 元。不考虑其他因素，2021 年 3 月 31 日该企业 M 存货的期末结存成本为 _____ 元。

7. 某企业存货发出计价采用月末一次加权平均法。2021 年 9 月 1 日，原材料期初结存数量为 2 000 件，单价为 2 元；9 月 5 日，发出原材料 1 500 件；9 月 17 日，购进原材料 2 000 件，单价 2.2 元；9 月 27 日，发出原材料 1 000 件。该企业 9 月 30 日结存原材料的实际成本为 _____ 元。

8. 通货膨胀时，不宜采用哪种发出计价方法？为什么？

课后拓展

扫描二维码测试：存货识别与计量习题。

存货识别与计量习题

任务二　原材料的核算

学习任务

扫描二维码完成学习任务。

学习任务

知识准备

原材料是指企业在生产过程中经加工改变其形态或性质并构成产品主要实体的各种材料和物料。按其经济内容，原材料包括以下内容。

（1）原料及主要材料，是指直接用于产品制造，经过加工后构成产品主要实体的各种原料和材料。

（2）辅助材料，是指不构成产品的主要实体，但直接用于产品生产有助于产品形成的各种材料。

（3）外购半成品（外购件），是指从外部购入需要本企业进一步加工或装配的已完成一定生产步骤的中间产品。如果外购半成品数量不多时，也可列作原料及主要材料。

（4）修理用备件（备品备件），是指为修理本企业的机器设备等从外部购入的专用零部件。

（5）包装材料，是指包装产品用的，除包装物以外的各种材料，如纸、绳、铁丝等。

（6）燃料，是指在工艺技术过程中用于燃烧取得热能的各种材料，包括各种固体、液体和气体燃料，如煤炭、汽油、天然气等。

材料的日常核算分为按实际成本计价和按计划成本计价两种方法，企业可以根据自身生产经营特点及管理要求确定日常核算的计价方法。

💡 **提示：**

注意区别存货、材料、原材料含义的不同。存货的范围最广，三者是从属关系，具体如图 4-2 所示。

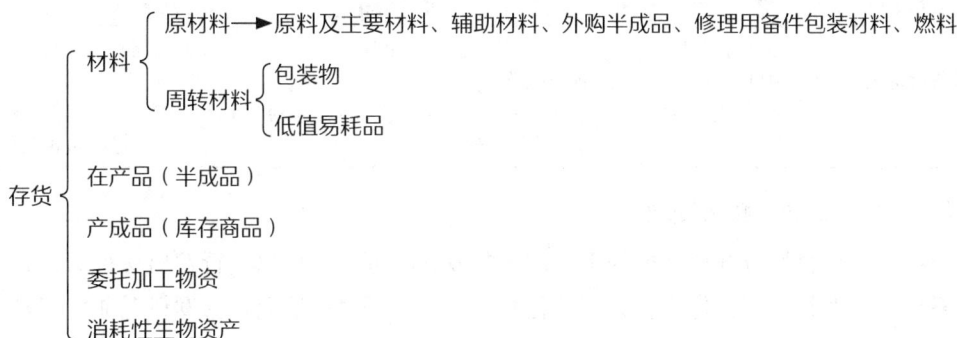

```
      ┌ 材料 ┌ 原材料 ──→ 原料及主要材料、辅助材料、外购半成品、修理用备件包装材料、燃料
      │      │
      │      └ 周转材料 ┌ 包装物
      │                └ 低值易耗品
      │
存货 ┤ 在产品（半成品）
      │
      │ 产成品（库存商品）
      │
      │ 委托加工物资
      │
      └ 消耗性生物资产
```

图 4-2　存货的范围

一、原材料按实际成本计价的核算

原材料按实际成本计价的核算特点是：材料从收发凭证到明细分类账和总分类账全部按实际成本进行计价。

（一）账户设置

"原材料"账户，用于核算企业库存的各种材料的实际成本。该账户可按材料的保管地点（仓库）、材料的类别、品种和规格等进行明细核算。

"在途物资"账户，用于核算企业采用实际成本（或进价）进行材料、商品等物资的日常核算、货款已付尚未验收入库的在途物资的采购成本。该账户可按供应单位和物资品种进行明细核算。

（二）购入材料的账务处理

实际成本法购入材料的账务处理如表 4-8 所示。

表 4-8　实际成本法购入材料的账务处理

业务 1	账务处理
单货同到	借：原材料 　　应交税费——应交增值税（进项税额） 　　贷：银行存款（或其他货币资金、应付票据、应付账款等）
单到货未到	（1）单到时： 借：在途物资 　　应交税费——应交增值税（进项税额） 　　贷：银行存款（或其他货币资金、应付票据、应付账款等） （2）材料验收入库时： 借：原材料 　　贷：在途物资
货到单未到	（1）月末仍未收到发票账单时，材料按暂估价值入账： 借：原材料 　　贷：应付账款——暂估应付账款 （2）下月初用红字冲销原暂估入账金额 （3）待收到发票账单以后再按"单货同到"进行账务处理

续表

业务 1	账务处理		
采用预付货款方式	（1）预付货款时： 借：预付账款 　　贷：银行存款	（2）收到材料并验收入库时： 借：预付账款 　　应交税费——应交增值税（进项税额） 　　贷：预付账款	（3）补付货款时： 借：预付账款 　　贷：银行存款 退回做相反分录

（三）发出材料的账务处理

企业发出材料均应办理必要的手续和填制发料凭证，并据以进行发出材料的核算。发料业务繁多，发料凭证数量大，为了简化核算工作，平时一般只根据发料凭证登记材料明细分类账，不直接根据发料凭证填制记账凭证，而是在月末根据当月的发料凭证，按领用部门和用途进行归类汇总，编制"发料凭证汇总表"，据以进行材料发出的总分类核算。相关账务处理如表 4-9 所示。

表 4-9　实际成本法发出材料的账务处理

业务 2	账务处理	
期末材料发出	借：生产成本 　　制造费用 　　销售费用 　　管理费用 　　在建工程 　　研发支出 　　委托加工物资 　　其他业务成本 　　贷：原材料	（直接用于产品生产） （间接用于产品生产，如车间领用） （销售部门消耗） （行政部门消耗） （工程项目消耗） （研发环节消耗） （发出委托加工材料） （用于出售）

一般纳税人企业购入材料用于职工生活福利的、用于非应税项目的，应按使用材料的进货成本和规定税率，计算转出增值税的进项税额，借记"应付职工薪酬"等账户，贷记"应交税费——应交增值税（进项税额转出）"账户，具体见应付职工薪酬。

二、原材料按计划成本计价的核算

原材料按计划成本核算的特点是：所有材料收发凭证按预先确定计划成本计价，总账及明细分类账按计划成本登记；材料的实际成本与计划成本的差异，通过"材料成本差异"账户核算。月份终了，通过分配材料成本差异，将发出材料的计划成本调整为实际成本。

（一）账户设置

"原材料"账户，该账户与按实际成本计价的核算内容相同。但按计划成本核算该账户借方、贷方及余额均为计划成本。

"材料采购"账户，该账户核算企业采用计划成本进行材料日常核算而购入材料的采购成本。

"材料成本差异"账户，该账户核算企业采用计划成本进行材料日常核算的材料实际成本与计划成本的差异。它是材料类账户的调整户。该账户应区分"原材料""周转材料"

等，按照类别或品种进行明细核算。

💡 提示：

1. 材料成本差异>0，表示超支。材料成本差异<0，表示节约。

2. "材料成本差异"科目的账户结构：借方登记购入材料的超支差异及发出材料应负担的节约差异；贷方登记购入材料的节约差异及发出材料应负担的超支差异。

期末如为借方余额，反映企业库存材料实际成本大于计划成本的差异（即超支差异）；如为贷方余额，反映企业库存材料实际成本小于计划成本的差异（即节约差异）。

（二）材料收入的账务处理

如同按实际成本计价的账务处理一样，企业收入的材料，都要根据不同的来源，采用的结算方式、付款及收料等不同情况进行账务处理。其核算内容包括三个方面：一是反映材料采购成本的发生；二是按计划成本反映验收入库的材料；三是结转验收入库材料的成本差异。相关账务处理如表4-10所示。

表4-10　计划成本法购入材料的账务处理

业务3	账务处理	
单货同到	借：材料采购　　　　　　　　　　　　　　　　　（实际成本） 　　应交税费——应交增值税（进项税额） 　　　贷：银行存款、其他货币资金、应付票据、应付账款等 同时： 借：原材料　　　　　　　　　　　　　　　　　　（计划成本） 　　材料成本差异　　　　　　　　　　　　　　　（超支差异） 　　　贷：材料采购　　　　　　　　　　　　　　（实际成本） 　　　　　材料成本差异　　　　　　　　　　　　（节约差异）	
单到货未到	（1）单到时： 借：材料采购 　　应交税费——应交增值税（进项税额） 　　　贷：银行存款、其他货币资金、应付票据、 　　　　　应付账款等	（2）材料验收入库时： 借：原材料 　　材料成本差异　　（超支差异） 　　　贷：材料采购 　　　　　材料成本差异（节约差异）
货到单未到	月末按计划成本暂估入账： 借：原材料　　　　　　　　　　　　　　　　　　（计划成本） 　　　贷：应付账款——暂估应付账款 下月初用红字冲回，单到时，再按"单货同到"处理	

课堂讨论：

为什么月末要暂估入账，并在下月初红字冲回？

（三）材料发出的账务处理

为了简化日常核算工作，企业可于月终编制"发料凭证汇总表"，据以进行发出材料的总分类核算。在按计划成本计价的方式下，原材料发出的总分类核算包括以下两个方面的内容。

结转发出材料的计划成本。这是根据"材料发出汇总表"中材料的计划成本，按发出材料的用途进行分配。

结转本月发出材料应分配的成本差异额。发出材料的成本差异额，是根据发出材料的计划成本和材料成本差异率计算确定的，分配的去向与材料计划成本的去向一致。结转发出材料成本差异额时，如为节约差异，应借记"材料成本差异"账户；如为超支差异，应贷记"材料成本差异"账户。相关账务处理如表 4-11 所示。

表 4-11　计划成本法发出材料的账务处理

业务 4	账务处理
发出材料时	平时发出材料时，一律按计划成本 借：生产成本/制造费用/销售费用等　　　　　　　　　　（生产、经营管理领用材料） 　　其他业务成本　　　　　　　　　　　　　　　　　　　　　　　（出售材料） 　　委托加工物资　　　　　　　　　　　　　（发出委托外单位加工的材料） 　　贷：原材料 月末，计算本月发出材料应负担的成本差异并进行分摊，将发出材料的计划成本调整为实际成本 借：生产成本/制造费用/销售费用等 　　贷：材料成本差异　　　　　　　　　　　　　　　　　　　　　（结转超支差） 或者： 借：材料成本差异　　　　　　　　　　　　　　　　　　　　　（结转节约差） 　　贷：生产成本等

发出材料的成本差异，应根据发出材料计划成本乘以材料成本差异率计算。材料成本差异率是指材料成本差异与计划成本之间的比率。超支差异用"＋"表示，节约差异用"－"表示。具体的计算公式为：

$$材料成本差异率 = \frac{月初结存材料成本差异 + 本月收入材料成本差异}{月初结存材料计划成本 + 本月收入材料计划成本} \times 100\%$$

发出材料应负担的成本差异 = 发出材料的计划成本 × 材料成本差异率

发出材料的实际成本 = 发出材料的计划成本 + 发出材料应负担的成本差异（节约用"－"）

结存材料的实际成本 = 结存材料的计划成本 + 结存材料应负担的成本差异（节约用"－"）

材料按计划成本计价，有利于简化材料核算的计价工作，能比较有效地避免按实际成本计价的不足。但材料成本差异一般只能按材料大类计算，所以会影响材料成本计算的准确性，从而影响企业成本费用与损益确定的正确性。这种计价方法适用于材料品种规格多，收发业务频繁，且具备材料计划成本资料的大中型企业。

1. 外购原材料
（计划成本法）
2. 领用原材料
（计划成本法）

扫描二维码学习微课：原材料按计划成本的核算。

【业务范例 4-2】前景股份有限公司是增值税一般纳税人，发生下列原材料业务。

1. 假设企业采用实际成本法进行材料日常核算，发生下列业务。

（1）1 月 3 日，购入 A 材料一批，增值税专用发票上注明的价款为 500 000 元，增值

税税额为 65 000 元，价税款用转账支票支付，材料已验收入库。

（2）1 月 20 日，从甲公司购入 B 材料一批，专用发票所列的货款为 10 万元，增值税 13 000 元；专用发票所列运输费 5 000 元，增值税 450 元；普通发票所列保险费 900 元，全部款项均已用汇兑方式结算，材料尚未收到。

（3）2 月 10 日，上述购入的 B 材料已收到，并验收入库。

（4）2 月 26 日，向乙公司购入 C 材料一批，本月 27 日材料收到并验收入库，但发票账单尚未到达，货款无法支付，暂估价值为 15 万元。至月末仍未收到发票账单。

（5）3 月 10 日，收到乙公司转来的专用发票等，所列的货款为 155 000 万元，增值税 20 150 元，价税款以存款支付。

（6）3 月 30 日，为购买 A 材料向丙公司预付 80 000 元，已通过银行转账支付。

（7）4 月 9 日，收到丙公司发运来的 A 材料，已验收入库。取得的增值税专用发票上注明的价款为 100 000 元，增值税税额为 13 000 元，剩余款项以银行存款支付。

（8）根据发料凭证汇总表，5 月份基本生产车间领用 B 材料 50 000 元，辅助生产车间领用 B 材料 3 500 元，车间管理部门领用 B 材料 6 000 元，销售机构领用 B 材料 800 元，企业行政管理部门领用 B 材料 3 000 元，共计 63 300 元。

账务处理如表 4-12 所示。

表 4-12　业务范例 4-2 的核算（1）

业务	账务处理
（1）1 月 3 日购入 A 材料	借：原材料——A 材料　　　　　　　　　　　　　500 000 　　应交税费——应交增值税（进项税额）　　　65 000 　　贷：银行存款　　　　　　　　　　　　　　　　565 000
（2）1 月 20 日购入 B 材料	在途物资——甲公司 = 100 000 + 5 000 + 900 = 105 900（元） 应交税费——应交增值税（进项税额）= 13 000 + 450 = 13 450（元） 借：在途物资——甲公司　　　　　　　　　　　105 900 　　应交税费——应交增值税（进项税额）　　　13 450 　　贷：银行存款　　　　　　　　　　　　　　　119 350
（3）2 月 10 日 B 材料验收入库	借：原材料——B 材料　　　　　　　　　　　　　105 900 　　贷：在途物资——甲公司　　　　　　　　　　105 900
（4）2 月 26 日购入 C 材料	本月 27 日材料验收入库时，只进行材料的明细核算（填制入库单，登记明细账） 月末，按 15 万元暂估入账： 借：原材料——C 材料　　　　　　　　　　　　　150 000 　　贷：应付账款——暂估应付账款　　　　　　　150 000 下月初，用红字冲销上月末的暂估入账记录： 借：原材料——C 材料　　　　　　　　　　　　　150 000 　　贷：应付账款——暂估应付账款　　　　　　　150 000
（5）3 月 10 日收到乙公司票据	借：原材料——原料及主要材料（C 材料）　　　155 000 　　应交税费——应交增值税（进项税额）　　　20 150 　　贷：银行存款　　　　　　　　　　　　　　　175 150
（6）3 月 30 日预付丙公司货款	借：预付账款——丙公司　　　　　　　　　　　　80 000 　　贷：银行存款　　　　　　　　　　　　　　　　80 000

续表

业务	账务处理
（7）4月9日收到丙公司发来的A材料	材料入库时： 借：原材料——A材料　　　　　　　　　　　100 000 　　应交税费——应交增值税（进项税额）　　13 000 　　贷：预付账款——丙公司　　　　　　　　　　　113 000 补付货款时： 借：预付账款——丙公司　　　　　　　　　　33 000 　　贷：银行存款　　　　　　　　　　　　　　　　33 000
（8）5月发出B材料	借：生产成本——基本生产成本　　　　　　　50 000 　　　　　　　——辅助生产成本　　　　　　3 500 　　制造费用　　　　　　　　　　　　　　　6 000 　　销售费用　　　　　　　　　　　　　　　　800 　　管理费用　　　　　　　　　　　　　　　3 000 　　贷：原材料——B材料　　　　　　　　　　　　63 300

2. 假设企业采用计划成本法进行材料日常核算，发生下列业务。

（1）1月20日，从甲公司购入A材料一批，增值税专用发票上所列货款为10万元，增值税13 000元，发票账单已收到，计划成本为11万元，材料已验收入库，价税款以银行存款支付。

（2）2月10日，采用汇兑结算的方式购入B材料一批，增值税专用发票上注明的价款为20万元，增值税税额为26 000元，发票账单已收到，计划成本为18万元，材料尚未入库，款项已用银行存款支付。

（3）3月12日，采用商业承兑汇票支付方式购入C材料一批，增值税专用发票上注明的价款为50万元，增值税税额为65 000元，发票账单已收到，计划成本为49万元，材料已验收入库。

（4）5月7日，采用委托收款结算方式从乙公司购入D材料一批，材料已验收入库，月末发票账单未到，计划成本为80 000元。

（5）根据发料凭证汇总表，5月A材料的领用情况为（计划成本）：基本生产车间领用200 000元，辅助生产车间领用60 000元，车间管理部门领用30 000元，企业行政管理部门领用5 000元。

（6）5月初结存A材料的计划成本为100 000元，成本差异为超支3 000元；当月入库A材料的计划成本为200 000元，成本差异为节约9 000元。

业务处理如表4-13所示。

表4-13　业务范例4-2的核算（2）

业务	账务处理
（1）1月20日购入A材料	购入材料，支付价税款时： 借：材料采购——A材料　　　　　　　　　　100 000 　　应交税费——应交增值税（进项税额）　　13 000 　　贷：银行存款　　　　　　　　　　　　　　　113 000

续表

业务	账务处理
（2）1月20日购入A材料	材料验收入库时： 借：原材料——A材料　110 000 　贷：材料采购——A材料　100 000 　　　材料成本差异——A材料　10 000
（3）2月10日购入B材料	借：材料采购——B材料　200 000 　　应交税费——应交增值税（进项税额）　26 000 　贷：银行存款　226 000 待以后材料验收入库时，再做按计划成本验收入库及结转材料成本的差异处理
（4）3月12日购入C材料	购入材料时： 借：材料采购——C材料　500 000 　　应交税费——应交增值税（进项税额）　65 000 　贷：应付票据　565 000 材料验收入库时： 借：原材料——C材料　490 000 　　材料成本差异——C　10 000 　贷：材料采购——C材料　500 000
（5）5月7日购入D材料	月末按计划成本暂估入账时： 借：原材料——D材料　80 000 　贷：应付账款——暂估应付账款　80 000 下月初用红字冲销： 借：原材料——D材料　80 000 　贷：应付账款——暂估应付账款　80 000 上述购入D材料于次月收到发票账单时，按正常程序进行账务处理
（6）5月领用A材料	借：生产成本——基本生产成本　200 000 　　　　　——辅助生产成本　60 000 　　制造费用　30 000 　　管理费用　5 000 　贷：原材料——A材料　295 000
（7）5月结转发出材料成本差异	材料成本差异率＝（3 000－9 000）÷（100 000＋200 000）×100%＝－2% 结转发出材料的成本差异： 借：材料成本差异——A材料　5 900 　贷：生产成本——基本生产成本　4 000 　　　　　——辅助生产成本　1 200 　　制造费用　600 　　管理费用　100

任务单

1."在途物资"账户反映 _____ ；"原材料"账户反映 _____ 。

2."材料成本差异"科目的账户结构：借方登记入库材料的 _____ 差异及发出材料应负担的 _____ 差异；贷方登记入库材料的 _____ 差异及发出材料应负担的 _____ 差异；期末余额在借方，反映企业库存材料实际成本 _____ 计划成本的差异，期末余额在贷方，反映企业库存材料实际成本 _____ 计划成本的差异。

3. 请填列下表。

原材料的核算	实际成本法	计划成本法
科目		

4. 某公司为增值税小规模纳税人，原材料按实际成本核算。该公司以商业承兑汇票采购原材料一批，取得增值税普通发票注明的金额为 339 万元，原材料已验收入库。不考虑其他因素，下列各项中，该公司购入原材料会计处理正确的有（　　）。

A.借记"材料采购"科目 300 万元

B.借记"应交税费——应交增值税（进项税额）"科目 39 万元

C.贷记"应付票据"科目 339 万元

D.借记"原材料"科目 339 万元

5. 某企业采用计划成本进行材料的日常核算。2023 年 12 月 1 日从异地购入一批材料，该批材料计划成本 380 000 元，取得增值税专用发票上注明的价款为 360 000 元，增值税税额为 46 800 元；购入材料发生运费，取得增值税专用发票注明的价款为 60 000 元，增值税税额为 5 400 元，全部款项以银行存款支付。请编制正确的会计分录。

6. 某企业存货采用计划成本核算，月初库存材料的计划成本为 120 万元，节约差异为 2 万元；本月入库材料的计划成本为 180 万元，节约差异为 1.6 万元；本月生产产品耗用材料的计划成本为 200 万元，不考虑其他因素，该企业月末库存材料的实际成本为 _____ 万元。

课后拓展

扫描二维码测试：原材料的核算。

原材料的核算

任务三　周转材料的核算

学习任务

扫描二维码完成学习任务。

知识准备

周转材料是指企业能够多次使用，逐渐转移其价值但仍保持原有形态，不能确认为固定资产的材料，包括包装物和低值易耗品以及小企业（建筑业）的钢模板、木模板、脚手架等。本节主要讲述包装物和低值易耗品的核算。

学习任务

一、包装物的核算

（一）包装物的内容

包装物是指为包装本企业商品而储备的各种包装容器，如桶、箱、瓶、坛、袋等，具体包括：生产过程中用于包装产品作为产品组成部分的包装物；随同商品出售而不单独计价的包装物；随同商品出售而单独计价的包装物；出租、出借给购货单位的包装物。

相关链接：

根据《小企业会计准则》的规定，下列几项不能列为包装物。

1.各种包装材料，如纸、绳、铁丝、铁皮等，应在"原材料——辅助材料"账户进行核算。

2.用于储存和保管商品、材料，而不对外出售的包装物，应按其是否符合固定资产确认条件，分别列为"固定资产"或"周转材料——低值易耗品"进行管理和核算。

3.单独列作企业商品、产品的自制包装物，这类包装物应列为"库存商品"进行核算。

（二）包装物核算的账户设置

企业的各种包装物，一般应设置"周转材料——包装物"账户进行核算。该账户借方登记验收入库包装物的成本；贷方登记企业领用、摊销、对外销售减少的包装物的成本；期末余额在借方，反映在库包装物的成本以及在用包装物的摊余价值。

（三）包装物的账务处理

企业可将周转使用的包装物出租或出借给客户，并要求客户用毕后归还。出租的包装物，客户要支付租金，该租金收入列为企业的其他业务收入；该包装物的摊销和相关支出应列为其他业务成本。出借的包装物，是不向客户收取费用的，没有业务收入，所以，出借包装物的摊销和相关支出应列为销售费用。为了督促使用单位能按时归还，出租、出借包装物均要收取一定数额的押金，包装物押金应通过"其他应付款"账户核算。

出租和出借的包装物在使用过程中发生的价值损耗，可根据包装物单位价值和使用期限，采用不同的摊销方法。通常采用的方法有"一次摊销法""分次摊销法"和"五五摊销法"等。

出租包装物的租金收入及包装物在出租过程中发生成本摊销的各种支出，应作为其他业务收支处理。出租包装物的租金收入按税法规定，应随产品销售计征增值税等。相关账务处理如表4-14所示。

表4-14 包装物的账务处理

业务1	账务处理
生产领用包装物	借：生产成本 　　贷：周转材料——包装物

续表

业务 1	账务处理	
随同商品出售但不单独计价的包装物	借：销售费用 　　贷：周转材料——包装物	
随同商品出售但单独计价的包装物	（1）销售时： 借：银行存款等 　　贷：其他业务收入 　　　　应交税费——应交增值税（销项税额） （2）结转成本时： 借：其他业务成本 　　贷：周转材料——包装物	
出租和出借包装物	发出时	借：周转材料——包装物——出租（出借）包装物 　　贷：周转材料——包装物——库存包装物
	收取押金时	借：银行存款等 　　贷：其他应付款——存入保证金 退还押金时，编制相反的会计分录
	包装物逾期无法收回，没收押金	借：其他应付款——存入保证金 　　贷：其他业务收入 　　　　应交税费——应交增值税（销项税额）
	确认收入时（出租）	借：银行存款、其他应收款等 　　贷：其他业务收入 　　　　应交税费——应交增值税（销项税额）
	摊销成本时	借：其他业务成本　　　　　　　（出租包装物） 　　销售费用　　　　　　　　　（出借包装物） 　　贷：周转材料——包装物——包装物摊销
	发生修理费用时	借：其他业务成本　　　　　　　（出租包装物） 　　销售费用　　　　　　　　　（出借包装物） 　　贷：银行存款、原材料、应付职工薪酬等

重要提示：

如果按计划成本核算，"周转材料"科目按计划成本结转，同时结转材料成本差异。

二、低值易耗品的核算

（一）低值易耗品的内容和特点

低值易耗品是指不能作为固定资产的各种用具物品，如工具、管理用具、玻璃器皿以及在经营过程中周转使用的包装容器等。低值易耗品的价值较低，且易于损坏，为便于核算和管理，在会计上把它归入存货类，视同存货进行实物管理。低值易耗品的低值与易耗是相对固定资产而言的，其确认可以根据是否符合固定资产条件来判断，即不符合固定资产条件的劳动资料就可以确认为低值易耗品。

低值易耗品按其用途可以分为以下几大类。

（1）一般工具，是指生产中常用的工具，如刀具、量具、夹具、装配工具等。

（2）专用工具，是指专用于制造某一特定产品，或在某一特定工序上使用的工具、专用模具等。

（3）替换设备，是指容易磨损或为制造不同产品需要替换使用的各种设备。

（4）管理用具，是指在管理上使用的各种家具、用具，如办公用具等。

（5）劳动保护用品，是指为了安全生产而发给工人作为劳动保护用的工作服、工作鞋和各种防护用品等。

（6）其他，是指不属于上述各类的低值易耗品。

低值易耗品的核算主要有以下特点。

（1）性质上属于劳动资料，存在与固定资产一致的价值转移、使用过程的维修和报废残值处理等。

（2）但低值易耗品价值较低、使用期限较短，价值转移不必采用折旧方式，而采用一定的方法进行摊销。

（3）作为存货低值易耗品的核算有必要建立与健全领用、报废、以废换新、定额管理等制度，以加强对实物的管理。

低值易耗品的采购、收发、储存、清查等业务的处理，均与材料的核算基本相同。

（二）低值易耗品核算的账户设置

企业的低值易耗品一般应设置"周转材料——低值易耗品"账户进行核算。该账户的借方登记验收入库的低值易耗品成本；贷方登记企业领用、摊销的低值易耗品成本；期末余额在借方，反映企业在库低值易耗品的成本以及在用低值易耗品的摊余价值。该账户可按低值易耗品的种类，并分为"在库""在用"和"摊销"进行明细核算。

低值易耗品采用计划成本计价核算的，还应设置"材料成本差异——低值易耗品"账户核算其成本差异。

（三）低值易耗品领用摊销的账务处理

低值易耗品采购、入库的核算，不论是按实际成本计价，还是按计划成本计价，均与原材料的账务处理基本相同，这里不再重述。

领用的低值易耗品，其账面价值应根据低值易耗品的特点及企业的实际情况，分别采用"一次摊销法"和"分次摊销法"进行摊销（见表4-15）。一次摊销法在领用低值易耗品时，就将其账面价值一次全部计入当期成本费用；分次摊销法适用于可供多次反复使用的低值易耗品，摊销额按照摊销次数平均计算。企业低值易耗品的摊销，应根据其使用部门，计入"制造费用""管理费用""销售费用"等账户。

表4-15 低值易耗品领用摊销的账务处理

业务2	账务处理
一次摊销法	借：制造费用等 　　贷：周转材料——低值易耗品 如果按计划成本核算，应结转材料成本差异

续表

业务2		账务处理
分次摊销法	领用时	借:周转材料——低值易耗品——在用 贷:周转材料——低值易耗品——在库

	摊销时	借:制造费用等 (金额按摊销次数平均计算)
		  贷:周转材料——低值易耗品——摊销
		最后一次摊销时,还应同时:
		借:周转材料——低值易耗品——摊销
		  贷:周转材料——低值易耗品——在用

低值易耗品报废,应将回收的残料价值冲减相应的成本费用,借记"原材料——辅助材料"等账户,贷记"制造费用""管理费用"等账户。

重要提示:

一次摊销法比较简便易行。但低值易耗品的账面价值是一次转为成本费用的,而它的实物形态并未随其价值转移而消失,这就形成了账外资产,不利于实物管理;同时,成本一次结转也影响成本费用的均衡性。所以,这种方法适用于一次领用数量不多、价值较低、使用期限较短或者容易破损的低值易耗品的摊销。

分次摊销法是将领用低值易耗品的账面价值按使用期限,分月摊入成本、费用的方法,克服了一次摊销法的缺点,各期成本费用的负担比较均衡;反映低值易耗品的"在用"和"摊销",核算是严密的,但增加了核算工作量。分次摊销法主要适用于使用期限较长、单位价值较高或可供反复使用的低值易耗品。

【业务范例4-3】前景股份有限公司是增值税一般纳税人,发生下列周转材料业务。

(1)1月3日,生产车间为包装产品领用包装物一批,实际成本8 000元。

(2)2月6日,在商品销售过程中领用不单独计价的包装物一批,实际成本3 000元。

(3)3月10日,在商品销售过程中领用单独计价包装物一批,实际成本2 300元,销售价格为3 000元,增值税税额390元,款项已存入银行。

(4)5月20日,部门领用一般工具一批,一般工具采用一次摊销法,实际成本为生产车间领用2 000元;行政管理部门领用1 000元。

(5)6月8日,生产车间领用专用工具一批,专用工具采用分次摊销法,实际成本为24 000元,预计使用2年,按月摊销。使用期满报废,入库残料作价500元。

业务处理如表4-16所示。

表4-16 业务范例4-3的核算

业务	账务处理	

(1)1月3日生产领用包装物	借:生产成本——基本生产成本
	  贷:周转材料——包装物
		8 000
		      8 000

(2)2月6日领用随同商品出售不单独计价的包装物	借:销售费用
	  贷:周转材料——包装物
		3 000
		      3 000

业务	账务处理
（3）3月10日领用随同商品出售单独计价的包装物	取得出售包装物收入时： 借：银行存款　3 390 　　贷：其他业务收入　3 000 　　　　应交税费——应交增值税（销项税额）　390 结转出售包装物成本时： 借：其他业务成本　2 300 　　贷：周转材料——包装物　2 300
（4）5月20日领用一般工具	借：制造费用　2 000 　　管理费用　1 000 　　贷：周转材料——低值易耗品　3 000
（5）6月8日领用专用工具	领用专用工具时： 借：周转材料——低值易耗品——在用　24 000 　　贷：周转材料——低值易耗品——在库　24 000 当月及以后各月摊销时： 专用工具月摊销额 = 24 000 ÷ 24 = 1 000（元） 借：制造费用　1 000 　　贷：周转材料——低值易耗品——摊销　1 000 报废月份，按回收残料价值入账： 借：原材料——辅助材料　500 　　贷：制造费用　500 报废月份，结转全部摊销额，核销在用低值易耗品，注销使用部门的经管责任： 借：周转材料——低值易耗品——摊销　24 000 　　贷：周转材料——低值易耗品——在用　24 000

任务单

1. 周转材料包括 _____ 和 _____ 以及小企业（建筑企业）的钢模板、木模板、脚手架等。

2. 低值易耗品和周转使用的包装物的摊销方法有 _____ 和 _____ 两种。

3. 某企业为增值税一般纳税人，购买包装箱支付不含税价款 0.5 万元，购买劳动保护用品支付不含税价款 0.3 万元，购买生产辅料支付不含税价款 0.6 万元。不考虑其他因素，通过"周转材料"科目核算的金额为 _____ 万元。

4. 下列各项中，关于包装物会计处理表述正确的有（　　）。

A. 随商品出售单独计价的包装物成本计入销售费用

B. 生产领用作为产品组成部分的包装物成本计入生产成本

C. 随商品出售不单独计价的包装物成本计入销售费用

D. 出租包装物的摊销额计入其他业务成本

5. 下列各项中，企业应通过"周转材料"科目核算的有（　　）。

A. 为维修设备采购的价值较低的专用工具

B. 购入用于出租出借的包装物

C. 为行政管理部门购买的低值易耗品

D. 在建工程购入的专项材料

课后拓展

扫描二维码测试：周转材料的核算。

周转材料的核算

任务四 委托加工物资的核算

学习任务

扫描二维码完成学习任务。

知识准备

学习任务

委托加工物资就是将一些物资，如材料、半成品等委托外单位进行加工，制造成具有另一种性能和用途的存货，此存货既可以作为产品出售，也可以作为原材料继续生产，还可以作为周转材料自用。

委托加工物资虽然存放在外单位，但其所有权属委托企业，加工完成后要收回。加工收回的物资不但实物形态、性能会发生变化，而且在其加工过程中要消耗原材料，还要发生各项费用支出等，从而使其价值相应增加。企业进行委托加工物资的核算就是要保证加工物资的安全完整和成本计算的正确。

一、委托加工物资的成本构成

企业委托外单位加工物资的成本包括：①加工中实际耗用物资的成本；②支付的加工费用及应负担的运杂费等；③支付的税费，包括委托加工物资收回后直接出售的应税消费品应负担的消费税等。

企业委托外单位加工的各种材料、商品等物资，应设置"委托加工物资"账户进行核算。委托加工业务的会计处理，主要包括拨付加工物资，支付加工费、运杂费和相关税费，收回加工物资和剩余物资等几个环节。

连续生产应税消费品，收回后继续加工说明并没有到最后销售环节，为避免重复征收消费税，此时委托加工过程中产生的消费税属于可以抵减的，不计入委托加工物资的成本。

二、委托加工物资的账务处理

委托加工物资的账务处理如表 4-17 所示。

表 4-17　委托加工物资的账务处理

业务 1	账务处理
发给外单位加工的物资	借：委托加工物资 　　贷：原材料等 　　　　材料成本差异（或借方） 如原材料以计划成本核算，发出加工物资时，同时结转发出材料应负担的材料成本差异

续表

业务 1	账务处理
支付加工费、应负担的运杂费等	借：委托加工物资 　　应交税费——应交增值税（进项税额） 　　贷：银行存款等
由受托方代收代缴消费税	收回后用于直接销售： 借：委托加工物资 　　贷：银行存款等
由受托方代收代缴消费税	收回后用于继续加工应税消费品： 借：应交税费——应交消费税 　　贷：银行存款等
完工收回委托加工物资时	借：库存商品、原材料等 　　贷：委托加工物资 　　　　材料成本差异（或借方） 如收回存货以计划成本核算，应同时结转入库的材料成本差异

扫描二维码学习微课：委托加工应税消费品。

【业务范例 4-4】前景股份有限公司发出 A 材料一批，委托乙企业加工成 B 材料（属于应税消费品）。发出 A 材料的实际成本为 2 万元。以存款支付：专用发票所列的加工费 3 800 元，增值税 494 元，专用发票所列运输费500 元，增值税 45 元；代扣代缴消费税 2 700 元。B 材料加工完成收回并验收入库，准备继续用于生产应税消费品。

委托加工应税
消费品

公司的有关账务处理如表 4-18 所示。

表 4-18　业务范例 4-4 的核算

业务	账务处理
发出委托加工材料时	借：委托加工物资　　　　　　　　　　　　20 000 　　贷：原材料——原料及主要材料（A 材料）　　20 000
支付加工费和运杂费时	委托加工物资成本 = 3 800 + 500 = 4 300（元） 增值税进项税额 = 494 + 55 = 539（元） 借：委托加工物资　　　　　　　　　　　　4 300 　　应交税费——应交增值税（进项税额）　　539 　　应交税费——应交消费税　　　　　　　2 700 　　贷：银行存款　　　　　　　　　　　　　7 539
加工完成收回委托加工原材料时	B 材料成本 = 20 000 + 4 300 = 24 300（元） 借：原材料——原料及主要材料（B 材料）　24 300 　　贷：委托加工物资　　　　　　　　　　　24 300

课堂讨论：

1. 如果上述委托加工物资收回后直接用于销售，其账务处理应该是怎样的？

2. 假定 B 材料是采用计划成本计价的，加工完成收回 B 材料的计划成本是 3 万元，则收回材料的账务处理是怎样的？

任务单

1. 由受托方代收代缴的消费税，加工收回后用于直接销售的，按规定计税时不准予扣除，计入 _____ ，最终结转到"主营业务成本"科目，影响当期损益。由受托方代收代缴的消费税，收回后用于继续加工应税消费品，按规定不属于直接出售的，在计税时准予扣除，第一环节支付的消费税先计入 _____ 科目的借方，最终销售时，全部的应交消费税计入"税金及附加"科目，也影响当期损益。最后扣除第一环节支付的消费税，补齐差额即可。

2. 判断委托加工物资支付税费应计入什么科目，请填入下表。

税种	情形	计入科目
增值税	一般纳税人，取得增值税专用发票	
	小规模纳税人或者一般纳税人未取得增值税专用发票	
消费税	收回后用于直接销售	
	收回后用于连续生产应税消费品	

3. 某企业为增值税一般纳税人，委托外单位加工一批材料，发出材料的实际成本为 200 万元。支付加工费 10 万元，取得的增值税专用发票上注明的增值税税额为 1.3 万元，受托方代收代缴的可抵扣消费税为 30 万元。企业收回这批材料后用于继续加工应税消费品。该批材料加工收回后的入账价值为 _____ 万元。

任务五　库存商品的核算

学习任务

扫描二维码完成学习任务。

学习任务

知识准备

库存商品是指企业库存的各种商品。它包括库存产成品、外购商品、存放在门市部准备出售的商品、发出展览的商品及寄存在外的商品等。

一、工业企业的库存商品

（一）工业企业的库存商品的内容

（1）产成品。产成品是指企业已经完成全部生产过程并已验收入库合乎标准规格和技术条件，可以按照合同规定的条件送交订货单位，或者可以作为商品对外销售的产品。工业企业的库存商品主要是产成品。

（2）代制品、代修品。企业接受外来原材料加工制造的代制品和为外单位加工修理的代修品，在制造和修理完成验收入库后，也应视同企业的产成品。

（3）准备出售的自制半成品。自制半成品验收入库准备出售的，应列为产成品。

（4）可以降价出售的不合格品。可以降低出售的不合格品也作为产成品核算，但应与合格商品分别记账。

💡 提示：

已完成销售手续但购买单位在月末未提取的产品，不应作为企业的库存商品，单独设置"代管商品"备查簿进行登记。

工业企业的产成品一般应按实际成本计价。因为产品成本是按月计算的，所以，产成品收入和发出，平时只记数量不计金额；月度终了，计算入库产成品的实际成本；对发出和销售的产成品，可以采用先进先出法、加权平均法或者个别计价法等方法确定其实际成本。

（二）工业企业产品的账务处理

企业应设置"库存商品"账户，该账户的借方登记完工验收入库产成品的成本，贷方登记发出（售出）产成品的成本，期末余额在借方，反映库存产成品的成本。企业产成品应按品种、规格进行明细核算。

产成品完工经检验合格后，由生产车间填写"产成品入库单"，交仓库点收数量并登记明细账。月终，根据"产成品入库单"和成本计算资料编制"产成品入库汇总表"，并据以填制记账凭证。相关账务处理如表 4-19 所示。

表 4-19　工业企业产成品入库的账务处理

业务 1	账务处理
产成品入库	借：库存商品 　　贷：生产成本——基本生产成本

企业完工验收入库的产成品，按成本计算单中确定的实际成本计价入账；代外单位制造、修理完工入库的代制品、代修品，应按发生的加工成本入账，不包括代制品的原材料价值和代修品的原价值。

产成品发出主要是销售。企业应根据各产成品"出库单"计列的出库数量和各"产成品明细账"所确定的发出产成品的单位成本，编制"产成品发出汇总表"，计算确定全月发出产成品的实际成本，并作为编制记账凭证的依据。相关账务处理如表 4-20 所示。

表 4-20　工业企业发出商品（销售结转成本）的账务处理

业务 2	账务处理
发出商品（出售）	借：主营业务成本 　　贷：库存商品 对未满足收入确认条件的发出商品，应借记"发出商品"账户

二、商品流通企业的库存商品

商品流通企业的库存商品主要是指外购或委托加工完成验收入库用于销售的各种商品，具体包括库存的外购商品、自制商品产品、存放在门市部准备出售的商品、发出展览的商品以及寄存在外的商品等。

（一）商品流通企业库存商品的计价方法

商品流通企业发出商品的核算，通常采用毛利率法和售价金额核算法等方法进行日常核算。

1. 毛利率法

毛利率法是指根据本期销售净额乘以上期实际（或本期计划）毛利率匡算本期销售毛利，并据以计算发出存货和期末存货成本的一种方法。计算公式如下：

毛利率＝销售毛利÷销售净额×100%

销售净额＝商品销售收入－销售退回与折让

销售毛利＝销售净额×毛利率销售成本＝销售净额－销售毛利

期末存货成本＝期初存货成本＋本期购货成本－本期销售成本

2. 售价金额核算法

售价金额核算法是指企业购进商品按照商品的售价计价入账，对商品售价与进价（实际成本）的差额，设置"商品进销差价"账户单独进行核算的方法。

售价金额法核算下，设置的账户主要有：

"库存商品"账户。该账户借方、贷方和余额均反映商品的售价，这里的售价是指商品的含税零售价。

"商品进销差价"账户。该账户用来核算商品售价与进价之间的差额。贷方登记入库商品售价大于进价的差额；借方登记分摊已销售商品的进销差价和因商品发出加工等原因转出的进销差价；期末贷方余额反映库存商品的进销差价。

"商品进销差价"账户是"库存商品"账户的备抵调整账户。一般情况下，"库存商品"账户期末借方余额减去"商品进销差价"账户期末贷方余额的差额，就是期末库存商品的实际成本（进价）。

（二）售价金额核算法商品销售的账务处理

企业销售商品的账务处理，包括三个方面：一是按商品售价反映主营业务收入和销货款的收取情况；二是按已销商品的售价结转主营业务成本并注销库存商品；三是月末采用一定的方法计算已销商品的进销差价，把按售价结转的主营业务成本调整为进价成本。计算本月已销商品进销差价的公式如下：

$$商品进销差价率 = \frac{期初库存商品进销差价 + 本期购入商品进销差价}{期初库存商品售价 + 本期购入商品售价} \times 100\%$$

本期销售商品应分摊的商品进销差价＝本期商品销售收入×商品进销差价率

本期销售商品的成本＝本期商品销售收入－本期销售商品应分摊的商品进销差价

期末结存商品的成本＝期初库存商品的进价成本＋本期购进商品的进价成本－本期销售商品的成本＝（期初库存商品售价＋本期购入商品售价－本期商品销售收入）×（1－商品进销差价率）

企业的商品进销差价率各期之间比较均衡的，也可以采用上期商品进销差价率计算分摊本期的商品进销差价。

年度终了，应对商品进销差价进行核实调整。相关账务处理如表4-21所示。

表4-21　售价金额核算法商品销售的账务处理

业务3	账务处理
购进商品验收入库	借：库存商品　　　　　　　　　　　　　　　　　　（对外售价） 　　应交税费——应交增值税（进项税额） 　　贷：银行存款等 　　　　商品进销差价　　　　　　　　　　　　　　　（差额）
对外销售发出商品	借：银行存款等 　　贷：主营业务收入 　　　　应交税费——应交增值税（销项税额） 借：主营业务成本 　　贷：库存商品　　　　　　　　　　　　　　　　　（对外售价）
期（月）末分摊已销售商品的进销差价	借：商品进销差价　　　　　（对外售价×商品进销差价率） 　　贷：主营业务成本

【业务范例4-5】前景股份有限公司是增值税一般纳税人，发生下列库存商品业务。

（1）根据商品入库汇总表，1月已验收入库甲产品200台，实际单位成本5 000元，共计1 000 000元。乙产品500台，实际单位成本3 000元，共计600 000元。

（2）根据产品发出汇总表，2月已实现销售的甲产品300台，丙产品1 000台。采用加权平均法计算的甲产品实际单位成本5 000元，丙产品实际单位成本1 000元。

（3）公司某商场采用毛利率法进行核算，3月1日某电器库存余额2 000 000元，本月购进3 100 000元，本月销售收入3 900 000元，上季度该类商品毛利率为20%。计算本月已销商品和月末库存商品的成本。

（4）公司某商场库存商品采用售价金额核算法进行核算，5月6日某电器销售收入10万元（不含税），增值税税率13%，价税款送存银行。

（5）接题4，该商场5月末有关账户资料为："商品进销差价"账户月末调整前余额为10万元；"库存商品"账户月末余额为30万元；"主营业务收入"账户本月贷方发生额为50万元。

业务处理如表4-22所示。

表4-22　业务范例4-5的核算

业务	账务处理
（1）1月产品入库	借：库存商品——甲产品　　　　　　　　1 000 000 　　　　　　——乙产品　　　　　　　　　600 000 　　贷：生产成本——基本生产成本——甲产品　　　1000 000 　　　　　　——基本生产成本——乙产品　　　　　600 000
（2）2月结转销售成本	借：主营业务成本　　　　　　　　　　　2 500 000 　　贷：库存商品——甲产品　　　　　　　　　1 500 000 　　　　　　——丙产品　　　　　　　　　　1 000 000
（3）3月计算已销商品和月末库存商品成本	销售毛利＝3 900 000×20%＝780 000（元） 本月销售商品成本＝3 900 000－780 000＝3 120 000（元） 月末库存商品成本＝2 000 000+3 100 000－3 120 000＝1 980 000（元）

续表

业务	账务处理

（4）5月6日销售电器	销售商品取得收入时：
	借：银行存款 113 000
	    贷：主营业务收入——某电器 100 000
	        应交税费——应交增值税 13 000
	按售价结转销售成本时：
	借：主营业务成本——某电器 100 000
	    贷：库存商品 100 000

（5）5月结转已销商品进销差价	进销差价率 = 100 000 ÷（300 000 + 500 000）× 100% = 12.5% 本月已销商品应分摊的进销差价 = 500 000 × 12.5% = 62 500（元） 借：商品进销差价——某电器 62 500 贷：主营业务成本——某电器 62 500

扫描二维码学习微课：售价金额核算法。

任务单

售价金额核算法

1. 库存商品具体包括 ＿＿＿＿＿＿＿＿ 、＿＿＿＿＿＿＿＿ 、存放在门市部准备出售的商品、发出展览的商品、寄存在外的商品、接受来料加工制造的 ＿＿＿＿＿＿＿＿ 和为外单位加工修理的 ＿＿＿＿＿＿＿＿ 等。

2. 企业采用毛利率法对库存商品进行核算。2022 年 4 月 1 日，"库存商品"科目期初余额为 150 万元，本月购进商品一批，采购成本为 250 万元，本月实现商品销售收入 300 万元。上季度该类商品的实际毛利率为 20%。不考虑其他因素，该企业本月末"库存商品"科目的期末余额为 ＿＿＿＿＿＿ 万元。

3. 某公司库存商品采用售价金额法核算，2021 年 12 月初库存商品的进价成本总额为 200 万元，售价总额为 220 万元，当月购进的商品的进价成本总额为 150 万元，售价总额为 180 万元，当月实现销售收入总额为 240 万元，不考虑其他因素，2021 年 12 月 31 日该公司结存商品的实际成本总额为 ＿＿＿＿＿＿ 万元。

任务六　存货的清查与减值

学习任务

扫描二维码完成学习任务。

学习任务

知识准备

存货种类繁多、收发频繁，在日常收发过程中可能发生计量错误、计算差错、自然损耗，还可能发生损坏变质以及贪污、盗窃等情况，造成账实不符。为了保证各项存货记录的正确性、真实性，保证存货的安全完整，防止物资积压，加速资金周转，企业应定期或不定期地对存货进行清查。

存货的清查方法主要是采用实地盘点法，就是通过点数、过磅、测量、计算等方法清

点确定存货的实存数量（对大堆、廉价、笨重的物资，可以采用技术测量法或估算法确定），并鉴定其质量，将其与账面数进行核对的一种专门方法。存货清查按照清查的对象和范围不同，分为局部清查和全面清查。局部清查是指根据需要对一部分或某个仓库的存货进行的清查；全面清查是指对所有物资进行的清查。

在存货清查过程中，应认真做好清查记录，并将清查结果逐项登记在存货盘点报告表中。为了便于归类汇总，存货盘点报告表应按照存货明细账的分类和顺序填写，注明盘盈、盘亏的真实原因，并总结存货管理的经验和存在的问题，提出处理意见，同时上报审批，存货盘点报告表应由清查人员和仓库保管人员签章。

一、存货清查结果的核算

企业在财产清查中查明的各种财产物资的盘盈、盘亏和毁损，应设置"待处理财产损溢"账户进行核算。该账户借方登记各种财产物资的盘亏金额和批准转销的盘盈金额，贷方登记发生的各种财产物资的盘盈金额和批准转销的盘亏金额。企业的财产损溢，应查明原因，在期末结账前处理完毕，处理后该账户应无余额。存货的盘盈、盘亏和毁损，应通过该账户的"待处理流动资产损溢"明细账户进行核算。

企业清查的各种存货的损溢，应于期末前查明原因，并根据企业的管理权限，经股东大会或董事会，或经理办公会议或类似权力机构批准后，在期末结账前处理完毕。在批准处理之前，企业应先将盘盈、盘亏和毁损的存货价值计入"待处理财产损溢"账户，并调整存货的账面价值，使存货账实相符；批准之后，按不同的原因和处理结果予以转销（见表4-23）。

表4-23　存货清查的账务处理

业务 1	账务处理
存货盘盈	批准前： 借：原材料、库存商品等 　　贷：待处理财产损溢——待处理流动资产损溢 批准后： 借：待处理财产损溢——待处理流动资产损溢 　　贷：管理费用 存货发生盘盈，主要是收发计量或核算上的错误等原因造成的，经批准后，应计入管理费用
存货盘亏和毁损	批准前： 借：待处理财产损溢——待处理流动资产损溢 　　贷：原材料、库存商品等 　　　　应交税费——应交增值税（进项税额转出） 提示：管理不善等原因造成的一般经营损失，要转出进项税额，自然灾害等非常损失不需要转出进项税额 批准后： 借：原材料等　　　　　　　　　　　　　　　　　　　　　　　（残料） 　　其他应收款　　　　　　　　　　　（过失人或保险公司赔偿） 　　管理费用　　　　　　　　　　　　　　　　　　（一般经营损失） 　　营业外支出等　　　　　　　　　　　　　　　　　　（非常损失） 　　贷：待处理财产损溢——待处理流动资产损溢

小企业存货发生的盘盈、盘亏，按取得的处置收入、可收回的责任人赔偿和保险赔款，扣除其成本、相关税费后的净额，应当计入营业外支出或营业外收入。

二、存货减值的核算

（一）存货跌价准备的计提和转回

根据规定，企业应当定期或者至少每年年度终了，对存货进行全面清查，如存货遭受毁损、全部或部分陈旧过时或销售价格低于成本等原因，使存货可变现价值低于成本的部分，应当提取存货跌价准备。即期末存货应按成本与可变现净值孰低法进行计价。

成本与可变现净值孰低法是指对期末存货按照成本与可变现净值两者之中较低者计价的方法。即当成本低于可变现净值时，期末存货按成本计价，当可变现净值低于成本时，期末存货按可变现净值计价。

成本＝期末存货的实际成本

如果存货是直接用于出售的，可变现净值＝存货的估计售价－估计的销售费用和相关税费

如果存货是用于继续加工而持有的材料等，可变现净值＝产品的估计售价－至完工时估计将要发生的成本－估计的产品的销售费用和相关税费

💡 **重要提示：**

如果要出售的存货签有合同，存货数量在合同数量以内的，按照合同价格确认估计售价；超出合同数量的，按照市场售价确认估计售价。有合同的部分和超出合同的部分，应该分别计算可变现净值，并分别和各自部分的账面成本比较，确认是否减值。

以前减记存货价值的影响因素已经消失的，减记的金额应当予以恢复，并在原已计提的存货跌价准备金额内转回，转回的金额计入当期损益。

（二）存货跌价准备的账务处理

如果期末存货的可变现净值低于成本，则必须在当期确认存货跌价损失。这种情况下，企业应设置"存货跌价准备"账户用于核算企业提取的存货跌价准备。该账户贷方登记存货可变现净值低于成本的差额；借方登记已计提跌价准备的存货的价值后又得以恢复的金额和其他原因的结转金额；期末贷方余额反映企业已计提但尚未转销的存货跌价准备。"存货跌价准备"账户是有关存货账户的备抵账户，有关存货账户的期末借方余额减去"存货跌价准备"账户的期末贷方余额，即为期末存货的账面价值（见表4-24）。

当期应计提的存货跌价准备＝（存货成本－可变现净值）－存货跌价准备已有贷方余额

表4-24　存货跌价准备的账务处理

业务2	账务处理
当期应计提的存货跌价准备结果大于零	表示当期应当计（补）提存货跌价准备： 借：资产减值损失 　　贷：存货跌价准备

续表

业务 2	账务处理
当期应计提的存货跌价准备结果小于零	表示减值的金额应当予以恢复，应在已计提的存货跌价准备范围内转回，转回的金额计入当期损益： 借：存货跌价准备 　　贷：资产减值损失

企业结转存货销售成本时，对于已计提存货跌价准备的，应当一并结转，同时调整销售成本（见表 4-25）。

表 4-25　存货已计提存货跌价准备结转销售成本的账务处理

业务 3	账务处理
结转销售成本	借：主营业务成本/其他业务成本 　　　存货跌价准备 　　贷：库存商品、原材料等

【业务范例 4-6】前景股份有限公司是增值税一般纳税人，发生下列存货的清查与减值业务。

（1）2021 年末，公司在财产清查中盘盈 E 材料 500 千克，实际单位成本 30 元，经查属于材料收发计量错误。

（2）2021 年末，公司在财产清查中发现毁损 F 材料 100 千克，实际成本共计 20 000 元，增值税税额为 2 600 元。经查属于保管员过失造成的，按规定由其个人赔偿 12 000 元。

（3）公司采用成本可变现净值孰低法进行期末存货计价。假设公司在 2021 年末开始计提存货跌价准备，有关年度某类存货的资料如表 4-26 所示。

表 4-26　存货资料

类别：库存商品　　　　　　　　品名：丁商品　　　　　　　　单位：元

日期	账面成本	可变现净值
2021 年 12 月 31 日	75 000	73 400
2022 年 12 月 31 日	93 350	91 550
2023 年 12 月 31 日	76 500	75 075

（4）2023 年末，公司的甲产品期末有 10 000 件，有 3 000 件和杭州华联商厦签有供货合同，约定合同价格为每件 90 元，市场售价为每件 110 元，估计销售税费为每件 18 元。甲产品的账面成本为每件 75 元。之前未曾计提过存货跌价准备。

（5）甲产品期末有乙材料 1 000 千克，用来生产丙产品。乙材料的实际成本为 100 万元，市场售价为 110 万元，估计销售税费为 3 万元。将乙材料加工至完工生产成丙成品估计还将发生成本 20 万元，估计丙成品的市场售价为 110 万元，估计销售费用和相关税费为 8 万元。乙材料计提过的存货跌价准备期初余额为 8 万元。

业务处理如表 4-27 所示。

表 4-27　业务范例 4-6 的核算

业务		账务处理
（1）	2021 年末盘盈 E 材料	批准处理前： 借：原材料——E 材料　　　　　　　　　　　　　15 000 　　贷：待处理财产损溢——待处理流动资产损溢　　　　　　15 000 批准处理后： 借：待处理财产损溢——待处理流动资产损溢　　15 000 　　贷：管理费用　　　　　　　　　　　　　　　　　　　15 000
（2）	2021 年末盘亏 F 材料	批准处理前： 借：待处理财产损溢——待处理流动资产损溢　　22 600 　　贷：原材料——F 材料　　　　　　　　　　　　　　　20 000 　　　　应交税费——应交增值税（进项税额转出）　　　　2 600 批准处理后： 借：其他应收款——保管员　　　　　　　　　　12 000 　　管理费用　　　　　　　　　　　　　　　　10 600 　　贷：待处理财产损溢——待处理流动资产损溢　　　　　22 600
（3）	2021 年末计提的存货跌价准备	应计提的存货跌价准备 = 75 000 − 73 400 = 1 600（元） 借：资产减值损失——计提存货跌价准备　　　　1 600 　　贷：存货跌价准备——丁商品　　　　　　　　　　　　1 600
	2022 年末计提的存货跌价准备	存货跌价准备期末余额 = 93 350 − 91 550 = 1 800（元） 应补提的存货跌价准备 = 1 800 − 1 600 = 200（元） 借：资产减值损失——计提存货跌价准备　　　　　200 　　贷：存货跌价准备——丁商品　　　　　　　　　　　　　200
	2023 年末计提的存货跌价准备	存货跌价准备期末余额 = 76 500 − 75 075 = 1 425（元） 应冲销已计提的存货跌价准备 = 1 800 − 1 425 = 375（元） 借：存货跌价准备——丁商品　　　　　　　　　　375 　　贷：资产减值损失——计提存货跌价准备　　　　　　　　375 假定此项已计提存货跌价准备的丁商品全部售出： 借：存货跌价准备——丁商品　　　　　　　　　1 425 　　贷：主营业务成本——丁商品　　　　　　　　　　　　1 425
（4）	2023 年末计提的甲产品存货跌价准备	有合同部分： 可变现净值 = 3 000 × 90 − 3 000 × 18 = 216 000（元） 成本 = 75 × 3 000 = 225 000（元） 减值，应计提存货跌价准备 = 225 000 − 216 000 = 9 000（元） 超出合同部分： 可变现净值 = 7 000 × 110 − 7 000 × 18 = 644 000（元） 成本 = 75 × 7 000 = 52 5000（元） 未减值 借：资产减值损失——计提存货跌价准备　　　　9 000 　　贷：存货跌价准备——甲产品　　　　　　　　　　　　9 000
（5）	2023 年末计提的乙材料的存货跌价准备	乙材料的可变现净值 = 110 − 8 − 20 = 82（万元） 成本为 100 万元，应计提减值准备为 100 − 82 − 8 = 10（万元） 借：资产减值损失——计提存货跌价准备　　　　100 000 　　贷：存货跌价准备——乙材料　　　　　　　　　　　100 000

扫描二维码学习微课：存货的期末计价。

1. 成本与可变现净值孰低法
2. 计算存货的可变现净值
3. 计提存货跌价准备

任务单

1. 为了反映和监督企业在财产清查中查明的各种存货的盘盈、盘亏和毁损情况，企业应当设置 ＿＿＿＿＿＿＿＿ 科目进行核算，该科目在年末编制财务报表时 ＿＿＿＿＿（请填会或不会）出现在报表中。

2. 管理不善等原因造成的一般经营损失，进项税额 ＿＿＿＿＿＿＿＿ ，自然灾害等非常损失（不可抗力因素导致，如地震、洪涝等）进项税额 ＿＿＿＿＿＿＿＿ 。

3. 期末存货应按 ＿＿＿＿＿＿＿＿ 孰低法进行计价。

4. 存货跌价准备是 ＿＿＿＿＿＿＿＿＿＿＿＿＿ 类科目的备抵科目，与资产类科目的记账方向 ＿＿＿＿＿＿＿＿＿＿＿＿ ，为借减贷增，影响存货减值的因素消失或部分消失后，该科目 ＿＿＿＿＿＿＿＿（请填允许或不允许）转回。

5. 填写库存现金清查和存货清查的批准后的核算科目。

清理情况	库存现金清查净损益	存货清查净损益
盘盈 （现金溢余）		
盘亏及毁损 （现金短缺）		

6. 某企业为增值税一般纳税人，6 月 20 日因管理不善造成一批库存材料毁损。该批材料账面余额为 20 000 元，增值税进项税额为 2 600 元，未计提存货跌价准备，收回残料价值 1 000 元，应由责任人赔偿 5 000 元。不考虑其他因素，该企业应确认的材料毁损净损失为 ＿＿＿＿＿＿ 元。

7. 3 月 31 日，某企业乙存货的实际成本为 100 万元，加工该存货至完工产成品估计还将发生的成本为 25 万元，估计销售费用和相关税费为 3 万元，估计该存货生产的产成品售价为 120 万元。假定乙存货月初"存货跌价准备"科目余额为 12 万元，当年 3 月 31 日应计提的存货跌价准备为 ＿＿＿＿＿＿ 万元。

课后拓展

扫描二维码测试：存货清查与减值。

存货清查与减值

素质拓展

扇贝来了又去
——揭露獐子岛财务造假

2023 年 12 月 28 日，最高人民检察院举行"充分发挥检察职能作用依法服务保障金融高质量发展"新闻发布会，发布 2023 年金融检察工作案事例，被誉为"水产第一股"的上市海洋养殖企业"獐子岛"违规披露重要信息案等在列。2022 年 1 月 20 日，辽宁省大连市人民检察院对獐子岛公司原董事长、总裁吴某某等人以违规披露重要信息罪、诈骗罪、串通投标罪、对非国家工作人员行贿罪、非国家工作人员受贿罪向大连市中级人民法院提起公诉。2022 年 10 月 31 日，大连市中级人民法院作出判决，以违规披露重要信息罪、诈骗罪、串通投标罪、对非国家工作人员行贿罪对被告人吴厚刚数罪并罚，决定执行有期徒刑十五年，并处罚金人民币九十二万元；分别判处其他十一名被告人有期徒刑十一年至有期徒刑一年七个月不等(部分适用缓刑)，并处罚金。宣判后，吴某某等 5 人提出上诉。2023 年 5 月 25 日，辽宁省高级人民法院二审裁定驳回上诉，维持原判。①

獐子岛成立于 1992 年 9 月，于 2006 年在深交所上市，主营业务为水产养殖业、水产加工业、水产贸易业、冷链物流业等，主要产品包括虾夷扇贝、海参、鲍鱼、海螺、海胆等。截至 2023 年 12 月 29 日收盘，獐子岛股价报 4.49 元，最新总市值为 31.93 亿元。从 2017 年到 2021 年连续五年的净资产收益率分别为：−101.6%、8.74%、−207.11%、163.61% 和 32.46%，公司的收益率跟它的扇贝一样，来去自如，反复无常。

如果一家公司净资产收益率常年在正负之间大幅波动，稳定性差，说明这家公司的盈利情况主要靠赌，往往有财务造假的嫌疑。

2014 年 10 月 30 日晚，獐子岛发布第三季度财报，称其 2011 年和 2012 年播种在海里的虾夷扇贝，因受黄海冷水团影响而遭遇灭顶之灾，105 万亩（1 亩约等于 666.67 平方米）海域"受灾"，计提坏账近 8 亿元，前三季度亏损 8.12 亿元。该公司 2014 年净利润亏损 11.89 亿元，2015 年一季度公司亏损 942.16 万元，2015 年 6 月 1 日，獐子岛再次发布公告表示，公司底播虾夷扇贝生长正常，符合预期，尚不存在减值的风险。2015 年上半年又实现净利润 4 795.72 万元。想不到的是，"扇贝大戏"接下来竟能连演三场：2018 年 1 月，因"降水减少导致饵料生物数量下降"扇贝被"饿死"；2019 年 1 季度，"底播虾夷扇贝受灾"；2019 年 11 月，"底播扇贝出现大比例死亡"。獐子岛屡教不改地进行财务造假，公告无非是扇贝跑了或死了。实际上，獐子岛在 2014 年、2015 年、2016 年以及 2017 年净利润均为负数，按照深交所规定，连续亏损三年将被暂停上市，连续亏损四年将被终止上市。2016 年，为避免公司因连续三年亏损被暂停上市，獐子岛公司原董事长、总裁吴厚刚指使公司人员制作虚假《月底播贝采捕记录表》，调减虾夷扇贝采捕面积以虚减营业成本，对部

① 昝秀丽."獐子岛"违规披露重要信息案曝光 原董事长被判有期徒刑十五年 [EB/OL]. (2023-12-28) [2024-01-15]. http://www.cs.com.cn/xwzx/hg/202312/t20231228-6382649.html.

分海域已经不存在的扇贝应做核销处理而不做核销处理，虚减营业外支出。獐子岛公司公开披露的 2016 年年度报告虚增利润 1.3 亿余元（人民币，下同，约 2 500 万新元），占当期披露利润总额的 158.11%。

2011—2016 年，獐子岛存货不断攀升，而且经营活动现金流表现不佳，投资活动现金流出不断增加，公司主要靠筹资活动现金流支撑。出现这种情况，一般可判断该公司虚增了存货。后来公司以"受灾"原因对存货"洗了个大澡"，核销了 7.35 亿元，这就证明公司虚增了存货。

那么，"獐子岛"的造假利润是如何通过存货隐藏的呢？

会计或审计准则对生物资产方面的盘点并没有很明确的规定，制度基础还比较薄弱，加之生物资产并不能像普通商品一样去现场清查仓库，进行盘点，尤其是海产品养殖类的，不可能做到一一实地盘点，所以会计师事务所在审计时要按照普通商品审计的程序对海产品养殖进行实地核实也是不可能实现的。

"獐子岛"将造假利润藏到了海产品的存货中，也就是将本该计入利润表的成本金额，计入了资产负债表的存货中。当需要清空这些假存货时，只要发一个公告，扇贝又跑了，存货瞬间灰飞烟灭。相应，虚增的利润通过存货减值（非常损失），完成闭环，实现账目平衡，并且可以归为天灾。

这种情况的出现，应该是长期以来獐子岛的关联方将上市公司资金占用了，但为了掩人耳目，在会计核算上不走"其他应收款"科目，而是利用养殖类项目存货难以查验的特点，将其打入"存货"科目，这样就增大了存货的价值。本来在上市公司的内账上记录的这些占款是要归还上市公司的，但后来可能由于占款的关联方本身也是十分缺钱，根本就还不起了，因此獐子岛只好将套走的资金通过"虾夷扇贝底播面积增加"成为其存货虚假增长的主要"挡箭牌"，然后通过提取减值准备，一洗了之。

许多农业股本身的行业特点，导致其在生产流程或存货等方面难以审计，比如獐子岛，鱼虾扇贝这些水下的东西，审计程序上不可能准确地核实真实数据，这就给财务造假带来便利，而不可知的自然灾害，往往又给农业类上市公司造假提供天然的屏障。但獐子岛这样的行为长此以往，其公告便没有了可信性，投资者对其逐渐失去了信任。假的终归是假的，一旦被曝光，就变成刑事案件，受到严惩。通过财务舞弊，公司隐瞒了经营不善的事实，这不仅会降低财务信息的可靠性，严重影响投资者的投资决策，还会为公司未来发展埋下隐患，出现不利事件后更容易加剧资金链断裂，同时也加剧了民营企业再融资困难的情形。

扫描二维码完成任务单。

评价反馈

扫描二维码进行学习评价反馈。

素质拓展任务单

评价反馈

学习情境 五

财产物资（长期资产）核算

学习目标

1. 认识企业长期资产和特点，并能说明具体包括哪些内容。

2. 对于房地产或者土地使用权，能准确判定属于固定资产、无形资产或投资性房地产哪一个账户。

3. 能够掌握固定资产计提折旧的方法并准确计算。

4. 能够判断固定资产后续支出需要资本化还是费用化。

5. 能够判断无形资产是否需要摊销并掌握摊销的方法。

6. 能够区分消耗性生物资产和生产性生物资产。

7. 能理解长期待摊费用发生和摊销的原理。

8. 能够判断各长期资产是否减值以及减值准备是否可以转回。

9. 能按照会计准则要求完成长期资产各项业务的核算。

10. 融入自主创新意识，培养学生勇于承担创新发展的历史使命感和时代责任感。

学习任务及学时分配表

序号	学习任务	学时安排	备注
1	固定资产核算	8学时	
2	无形资产及长期待摊费用核算	3学时	
3	投资性房地产核算	4学时	
4	素质拓展：从解决"卡脖子"问题看会计服务	1学时	
	合 计	16学时	

案例导入

通常企业运营过程中管理的财产物资里，会有很多长期资产投入，如机器设备、运输车辆、房屋建筑物、土地使用权、商标权、非专利技术等，这些资产都有个共同特征：不能在一年或超过一年的一个营业周期内变现或者耗用，属于非流动资产。上市公司中国建筑股份有限公司（SH601668）资产负债表中的"固定资产"项目列示中，就有房屋及建筑物、机器设备、运输工具、办公设备、临时设施及其他分类；无形资产有土地使用权、特许经营权、软件及其他分类；投资性房地产有房屋及建筑物、土地使用权和在建房地产等分类。

很多相同的财产物资如房屋建筑物、土地使用权等出现在不同的项目中，如固定资产、使用权资产、无形资产及投资性房地产中，我们该怎么区分这些不同的账户？在具体业务中又该如何选择呢？各项资产在核算时会用到什么计量属性，采用什么样的核算方法，是否需要计提减值准备以及减值准备是否可以转回？我们将在接下来的学习任务中分别解决这些问题。

任务一　固定资产核算

学习任务

扫描二维码完成学习任务。

学习任务

知识准备

一、固定资产的定义及特征

固定资产，是企业为生产商品、提供劳务或经营管理持有的，使用寿命超过一个会计年度的有形资产。固定资产应同时具备以下两个特征：第一，持有固定资产的目的，是为了满足生产商品、提供劳务、出租或经营管理需要，不是直接用于出售。第二，使用寿命超过一个会计年度。固定资产使用期限较长，能在超过一年的时间里为企业带来收益。其中，出租是指以经营租赁方式出租的机器设备等。

某项资产，如果要确认为固定资产，第一要符合固定资产的定义，第二要同时符合固定资产确认的两个条件：一是，与该固定资产有关的经济利益很可能流入企业。这主要是根据与该固定资产所有权相关的风险和报酬是否转移到了企业进行判断的，取得该项固定资产所有权是重要标志。二是，该固定资产的成本能够可靠地计量。为取得该固定资产而发生的支出也必须能够可靠地计量。

二、固定资产的分类

企业管理需要和核算要求不同，固定资产的分类标准也不同，通常有以下几种分类方法（见表 5-1）。由于企业性质不同，经营规模有区别，各企业对固定资产的分类标准不可能完全一致，在实际工作中，企业大多采用综合分类方法进行固定资产管理。

表 5-1　固定资产的分类

分类标准	类别	内容	举例	备注
按经济用途分	生产经营用	直接服务于生产经营活动	生产经营用的房屋建筑物、机器设备、器具、工具等	便于归类反映和监督生产经营用与非生产经营用固定资产之间的构成和变化，便于分析考核固定资产使用情况
	非生产经营用	不直接服务于生产经营活动	职工宿舍等使用的房屋、设备和其他固定资产等	
综合分类	生产经营用			
	非生产经营用			
	租出			经营租赁方式租出

续表

分类标准	类别	内容	举例	备注
综合分类	不需用			
	未使用			
	土地	过去已经估价入账的土地		因征地支付的补偿费，作为房屋建筑物的价值入账；土地使用权，作为无形资产入账
	租入	使用权资产		需要计提折旧

三、固定资产的管理要求

固定资产是企业生产经营管理过程中主要的劳动资料，占用资金较多，使用期限较长，企业应根据自身实际经营情况加强对固定资产的监督管理，规范内部控制，明确固定资产各环节的权责利，确保职责分明，落实责任到位，保证固定资产会计核算真实、准确、完整、及时，防范固定资产使用效能低下，维护不当等导致的企业资产价值贬损、缺乏竞争力、资源浪费等经营风险。具体要求如下。

（1）正确预测并确定固定资产的需用量及规模。

（2）严格划分资本性支出与收益性支出的界限。合理确认并准确计量固定资产的价值；坚持实质重于形式原则，正确划分固定资产和在建工程。

（3）加强固定资产的日常管理。企业应建立健全固定资产日常管理责任制度，严格自固定资产申购、自建、验收、交付、维修、更新改造、出售、报废清理及盘点到减值测试等各环节的手续制度，确保各项业务的原始凭证真实、准确、完整、及时，提高固定资产的使用效率和效果。

（4）正确核算固定资产折旧和减值，及时并准确计提折旧，合理识别固定资产减值迹象并按规定计提固定资产减值准备，确保固定资产的及时更新改造。

⊘ **相关链接：**

我国《企业会计准则》规定："会计核算应合理划分收益性支出与资本性支出。凡支出的效益与本会计年度相关的，应当作为收益性支出；凡支出的效益与几个会计年度相关的，应当作为资本性支出。"

收益性支出计入当期费用科目，资本性支出应予以资本化，先计入资产类科目，然后再分期按所得到的效益，转入适当的费用科目。

四、固定资产的账户设置

"固定资产"科目用来反映固定资产的原值，借方登记企业增加的固定资产的原值，贷方登记企业减少的固定资产的原值，期末借方余额反映企业期末固定资产的账面原值。

"累计折旧"科目是"固定资产"科目的备抵科目，反映持有期间计提的折旧，方向和"固定资产"科目相反，借方登记转出的累计折旧额，贷方登记计提的累计折旧额，期末贷方余额反映期末固定资产已计提的累计折旧额。

"固定资产减值准备"也是"固定资产"科目的备抵科目，反映固定资产发生减值时其可回收金额低于账面价值的差额。

"在建工程"科目核算企业处在基建、更新改造等过程中尚未达到预定可使用状态的在建工程的支出。借方登记企业各项在建过程的实际支出，贷方登记企业完工工程转出的成本，期末借方余额反映企业尚未达到预定可使用状态的在建工程的成本。

"工程物资"科目核算企业为在建工程准备的各项物资的实际成本，借方登记企业购入工程物资的成本，贷方登记企业领用工程物资的成本，期末借方余额反映企业为在建工程准备的各种物资成本。

"固定资产清理"科目核算企业由于报废、毁损、出售等减少的固定资产在清理过程中发生的净损益，借方登记转出的固定资产账面价值、清理过程中发生的清理费用及相关税费等，贷方登记出售固定资产的价款、残料价值和变价收入等。期末余额若在借方，反映尚未清理完毕的固定资产清理净损失，期末余额若在贷方，反映尚未清理完毕的固定资产清理净收益。清理完毕，借方登记转出的清理净收益，贷方登记转出的清理净损失，结转后，该科目应无余额。

五、固定资产的核算

为了详细核算和监督固定资产的增减变动情况，企业应设置"固定资产卡片""固定资产登记簿"等进行固定资产的明细分类核算。而对以经营租赁方式租入的固定资产，应另设"固定资产备查簿"进行登记。固定资产卡片、固定资产登记簿与固定资产总分类账应定期进行核对，固定资产登记簿上各类固定资产余额的合计数必须与固定资产总分类账上的余额核对相符；固定资产卡片上的分类合计数必须与固定资产登记簿上各类固定资产的余额核对相符。这样才能保证会计记录的正确性和全面性，做到账账相符。

（一）固定资产的取得

1. 外购固定资产

外购固定资产的相关账务处理如表 5-2 所示。

表 5-2 外购固定资产的账务处理

业务 1	账务处理
购入不需安装的固定资产	借：固定资产（达到预定可使用状态前所发生的合理必要的开支*） 　　应交税费——应交增值税（进项税额） 　　贷：银行存款
购入需安装的固定资产	借：在建工程（取得成本） 　　应交税费——应交增值税（进项税额） 　　贷：银行存款（或应付账款等） 借：在建工程（安装费用） 　　贷：原材料 　　　　应付职工薪酬等 借：固定资产（达到预定可使用状态时） 　　贷：在建工程

*固定资产的取得成本包括：实际支付的买价、相关税费（进口关税、车辆购置税、耕地占用税、契税等）、达到预定可使用状态前所发生的运输费、保险费、装卸费、安装费、专业人员服务费等。

💡 **重要提示：**

以一笔款项购入多项没有单独标价的固定资产时，应当按照各项固定资产公允价值比例对总成本进行分配，分别确定各项固定资产的入账价值。

🔗 **相关链接：**

小规模纳税人购入固定资产，增值税不得抵扣，计入相关固定资产成本。

扫描二维码学习微课：外购固定资产。

外购固定资产

2. 建造固定资产

建造固定资产的账务处理如表 5-3 所示。

表 5-3　建造固定资产的账务处理

业务 2		账务处理
自营建造	购入工程物资	借：工程物资 　　应交税费——应交增值税（进项税额） 贷：银行存款（或应付账款等）
	领用工程物资	借：在建工程 贷：工程物资
	领用原材料或产品	借：在建工程 贷：原材料 　　库存商品
	分配工程人员工资	借：在建工程 贷：应付职工薪酬
	支付安装费用	借：在建工程 　　应交税费——应交增值税（进项税额） 贷：银行存款
	工程达到预定可使用状态时	借：固定资产 贷：在建工程
出包建造	企业按发包工程进度和合同规定向建造承包商结算进度款	借：在建工程 　　应交税费——应交增值税（进项税额） 贷：银行存款
	工程达到预定可使用状态时	借：固定资产 贷：在建工程

课堂讨论：

企业购买或修建的职工宿舍，增值税可以抵扣吗?

扫描右侧二维码学习微课：自建固定资产。

（二）固定资产计提折旧

由于固定资产使用期限较长，固定资产在使用过程中慢慢发生磨损或消耗，虽然实物形态没有改变，但价值却在减少，其部分价值逐渐转移到所生产的产品中或者构成了其他费用，随着固定资产损耗逐渐转移出去的

自建固定资产

价值，就是折旧。

1.影响计提折旧的因素

假如有一台机器设备，其原值为 10 万元，预计使用 5 年，预计净残值有 1 000 元，那么该设备在 5 年使用期限中应计提的折旧总额就应该是原值 100 000 元扣除预计净残值 1 000 元后的净额 99 000 元。如果使用三年后计提过减值准备 5 000 元，那么就应该在剩余使用寿命内根据调整后的固定资产账面价值（需要扣除减值准备）重新计算折旧额。由此我们得知，影响固定资产计提折旧的主要因素有以下四个。

（1）固定资产原值。

（2）固定资产预计净残值，即固定资产预计使用期满处于使用寿命终了状态时，从其处置中预计获得的净额，即预计残值扣除预计清理费用后的净额。

（3）固定资产减值准备。

（4）固定资产预计使用寿命，固定资产使用寿命一般是指固定资产预期使用的年限，但有些固定资产的使用寿命也可以用该资产所能生产的产品或提供服务的数量来表示。

2.计提折旧的范围

除以下情况外，企业应当对所有固定资产计提折旧。

（1）已提足折旧仍然继续使用的固定资产。

（2）单独计价入账的土地。

🔗 **相关链接：**

企业不拥有土地的所有权，一般土地是不计入企业固定资产的。此处单独计价入账的土地，特指我国 20 世纪 90 年代中期国有资产清产核资中按评估价值确认计入"固定资产"的划拨土地价值，因为划拨土地未规定年限，所以不需要计提折旧。

💡 **重要提示：**

处于更新改造过程中的固定资产，因为没有达到预定可使用状态，属于在建工程，因此不再计提折旧。

已达到预定可使用状态但未办理竣工结算的固定资产，先按估计价值计提折旧；竣工结算后再按实际成本计提折旧的，不调整已提折旧。

3.计提折旧的时间

企业固定资产应当按月计提折旧，同时为了保证固定资产计提折旧的可靠、合理与完整，计提固定资产折旧的时间范围统一规定。

（1）当月增加的固定资产，当月不提折旧，下月起开始计提折旧。

（2）当月减少的固定资产，当月照提折旧，下月起开始不提折旧。

4.计提折旧的方法

固定资产折旧的计算方法包括年限平均法、工作量法、双倍余额递减法、年数总和法等（见表 5-4）。年限平均法和工作量法属于直线折旧法；双倍余额递减法和年数总和法属于加速折旧法。折旧方法一经确定，不得随意变更。如需变更，应将变更的内容及原因在变更当期会计报表附注中说明。

表 5-4　固定资产计提折旧方法

折旧方法	折旧基数	折旧率	备注
年限平均法	固定资产原值	（1－预计净残值率）÷预计使用寿命	
双倍余额递减法	固定资产原值－累计折旧	2÷预计使用寿命（最后 2 年改用直线法）	最后两年折旧额＝（固定资产账面价值－预计净残值）÷2
年数总和法	固定资产原值－预计净残值	尚可使用年限÷各年预计使用寿命之和	各年预计使用寿命之和＝$n×$（$n+1$）÷2 其中，n 为预计使用寿命

折旧额＝折旧基数×折旧率

年限平均法计算出来的每一期的折旧额是相等的；双倍余额递减法和年数总和法计算出来的折旧额基本呈现逐渐下降趋势，故称为加速折旧法，有利于加速资金周转和固定资产更新换代，促进技术进步。

对于各期完成工作量不均衡的固定资产，如一些独立的大型机械、大型施工设施、运输设备等固定资产折旧的计提可以采用工作量法。

单位工作量折旧额＝固定资产应计折旧额÷预计总工作量

＝固定资产原值×（1－预计净残率）÷预计总工作量

某项固定资产月折旧额＝该项固定资产当月实际工作量×单位工作量折旧额

工作量法计算出来的单位工作量折旧额是相等的，因此也属于直线法。

💡 **重要提示：**

企业至少应在每年末，对固定资产的使用寿命、预计净残值和折旧方法进行复核。有差异的，就应该做出调整。这类事项在报经股东大会或董事会、经理（厂长）会议或类似机构批准后，作为计提折旧的依据，并按照法律、行政法规等规定报送有关各方备案。

固定资产的使用寿命、预计净残值和折旧方法的变更作为会计估计变更进行会计处理。

5. 计提折旧的账务处理

计提固定资产折旧的账务处理如表 5-5 所示。

表 5-5　计提固定资产折旧的账务处理

业务 3	账务处理
企业按月计提折旧	借：制造费用（车间的固定资产折旧） 　　管理费用（行政管理部门的固定资产折旧） 　　销售费用（专设销售机构的固定资产折旧） 　　其他业务成本（出租的固定资产折旧） 　　研发支出（用于无形资产研发的固定资产折旧） 　　贷：累计折旧

扫描二维码学习微课：计提折旧。

（三）固定资产的后续支出

固定资产投入使用后，为了适应新技术发展和提高固定资产使用效能的需要，有必要对现有固定资产进行维护、改建、扩建或改良。例如，通过对厂房进行改扩建而使其更加坚固耐用；通过对流水生产线更新改造，提高设备的生产能力；通过对加工设备改良，使生产产品的精确度有所提高，实现产品的更新换代等。

1. 计提折旧（直线法）

2. 计提折旧（加速折旧法）

同时，固定资产在使用过程中，由于各个构成部分耐用程度或使用条件的不同，可能会发生固定资产的局部损坏，为维护固定资产的使用效能，保证固定资产的正常使用，企业必须对各项固定资产进行有计划的、及时的修理和维护，这些都属于固定资产的后续支出。

固定资产的后续支出分为资本化的后续支出和费用化的后续支出两大类。

1. 资本化的后续支出

企业对原有固定资产的更新改造、改良、改扩建发生的支出，满足固定资产确认条件的，应当予以资本化，计入"在建工程"科目，待达到预定可使用状态后再转入"固定资产"科目。相关账务处理如表 5-6 所示。

表 5-6　资本化后续支出的账务处理

业务 4	账务处理
企业固定资产进行更新改造、改扩建等时，应先将该固定资产的账面价值转入"在建工程"	借：在建工程 　　累计折旧 　　固定资产减值准备 　贷：固定资产　　　　　　　　　　（固定资产的账面价值）
发生资本化支出并取得增值税专用发票时	借：在建工程 　　应交税费——应交增值税（进项税额） 　贷：银行存款（工程物资、应付职工薪酬等）
回收残值、残料时	借：原材料　　　　　　　　　　　　　　　　　（残料） 　　银行存款　　　　　　　　　　　　　　　　（残值） 　　营业外支出　　　　　　　　　　　　　　　（净损失） 　贷：在建工程　　　（被替换掉的老旧零件的账面价值*）
工程达到预定可使用状态时	借：固定资产 　贷：在建工程　（应将被替换部分的账面价值予以扣除）

*被替换掉的老旧零件一定要按照此时的账面价值注销，即按照这部分的原值扣除已提折旧后的余额。

2. 费用化的后续支出

固定资产不符合资本化条件的后续支出，如固定资产修理、维护性支出等，只是使固定资产恢复原来的可使用状态，并没有实质性的改变，应当在发生时直接计入当期损益。相关账务处理如表 5-7 所示。

表5-7　费用化后续支出的账务处理

业务5	账务处理
发生费用化支出并取得增值税专用发票	借：管理费用　　　　　（生产车间和行政管理部门固定资产的修理费用） 　　销售费用　　　　　　（专设销售机构固定资产的修理费用） 　　应交税费——应交增值税（进项税额） 　贷：银行存款

扫描二维码学习微课：固定资产的后续支出。

（四）固定资产的处置

固定资产处于处置状态，包括固定资产的报废、出售、毁损、对外投资、重组债务、非货币性资产交换等。固定资产的处置清理，应填制"固定资产报废单"或"固定资产清理单"，按程序区别情况进行处理。相关账务处理如表5-8所示。

固定资产的后续支出

表5-8　处置固定资产的账务处理

业务6	账务处理		
处置类型	出售	报废	自然灾害毁损
固定资产转入清理	借：固定资产清理 　　累计折旧 　　固定资产减值准备｝（固定资产的账面价值） 　贷：固定资产		
发生清理费用	借：固定资产清理 　　应交税费——应交增值税（进项税额） 　贷：银行存款等		
收回出售价款或残值、残料回收	借：银行存款等 　贷：固定资产清理 　　　应交税费——应交增值税（销项税额）	借：原材料（残料） 　贷：固定资产清理 借：银行存款（残值） 　贷：固定资产清理 　　　应交税费——应交增值税（销项税额）	
确认赔偿损失		借：其他应收款（保险公司或个人赔偿款） 　贷：固定资产清理	
结转净损益	借：固定资产清理 　贷：资产处置损益（利得） 借：资产处置损益（损失） 　贷：固定资产清理	借：营业外支出——非流动资产处置损失 　贷：固定资产清理（损失） 借：固定资产清理（利得） 　贷：营业外收入——非流动资产处置利得	借：营业外支出——非常损失 　贷：固定资产清理

扫描二维码学习微课：处置固定资产。

（五）固定资产的清查

固定资产在使用过程中，由于客观或人为的原因，会出现固定资产账

处置固定资产

实不符。为了保证企业固定资产的安全完整，充分挖掘现有固定资产的潜力，平时应定期对固定资产进行清查。企业至少在每年编制年度财务报告前，应对固定资产进行全面的清查。

在清查前，会计人员和固定资产的管理人员应将各自负责的有关固定资产的账簿记录核对准确。固定资产的清查方法采用实地盘点法，即把固定资产卡片与实物进行核对。对于盘盈、盘亏的固定资产，应根据盘点的记录，编制"固定资产盘盈盘亏报告表"，作为固定资产清查的账务处理依据（见表5-9）。盘盈盘亏的固定资产应及时查明原因，并按规定程序报批处理。

表5-9　固定资产清查的账务处理

	业务7	账务处理
盘盈*	盘盈时	借：固定资产　　　　（按盘盈固定资产的重置价值减去估计折旧后的净额） 　　贷：以前年损益调整　　　　（调整的是以前年度的"营业外收入"）
	计提由于盘盈增加的以前年度的所得税费用	借：以前年损益调整　　　　（调整的是以前年度的"所得税费用"） 　　贷：应交税费——应交所得税
	结转留存收益	借：以前年损益调整 　　贷：盈余公积——法定盈余公积　　（盘盈固定资产增加的税后利润×10%） 　　　　利润分配——未分配利润
盘亏	盘亏时	借：待处理财产损溢——待处理固定资产损溢 　　固定资产减值准备 　　累计折旧　　　　　　　　　　　　　　（盘亏固定资产的账面价值） 　　贷：固定资产
	批准后	借：营业外支出——盘亏损失 　　其他应收款　　　　　　　　　　　　　　（应收赔款） 　　贷：待处理财产损溢——待处理固定资产损溢 　　　　应交税费——应交增值税（进项税额转出）　（不可抵扣的进项税**）

　*固定资产盘盈，应作为重要的前期差错进行会计处理。因为以前年度的损益科目都已结转，所以调整时涉及损益科目时由"以前年度损益调整"科目代替。

　**按照增值税制度相关规定，购入固定资产发生非正常损失，出现盘亏，其负担的进项税不得抵扣，做进项税额转出处理：不得抵扣的进项税额=账面净值（原值-已提折旧）×适用税率。

（六）固定资产的减值

固定资产使用期限较长，受市场条件和经营环境变化、科学技术进步以及企业经营管理不善等因素影响，有可能导致固定资产的真实价值低于其账面价值，出于谨慎性原则考虑，有必要在期末对固定资产减值损失进行确认。

资产负债表日，固定资产存在减值迹象时，其可收回金额低于账面价值，判定固定资产发生减值，应将该固定资产的账面价值减至可收回金额，将两者的差额确认为减值损失，同时计提为相应的固定资产减值准备（见表5-10）。按照《企业会计准则第8号——资产减值》规定，固定资产减值损失一经确认，在以后会计期间不得转回。

表5-10 计提固定资产减值准备的账务处理

业务8	账务处理
固定资产发生减值，计提固定资产减值准备	借：资产减值损失 　贷：固定资产减值准备 一经确认，在以后会计期间不得转回

【业务范例5-1】甲企业为增值税一般纳税人，适用的增值税税率为13%，固定资产相关业务资料如下。

（1）2020年1月至6月，购入车库工程物资100万元，增值税13万元；发生运输费用5万元，增值税0.45万元，全部款项以银行存款付讫。施工期间，购入的工程物资全部用于工程建设，计提工程人员薪酬30万元，支付其他直接费用39万元，领用本企业生产的水泥一批，该批水泥成本为20万元，公允价值为30万元；2020年6月30日，车库达到预定可使用状态，预计可使用20年，预计净残值为2万元，采用年限平均法计提折旧；2024年10月，公司出售车库，实际出售价格为180万元，开具增值税专用发票，注明增值税为16.2万元，款项已收，发生清理费用2 000元。

（2）2020年12月7日，管理部门购入一台电脑，买价为14 500元，增值税专用发票上注明增值税为1 885元，预计净残值为500元，预计使用5年，用双倍余额递减法计提折旧；2024年12月31日，该电脑的可收回金额为1 000元。

（3）2022年6月30日，购入一台大型机器设备（含发动机），共花费60万元（发动机18万元），取得增值税专用发票，增值税为7.8万元，不考虑预计净残值，预计使用10年，按平均年限法计提折旧；2023年12月末，为提高该设备的性能，对其进行改良，更换其中的发动机，以银行存款购入新发动机，取得增值税专用发票注明的价款30万元，增值税税额为3.9万元；另支付安装费用并取得增值税专用发票，注明安费2 000元，增值税180元。

（4）2023年12月末清查时发现2020年12月购入的一台设备未入账，其重置成本为5万元，假定公司按净利润的10%提取法定盈余公积。

业务处理如表5-11所示。

表5-11 业务范例5-1的核算

	业务	账务处理	
（1）	2020年6月自建车库	借：工程物资 　应交税费——应交增值税（进项税额） 　贷：银行存款 借：在建工程 　贷：工程物资 借：在建工程 　贷：应付职工薪酬 　　银行存款 　　库存商品 借：固定资产——车库 　贷：在建工程	1 050 000 134 500 1 050 000 890 000 1 940 000	 1 184 500 1 050 000 300 000 390 000 200 000 1 940 000

业务		账务处理
（1）	计提折旧	月折旧额 =（1 940 000 − 20 000）÷ 20 ÷ 12 = 8 000（元） 借：制造费用　　　　　　　　　　　　　　　　8 000 　　贷：累计折旧　　　　　　　　　　　　　　　　　8 000
	2024 年 10 月 出售车库	2020 年 7—12 月折旧额 = 8 000 × 6 = 48 000（元） 2021—2023 年折旧额 = 8 000 × 12 = 96 000（元） 2024 年 1—10 月折旧额 = 8 000 × 10 = 80 000（元） 借：固定资产清理　　　　　　　　　　　　　1 524 000 　　累计折旧　　　　　　　　　　　　　　　　416 000 　　贷：固定资产　　　　　　　　　　　　　　　1 940 000 借：银行存款　　　　　　　　　　　　　　　1 962 000 　　贷：固定资产清理　　　　　　　　　　　　　1 800 000 　　　　应交税费——应交增值税（销项税额）　　162 000 借：固定资产清理　　　　　　　　　　　　　　　2 000 　　贷：银行存款　　　　　　　　　　　　　　　　　2 000 借：固定资产清理　　　　　　　　　　　　　　274 000 　　贷：资产处置损益　　　　　　　　　　　　　　274 000
（2）	2020 年 12 月 7 日购入电脑	借：固定资产——电脑　　　　　　　　　　　　14 500 　　应交税费——应交增值税（进项税额）　　　　1 885 　　贷：银行存款　　　　　　　　　　　　　　　　16 385
	计提折旧	2021 年 1—12 月折旧额 = 14 500 × 0.4 = 5 800（元） 2022 年 1—12 月折旧额 =（14 500 − 5 800）× 0.4 = 3 480（元） 2023 年 1—12 月折旧额 =（14 500 − 5 800 − 3 480）× 0.4 = 2 088（元） 2024 年 1—12 月折旧额 =（14 500 − 5 800 − 3 480 − 2 088 − 500）÷ 2 = 1 316（元） 借：管理费用　　　　　　　　　　　5 800/3 480/2 088/1 316 　　贷：累计折旧　　　　　　　　　　　5 800/3 480/2 088/1 316
	2024 年末电脑 减值	2024 年末电脑的账面价值 = 14 500 − 5 800 − 3 480 − 2 088 − 1 316 = 1 816（元） 借：资产减值损失　　　　　　　　　　　　　　　816 　　贷：固定资产减值准备——电脑　　　　　　　　　816
（3）	2022 年 6 月 30 日购入设备	借：固定资产——设备　　　　　　　　　　　　600 000 　　应交税费——应交增值税（进项税额）　　　　78 000 　　贷：银行存款　　　　　　　　　　　　　　　　678 000
	计提折旧	月折旧额 = 600 000 ÷ 10 ÷ 12 = 5 000（元） 借：制造费用　　　　　　　　　　　　　　　　5 000 　　贷：累计折旧　　　　　　　　　　　　　　　　5 000

续表

	业务	账务处理
（3）	2023 年末改良设备	2023 年末设备已提折旧 = 5 000 × 18 = 90 000（元） 借：在建工程　　　　　　　　　　　　　　510 000 　累计折旧　　　　　　　　　　　　　　　90 000 　　贷：固定资产——设备　　　　　　　　　　　600 000 借：工程物资　　　　　　　　　　　　　　300 000 　应交税费——应交增值税（进项税额）　39 000 　　贷：银行存款　　　　　　　　　　　　　　339 000 借：在建工程　　　　　　　　　　　　　　300 000 　　贷：工程物资　　　　　　　　　　　　　　300 000 借：在建工程　　　　　　　　　　　　　　2 000 　应交税费——应交增值税（进项税额）　180 　　贷：银行存款　　　　　　　　　　　　　　2 180 旧发动机的账面价值 = 180 000 − 90 000 × 180 000 ÷ 600 000 = 153 000（元） 或 = 180 000 − 180 000 ÷ 120 × 18 = 153 000（元） 借：营业外支出——非流动资产处置损失　153 000 　　贷：在建工程　　　　　　　　　　　　　　153 000 借：固定资产——新设备　　　　　　　　　659 000 　　贷：在建工程　　　　　　　　　　　　　　659 000
（4）	2023 年 12 月盘盈固定资产	借：固定资产　　　　　　　　　　　　　　50 000 　　贷：以前年损益调整　　　　　　　　　　　50 000 借：以前年损益调整　　　　　　　　　　　12 500 　　贷：应交税费——应交所得税　　　　　　　12 500 借：以前年损益调整　　　　　　　　　　　37 500 　　贷：盈余公积——法定盈余公积　　　　　　3 750 　　　利润分配——未分配利润　　　　　　　33 750

任务单

1. 企业一次性购入多项固定资产，各固定资产的价值按照 ＿＿＿＿＿＿＿＿＿＿＿ 确定。

2. 小规模纳税人购入的固定资产的成本包括（　　　）。

A. 买价　　　　　　B. 增值税　　　　　　C. 运费　　　　　　D. 保险费　　　　　　E. 装卸费

3. 判断：

（1）自营建造固定资产时领用原材料，需要做进项税额转出处理。　　　　　　　　　（　　　）

（2）领用自己生产的产品用于自建固定资产中，需要视同销售，计算增值税销项税额。

（　　　）

（3）固定资产盘亏和盘盈都需要通过"待处理财产损溢"科目来处理。　　　　　　（　　　）

（4）因管理不善造成固定资产盘亏的，其所含的进项税额不得抵扣，需要做转出处理。

（　　　）

4. 固定资产计提折旧的方法有 ＿＿＿＿＿＿＿ ，其中 ＿＿＿＿＿＿＿ 属于直线法，＿＿＿＿＿＿＿ 属于加速折旧法。＿＿＿＿＿＿＿ 计提折旧时，一开始不考虑预计净残值。

5. 判断下列固定资产是否需要计提折旧（请填是或否）：

（1）处于更新改造过程中停用的固定资产　　　　　　　　　　　　（　　）

（2）大修理停用和季节性停用的固定资产　　　　　　　　　　　　（　　）

（3）提前报废的固定资产　　　　　　　　　　　　　　　　　　　（　　）

（4）不需用的固定资产　　　　　　　　　　　　　　　　　　　　（　　）

（5）未使用的固定资产　　　　　　　　　　　　　　　　　　　　（　　）

6. 如果一项固定资产原值为 150 500 元，预计净残值为 500 元，预计使用 5 年，请计算各种方法下的折旧额并填列下表。

折旧方法	折旧额				
	第 1 年	第 2 年	第 3 年	第 4 年	第 5 年
平均年限法					
年数总和法					
双倍余额递减法					

7. 车间固定资产修理费用应借记 _____ 科目，以经营租赁方式租出的固定资产计提折旧应借记 _____ 科目。

8. 改良固定资产时，对于换下的旧零件应按照 _____ 冲减在建工程，旧零件若有残值或残料回收，_____（请填会或不会）影响"在建工程"的金额。

9. 处置固定资产时，需要通过"固定资产清理"科目来计算清理过程中发生的净损益，最终"固定资产清理"中反映的净损益需要转出到相应的损益科目中，请填列下表。

处置种类	科目（有明细，需注明）
出售	
正常报废	
自然灾害毁损	

10. 当固定资产的可收回金额 _____ 账面价值时，判定固定资产减值，需要计提 _____ ，并且一经计提，后期 _____（请填可以或不可以）转回。

11. 盘盈固定资产视作 _____ 处理，通过 _____ 科目核算；盘亏固定资产属于财产清查，通过 _____ 科目核算。

课后拓展

　　扫描二维码测试：固定资产核算。

固定资产核算

任务二 无形资产及长期待摊费用核算

学习任务

扫描二维码完成学习任务。

学习任务

知识准备

一、无形资产的定义及特征

无形资产，是指企业拥有或者控制的没有实物形态的可辨认非货币性资产，通常包括专利权、非专利技术、商标权、著作权、土地使用权、特许权等。

无形资产具有以下主要特征。

（1）具有资产基本特征。由企业拥有或者控制并能为其带来未来经济利益是无形资产作为一项资产的基本特征。

（2）不具有实物形态。无形资产是不具有实物形态的资产，通常表现为某种能为企业带来未来经济利益的权利，如非专利技术、土地使用权等。

（3）具有可辨认性。符合下列条件之一的，便符合无形资产定义中的可辨认性标准：

①能够从企业中分离或者划分出来，并能单独用于出售或转让等。在处置时不需要同时处置在同一获利活动中的其他资产，表明无形资产可辨认，或者在处置时需要与有关的合同一起用于出售转让等，视为无形资产可辨认。

🔆 **重要提示：**

企业自创商誉及内部产生的品牌、报刊名等，无法与企业的整体资产分离而存在，不具有可辨认性，按现行会计准则规定不应确认为无形资产，应确认为一项非流动资产。

②源自合同性权利或其他法定权利，无论这些权利是否可以从企业或其他权利和义务中转移或者分离。如一方通过与另一方签订特许权合同而获得的特许使用权，通过法律程序申请获得的商标权、专利权等。

（4）属于非货币性资产。无形资产在持有期间为企业带来未来经济利益的情况不确定，不属于以固定或可确定的金额收取的资产。无形资产的存在形态不具有货币性资产的特征。

二、无形资产的管理

无形资产是经济增长中的决定性因素。企业无形资产的规模和质量决定创新型企业的技术水平、创新资源、创新能力和创新效率等核心竞争力和可持续发展能力，无形资产相对有形资产在保持和增强企业持久经济利益流入中越来越重要。无形资产准确及时的确认与计量、提供高质量的无形资产会计核算资料和会计信息，可防范和化解因无形资产权属不清、技术落后、缺乏核心技术、管理失当、存在重大技术安全隐患等导致的企业法律纠纷、缺乏可持续发展能力风险，并对引导创新决策、有效配置创新资源等方面具有重要意义和作用。

三、无形资产的确认与计量

无形资产的确认与计量，应同时满足与该无形资产有关的经济利益很可能流入企业和该无形资产的成本能够可靠地计量两个条件。主要无形资产的确认与计量包括以下内容。

1. 专利权

专利权是指国家专利主管机关依法授予发明创造专利申请人对其发明创造在法定期限内所享有的专有权利，包括发明专利权、实用新型专利权和外观设计专利权。企业持有专利可以降低成本，提高产品质量，将其转让出去能获得转让收入。

💡 **重要提示：**

企业从外单位购入的专利权，应按实际支付的价款作为专利权的成本。企业自行开发并按法律程序申请取得的专利权，应按照达到预定用途满足资本化条件的支出确定成本。

2. 非专利技术

非专利技术即专有技术，是指先进的、未公开的、未申请专利、可以带来经济效益的技术及诀窍。主要包括以下内容：一是工业专有技术，即在生产上已经采用，仅限于少数人知道，不享有专利权或发明权的生产、装配、修理、工艺或加工方法的技术知识；二是商业（贸易）专有技术，即具有保密性质的市场情报、原材料价格情报以及用户、竞争对象的情况和有关知识；三是管理专有技术，即生产组织的经营方式、管理方式、培训职工方法等保密知识。

💡 **重要提示：**

如果是企业自己开发研究的非专利技术，应将达到预定用途满足资本化条件的开发支出，确认为无形资产。对于从外部购入的非专利技术，应将实际发生的支出予以资本化，作为无形资产入账。

3. 商标权

商标是用来辨认特定的商品或劳务的标记。商标权是指专门在某类指定的商品或产品上使用特定的名称或图案的权利。《中华人民共和国商标法》明确规定，经商标局核准注册的商标为注册商标，商标注册人享有商标专用权，受法律的保护。

💡 **重要提示：**

企业为宣传自创并已注册登记的商标发生的相关费用，发生时直接计入当期损益。

企业购买他人的商标，一次性支出费用较大，可以将购入商标的价款、支付的手续费及有关费用确认为商标权的成本。

4. 著作权

著作权又称版权，是指作者对其创作的文学、科学和艺术作品依法享有的某些特殊权利。著作权包括两方面的权利，即精神权利（人身权利）和经济权利（财产权利）。前者指作品署名、发表作品、确认作者身份、保护作品的完整性、修改已经发表的作品等各项权利，包括作品署名权、发表权、修改权和保护作品完整权；后者指以出版、表演、广播、展览、录制唱片、摄制影片等方式使用作品以及因授权他人使用作品而获得经济利益的权利。

5. 土地使用权

土地使用权是指国家准许某一企业或单位在一定期间内对国有土地享有开发、利用、经营的权利。土地使用权可以依法转让。

💡 **重要提示：**

企业取得土地使用权，应将取得时发生的支出资本化，作为土地使用权的成本，计入无形资产成本。

企业改变土地使用权的用途，用于出租或资本增值，应将其从无形资产转为"投资性房地产"；房地产开发企业取得的土地使用权，可以作为存货核算。

6. 特许权

特许权又称经营特许权、专营权，是指企业在某一地区经营或销售某种特定商品的权利或是一家企业接受另一家企业使用其商标、商号、技术秘密等的权利。前者一般是由政府机构授权，准许企业使用或在一定地区享有经营某种业务的特权，如水、电、邮电通信等专营权、烟草专卖权等；后者是指企业间依照签订的合同，有限期或无限期使用另一家企业的某些权利，如连锁店分店使用总店的名称等。

四、无形资产的账户设置

"无形资产"科目核算企业持有的无形资产成本，借方登记取得的无形资产成本，贷方登记处置无形资产时转出的账面余额，期末借方余额反映企业无形资产的成本。

"累计摊销"科目是无形资产的备抵科目，核算企业对使用寿命有限的无形资产计提的累计摊销，借方登记处置无形资产时转出的无形资产的累计摊销，贷方登记计提的无形资产摊销额，期末贷方余额反映企业无形资产的累计摊销额。

"无形资产减值准备"科目也是无形资产的备抵科目，核算当无形资产减值时计提的减值准备。

五、无形资产的核算

（一）取得无形资产

无形资产按照成本进行初始计量。企业取得无形资产的方式主要有外购、自行研究开发等。相关账务处理如表 5-12 所示。

表 5-12　取得无形资产的账务处理

业务 1	账务处理
外购无形资产	借：无形资产（买价、相关税费及直接归属于使该项资产达到预定用途所发生的其他支出） 　　应交税费——应交增值税（进项税额） 　贷：银行存款

续表

业务 1			账务处理
自行研究开发无形资产	研究阶段（全部费用化）		借：研发支出——费用化支出 　　应交税费——应交增值税（进项税额） 　贷：银行存款、原材料、应付职工薪酬等
	开发阶段	不符合资本化条件	期末结转： 借：管理费用 　贷：研发支出——费用化支出
		符合资本化条件	借：研发支出——资本化支出 　　应交税费——应交增值税（进项税额） 　贷：银行存款、原材料、应付职工薪酬等
	达到预定用途		借：无形资产 　贷：研发支出——资本化支出

💡 **重要提示：**

如果无法可靠区分研究阶段和开发阶段的支出，应当将其所发生的研发支出全部费用化，计入当期损益（管理费用）。

未达到预定用途前，"研发支出——资本化支出"科目余额列示在资产负债表中的"开发支出"项目。

扫描二维码学习微课：内部研发无形资产。

（二）摊销无形资产

1. 无形资产的摊销范围

内部研发无形资产

企业应当在取得无形资产时分析判断其使用寿命。使用寿命有限的无形资产应进行摊销，使用寿命不确定的无形资产不应摊销，但应考虑计提无形资产减值准备。

2. 无形资产的应摊销金额、摊销期、预计残值、摊销方法和账务处理

无形资产的摊销如表 5-13 所示，相关账务处理如表 5-14 所示。

表 5-13　无形资产的摊销

项目	内容
应摊销金额	应摊销金额 = 无形资产成本 - 预计净残值 - 无形资产减值准备
摊销期	自可供使用（即其达到预定用途）当月起开始摊销，处置当月不再摊销 【提示】企业固定资产是当月增加下月起计提折旧，处置当月仍计提折旧
摊销方法	年限平均法（直线法）、生产总量法等 企业选择的无形资产的摊销方法，应当反映与该项无形资产有关的经济利益的预期实现方式。无法可靠确定预期实现方式的，应当采用直线法摊销

表 5-14　摊销无形资产的账务处理

业务 2	账务处理
摊销无形资产	借：生产成本、制造费用、在建工程等 　　　　　　（某项无形资产包含的经济利益通过所生产的产品或其他资产实现） 　　管理费用　　　　　　　　　　　　　　　　　　　　（管理的无形资产） 　　其他业务成本　　　　　　　　　　　　　　　　　　（出租的无形资产） 　　贷：累计摊销

（三）处置无形资产

处置无形资产包括无形资产的出售、无形资产的出租和无形资产的报废。相关账务处理如表 5-15 所示。

表 5-15　处置无形资产的账务处理

业务 3	账务处理
出售无形资产	借：银行存款　　　　　　　　　　　　　　　　　　　　（出售价款）① 　　无形资产减值准备 　　累计摊销　　　　　　　　　　　　　　　　　（无形资产账面价值）② 　　贷：无形资产 　　　　应交税费——应交增值税（销项税额）　　　　　　　　　　　③ 　　　　资产处置损益　　　　　　　　　　　　　　　（差额，或借方）④
出租无形资产	借：银行存款 　　贷：其他业务收入 　　　　应交税费——应交增值税（销项税额） 借：其他业务成本 　　贷：累计摊销
报废无形资产	借：营业外支出——处置非流动资产损失 　　累计摊销 　　无形资产减值准备　　　　　　　　　　　　　（无形资产账面价值） 　　贷：无形资产

（四）无形资产减值

如果无形资产将来为企业创造的经济利益不足以补偿无形资产的成本（摊余成本），则说明无形资产发生了减值，具体表现为无形资产的账面价值高于其可收回金额。

在资产负债表日，无形资产存在可能发生减值迹象，且其可收回金额低于账面价值的，企业应当将该无形资产的账面价值减记至可收回金额，减记的金额确认为减值损失，计提相应的资产减值准备（见表 5-16）。无形资产减值损失一经计提，在以后会计期间不得转回。

表 5-16　计提无形资产减值准备的账务处理

业务 4	账务处理
无形资产发生减值，计提无形资产减值准备	借：资产减值损失 　　贷：无形资产减值准备

【业务范例 5-2】前景股份有限公司为增值税一般纳税人，发生的无形资产有关业务如下。

（1）2023 年 1 月，购入一项土地使用权，取得增值税专用发票，注明价款 50 万元，增值税 4.5 万元，均以银行存款支付。

（2）3 月 1 日开始自行研发一项技术，截至 3 月 31 日，该项技术研究阶段工作结束，共发生研发人员薪酬 25 万元；本月用银行存款支付其他研发支出，取得增值税专用发票注明的价款为 64 万元，增值税税额为 3.84 万元。

（3）4 月 1 日，研发活动进入开发阶段，该阶段领用本企业原材料成本为 100 万元，计提研究人员薪酬 130 万元，用银行存款支付其他研发支出，取得增值税专用发票注明的价款为 18 万元，增值税税额为 1.08 万元。开发阶段的全部支出中有 10 万元不符合资本化条件（不考虑增值税的影响）。

（4）10 月 1 日，该技术达到预定用途，并按法律程序申请获得专利权，以银行存款支付注册登记费 2 万元。10 月 5 日，交付企业行政管理部门使用。该项技术预计可以使用 5 年，采用直线法进行摊销，预计净残值为零。

（5）11 月 1 日，将一项商标权短期租赁给乙企业，租期为 10 个月，每月租金为 5 万元（不考虑增值税），每月摊销额为 4 万元。

（6）2024 年 3 月，将购入的一项专利权转让给元西有限责任公司，开具增值税专用发票，注明价款 20 万元，增值税 1.2 万元，款项已存入银行。该专利权的成本为 30 万元，已累计摊销 18 万元。

（7）2024 年 5 月，由于技术更新，现有的一项非专利技术被替代，原非专利技术报废，其成本为 80 万元，已累计摊销 70 万元，曾计提过无形资产减值准备 5 万元。

业务处理如表 5-17 所示。

表 5-17　业务范例 5-2 的核算

业务	账务处理	
（1）2023 年 1 月购入土地使用权	借：无形资产——土地使用权 　　应交税费——应交增值税（进项税额） 　贷：银行存款	500 000 45 000 545 000
（2）2023 年 3 月自行研发技术（研究阶段）	借：研发费用——费用化支出 　　应交税费——应交增值税（进项税额） 　贷：应付职工薪酬 　　　银行存款 借：管理费用 　贷：研发费用——费用化支出	890 000 38 400 250 000 678 400 890 000 890 000
（3）2023 年 4 月开发阶段	借：研发费用——费用化支出 　　研发费用——资本化支出 　　应交税费——应交增值税（进项税额） 　贷：银行存款 　　　原材料 　　　应付职工薪酬 借：管理费用 　贷：研发费用——费用化支出	100 000 2 380 000 10 800 190 800 1 000 000 1 300 000 100 000 100 000

续表

业务		账务处理	
（4）	2023 年 10 月 1 日注册登记，研发完成	借：研发费用——资本化支出 　　贷：银行存款 借：无形资产——专利权 　　贷：研发费用——资本化支出	20 000 　　　　20 000 2 400 000 　　　　2 400 000
	2023 年 10 月开始按月摊销专利权	管理费用 = 2 400 000 ÷ 5 ÷ 12 = 40 000（元） 借：管理费用 　　贷：累计摊销	 40 000 　　　　40 000
（5）11 月开始出租商标权		借：银行存款 　　贷：其他业务收入 借：其他业务成本 　　贷：累计摊销	50 000 　　　　50 000 40 000 　　　　40 000
（6）2024 年 3 月出售专利权		借：银行存款 　　累计摊销 　　贷：无形资产 　　　　应交税费——应交增值税（销项税额） 　　　　资产处置损益	212 000 180 000 　　　　300 000 　　　　12 000 　　　　80 000
（7）2024 年 5 月报废非专利技术		借：营业外支出——处置非流动资产损失 　　累计摊销 　　无形资产减值准备 　　贷：无形资产	50 000 700 000 50 000 　　　　800 000

六、长期待摊费用的核算

　　长期待摊费用是企业已经发生但应由本期和以后各期负担的分摊期限在 1 年以上的各项费用，比较常见的如对以租赁方式新租入的办公楼进行装修，对租入的设备等进行改良等。

　　为了反映和监督长期待摊费用的发生和摊销情况，企业应设置"长期待摊费用"科目。该科目借方登记发生的长期待摊费用，贷方登记摊销的长期待摊费用，期末借方余额，反映企业尚未摊销完毕的长期待摊费用。该科目可按待摊费用项目进行明细核算。

　　如果长期待摊费用项目不能使企业以后会计期间受益，应将其尚未摊销的余额全部转入当期损益。相关账务处理如表 5-18 所示。

表 5-18　长期待摊费用的账务处理

业务 5	账务处理
发生时	借：长期待摊费用 　　应交税费——应交增值税（进项税额） 　　贷：银行存款 借：长期待摊费用 　　贷：应付职工薪酬/原材料等
摊销时	将长期待摊费用总金额在租赁期内进行摊销（一般自达到预定可使用状态的下月起开始摊销）： 借：管理费用/销售费用等 　　贷：长期待摊费用

任务单

1. 自行研发无形资产分研究和开发两个阶段，各阶段发生的支出应如何处理，请填列下表。

时间		发生支出时的会计分录	结转时间	结转时的会计分录
研究阶段				
开发阶段	不满足资本化条件			
	满足资本化条件			

2. 判断：

（1）使用寿命无法合理确定的无形资产也应该摊销。　　　　　　　　　　（　　）

（2）无形资产摊销方法应反映其经济利益的预期实现方式。　　　　　　　（　　）

（3）使用寿命有限的无形资产处置当月应该摊销。　　　　　　　　　　　（　　）

（4）企业对以租赁方式租入的生产设备进行改良，改良过程中发生的费用直接计入生产设备成本。　　　　　　　　　　　　　　　　　　　　　　　　　（　　）

（5）企业对长期待摊费用的摊销应从当月开始。　　　　　　　　　　　　（　　）

3. 自行研发无形资产的成本应包括：（　　　）。

A.满足资本化条件的专利研发支出

B.专利权申请过程中发生的专利登记费

C.无法可靠区分研究阶段和开发阶段的专利研发支出

D.专利权申请过程中发生的律师费

4. "研发费用——资本化支出"应在资产负债表中 _____ 项目列示。

5. 固定资产与无形资产的出售净损益会转入 _____ 科目；无形资产的报废净损失会转入 _____ 科目；根据因果配比原则，无形资产的出租应通过 _____ 科目反映租金收入，摊销支出在 _____ 损益科目核算。

课后拓展

　　扫描二维码测试：无形资产及长期待摊费用核算。

无形资产及长期待
摊费用核算

任务三　投资性房地产核算

学习任务

　　扫描二维码完成学习任务。

学习任务

知识准备

一、投资性房地资产的识别与判断

　　投资性房地产包括土地使用权和房屋建筑物，是为了赚取租金或资本增值，或者两者兼有而持有的房地产。投资性房地产通常包括以下内容。

（1）已出租的土地使用权，是指企业将通过出让或转让方式取得的土地使用权以经营租赁方式出租。

（2）已出租的建筑物，是指企业拥有产权并以经营租赁方式出租的房屋等建筑物。

（3）持有并准备增值后转让的土地使用权，是指企业将通过出让或转让方式取得的土地使用权准备增值后转让。

部分用于赚取租金或资本增值、部分用于生产商品、提供劳务或经营管理的房地产，能够单独计量和出售的，用于赚取租金或资本增值的部分应当确认为投资性房地产。

下列各项不属于投资性房地产。

（1）自用房地产，即企业为生产商品、提供劳务或经营管理而持有的房地产，如企业拥有并自行经营的旅馆、饭店等。

（2）房地产开发企业作为存货的房地产。

（3）持有并准备增值后转让的建筑物。

（4）以经营租赁方式租入再转租的房地产。

（5）按照国家有关规定认定的闲置土地。

（6）计划出租但尚未出租的土地使用权。

扫描二维码学习微课：认识投资性房地产。

认识投资性房地产

二、投资性房地产的管理

将房屋建筑物或土地使用权用于出租或者将土地使用权增值后转让，这属于企业的经营活动，赚取租金的多少、获取资本增值的高低都与社会环境、自然环境、市场供求关系、经济发展、房地产市场波动、国家对房地产市场的政策、管控等众多自然、社会、经济、政治、法律等方面因素紧密相关；而且投资性房地产的投资周期长、金额多，在管理方面存在着较大的风险和难度。其主要面临以下风险。

（1）投资决策失误，引发盲目投资或失去其他更有利的投资机会，可能导致资金链断裂或投资效益低等风险。

（2）资金占用量过大、调度困难、运营不畅，可能导致企业陷入财务困境的风险。

（3）对出租活动管控不严，可能导致出租资产受损或收取租金困难，甚至遭受诈骗等风险。

（4）投资决策失当、管控不严等引发资金周转困难后，又往往会引发盲目筹资，使得资本结构不合理或进一步筹资困难，可能导致企业筹资成本过高或发生债务危机等风险。

因此，加强对投资性房地产的会计核算与监督管理，提供真实合法、准确及时、完整的会计资料，对于落实经济管理责任、提高投资性房地产的管理效率、增加投资效益、防范投资风险等具有重大作用和意义。

三、投资性房地产的确认与计量

（一）投资性房地产的确认

1. 投资性房地产的确认条件

投资性房地产在符合其定义的前提下，同时满足下列条件的予以确认。

（1）与投资性房地产有关的经济利益很可能流入企业，即有证据表明企业能够获取租金或资本增值，或两者兼而有之。

（2）该投资性房地产的成本能够可靠地计量。

2. 投资性房地产的确认时点

不同的投资性房地产，会计核算时确认的时点也不一样，具体如表 5-19 所示。

表 5-19　投资性房地产的确认时点

项目	确认时点	备注
已经出租的土地使用权、已出租的建筑物	一般为租赁期开始日，即土地使用权、建筑物进入出租状态、开始赚取租金的日期	企业持有以备经营出租的空置建筑物，董事会或类似机构做出书面决议，明确表明将其用于经营出租且持有意图短期内不再发生变化的，即使尚未签订租赁协议，也应视为投资性房地产
持有并准备增值后转让的土地使用权	企业停止自用、准备增值后转让的日期	

（二）投资性房地产的计量

投资性房地产的计量分为成本模式和公允价值模式两种，两种模式的会计核算结果及其经济后果存在一定的差异。成本模式下会计核算结果的可靠性和可控性较高、会计处理比较简单、不同会计期间会计资料的可比性较强，便于监督管理；公允价值模式下取得公允价值的确凿证据相对较为困难，对会计职业判断的要求高，可能存在一定的企业自由裁量权，会计核算结果的可靠性和可控性较低、会计处理较为复杂烦琐、不同会计期间会计资料的可比性较差，对会计监督管理的要求很高。

为此，《企业会计准则第 3 号——投资性房地产》规定，企业通常应当采用成本模式对投资性房地进行后续计量，只有存在确凿证据（投资性房地产所在地有活跃的房地产交易市场、企业能够取得同类或类似房地产的市场价格及其他相关信息，从而对投资性房地产的公允价值做出合理的估计）表明投资性房地产的公允价值能够持续可靠取得，才可以采用公允价值模式进行后续计量。同一企业只能采用一种模式对所有投资性房地产进行后续计量，不得同时采用两种计量模式；同时规定，企业可以从成本模式变更为公允价值模式，应当作为会计政策变更处理，已采用公允价值模式不得转为成本模式。

成本模式计量和固定资产、无形资产的核算相似，公允价值计量与交易性金融资产核算相似，可以对比学习。成本模式和公允价值模式的比较如表 5-20 所示。

表 5-20　投资性房地产计量模式比较

项目	成本模式	公允价值模式
学习参考对象	固定资产、无形资产	交易性金融资产
初始计量	实际成本	实际成本
后续计量	实际成本	公允价值
折旧或摊销	需要	不需要
计提减值准备	需要	不需要

扫描二维码学习微课：投资性房地产的计量模式。

四、投资性房地资产的账户设置

企业应按照成本模式和公允价值模式分别设置"投资性房地产"等会计科目，具体见表 5-21。

投资性房地产的计量模式

表 5-21　投资性房地产的账户设置

项目	成本模式	公允价值模式
初始核算	投资性房地产（实际成本）	投资性房地产——成本（实际成本）
后续核算	投资性房地产累计折旧 投资性房地产累计摊销 投资性房地产减值准备	投资性房地产——公允价值变动（公允价值增减变动） 公允价值变动损益（投资性房地产公允价值变动损益） 其他综合收益（转换日非投资性房地产转换为投资性房地产的公允价值大于账面价值的差额）
处置	其他业务收入（核算租金收入、处置收益） 其他业务成本（处置结转的成本）	

五、投资性房地产的核算

（一）成本计量模式

外购的投资性房地产，指的是购入房屋建筑物或土地使用权的当日用于对外出租，租赁合同开始日和购买发票日是同一天；如果先购入房屋建筑物或土地使用权过段时间再出租，则属于将自用房屋建筑物转换为投资性房地产的业务。相关账务处理如表 5-22 所示。

表 5-22　成本计量模式下投资性房地产的账务处理

业务 1	账务处理
企业外购投资性房地产时	借：投资性房地产（取得时的买价、相关税费及可直接归属于该资产的其他支出）* 　　应交税费——应交增值税（进项税额） 　贷：银行存款
企业自建投资性房地产时	借：投资性房地产 　贷：在建工程　　　　　　　　　　　　　　　　　（非房地产开发企业） 　　　开发成本　　　　　　　　　　　　　　　　　（房地产开发企业）

业务1	账务处理
自用建筑物转换为投资性房地产时	借：投资性房地产 　　累计折旧/累计摊销 　　固定资产减值准备/无形资产减值准备 　贷：固定资产/无形资产 　　　投资性房地产累计折旧/投资性房地产累计摊销 　　　投资性房地产减值准备
房地产开发企业商品房转换为投资性房地产时	借：投资性房地产 　　存货跌价准备 　贷：开发产品
企业取得投资性房地产的租金收入时	借：银行存款 　贷：其他业务收入 　　　应交税费——应交增值税（销项税额）
按期（月）对投资性房地产计提折旧或摊销时	借：其他业务成本 　贷：投资性房地产累计折旧/投资性房地产累计摊销
企业处置投资性房地产时	借：银行存款 　贷：其他业务收入　　　　　　　　　　　　　　　（处置收入） 　　　应交税费——应交增值税（销项税额） 借：其他业务成本　　　　　　　　　（投资性房地产的账面价值） 　　投资性房地产累计折旧/投资性房地产累计摊销 　　投资性房地产减值准备 　贷：投资性房地产

*企业购入的房地产，部分出租（或资本增值）、部分自用的，出租（或资本增值）的部分与自用的部分应按照公允价值比例分别计入"投资性房地产"和"固定资产"或"无形资产"。

扫描二维码学习微课：成本模式计量下投资性房地产的核算。

（二）公允价值模式

公允价值计量模式下投资性房地产的账务处理如表 5-23 所示。

成本模式计量下投资性房地产的核算

表 5-23　公允价值计量模式下投资性房地产的账务处理

业务2	账务处理
企业外购投资性房地产时	借：投资性房地产——成本 　　应交税费——应交增值税（进项税额） 　贷：银行存款
企业自建投资性房地产时	借：投资性房地产——成本 　贷：在建工程　　　　　　　　　　　　　　　（非房地产开发企业） 　　　开发成本　　　　　　　　　　　　　　　（房地产开发企业）
将自用的建筑物转换为投资性房地产时	借：投资性房地产——成本　　　　　　　（转换日的公允价值） 　　公允价值变动损益　　（转换日的公允价值小于账面价值的差额） 　　累计折旧 　　固定资产减值准备/无形资产减值准备　}（账面价值） 　贷：固定资产/无形资产 　　　其他综合收益　　（转换日的公允价值大于账面价值的差额*）

续表

业务 2	账务处理
房地产开发企业商品房转换为投资性房地产时	借：投资性房地产——成本　　　　　　　　　　（转换日的公允价值） 　　公允价值变动损益　　　　　（转换日的公允价值小于账面价值的差额） 　　存货跌价准备　　　　　　　　　}（账面价值） 　　贷：开发产品 　　　　其他综合收益　　　　　（转换日的公允价值大于账面价值的差额）
资产负债表日，投资性房地产的公允价值变动时	公允价值高于其账面余额时： 借：投资性房地产——公允价值变动 　　贷：公允价值变动损益 公允价值低于其账面余额时： 借：公允价值变动损益 　　贷：投资性房地产——公允价值变动
企业取得投资性房地产的租金收入时	借：银行存款 　　贷：其他业务收入 　　　　应交税费——应交增值税（销项税额）
企业处置投资性房地产时	（1）确认收入： 借：银行存款 　　贷：其他业务收入 　　　　应交税费——应交增值税（销项税额） （2）结转成本： 借：其他业务成本 　　贷：投资性房地产——成本 　　　　　　　　　　——公允价值变动（或借） （3）结转 借：其他综合收益 　　贷：其他业务成本 借：公允价值变动损益 　　贷：其他业务成本 或 借：其他业务成本 　　贷：公允价值变动损益

*对借方差额和贷方差额的不同处理，是本着谨慎性原则出发，尽可能不多计收入、不少计费用。公允价值大于原账面价值的差额属于未实现损益，作为"其他综合收益"，在利润表列示，但又不影响企业净利润，这既满足了谨慎性原则要求，又满足了有用性要求。

扫描二维码学习微课：公允价值计量模式下投资性房地产的核算。

【业务范例 5-3】前景股份有限公司为增值税一般纳税人，投资性房地产采用成本模式计量，发生的房地产有关业务如下。

（1）2023 年 1 月，将自行建造完成的一处房屋专门用于经营性出租，房产建设成本为 860 万元，每月计提折旧 2 万元，每半年收取租金 30 万元（不含增值税），增值税税率为 9%。

（2）2023 年 6 月 1 日，为了盘活企业的非流动资产，将长期闲置的某临街房屋对外经营出租，并转作投资性房地产，租期 5 年。转换日，该房屋的原价为 1 500 万元，已计提折旧 960 万元，尚可使用 22 年，预计净残值为 100 万元，按年限平均法计提折旧，按照租赁合同，每年收取租金 100 万元。

1. 公允价值计量模式下投资性房地产的初始计量

2. 公允价值计量模式下投资性房地产的后续计量及处置

（3）2024 年 12 月，将业务（2）中正在出租的房屋出售，取得售价 500 万元并存入银行，增值税税率为 9%。

业务处理如表 5-24 所示。

表 5-24　业务范例 5-3 的核算

业务		账务处理
（1）	2023 年 1 月自建投资性房地产时	借：投资性房地产　　　　　　8 600 000 　　贷：在建工程　　　　　　　　　8 600 000
	取得投资性房地产的租金收入时	借：银行存款　　　　　　　　327 000 　　贷：其他业务收入　　　　　　　300 000 　　　　应交税费——应交增值税（销项税额）　27 000
	按月对投资性房地产计提折旧	借：其他业务成本　　　　　　20 000 　　贷：投资性房地产累计折旧　　　　20 000
（2）	2023 年 6 月自用建筑物转换为投资性房地产时	借：投资性房地产　　　　　　15 000 000 　　累计折旧　　　　　　　　9 600 000 　　贷：固定资产　　　　　　　　　15 000 000 　　　　投资性房地产累计折旧　　9 600 000
	取得投资性房地产的租金收入时	借：银行存款　　　　　　　　1 090 000 　　贷：其他业务收入　　　　　　　1 000 000 　　　　应交税费——应交增值税（销项税额）　90 000
	按月对投资性房地产计提折旧	借：其他业务成本　　　　　　200 000 　　贷：投资性房地产累计折旧　　　200 000
（3）	企业处置投资性房地产时	借：银行存款　　　　　　　　5 450 000 　　贷：其他业务收入　　　　　　　5 000 000 　　　　应交税费——应交增值税（销项税额）　450 000 借：其他业务成本　　　　　　1 800 000 　　投资性房地产累计折旧　　13 200 000 　　贷：投资性房地产　　　　　　　15 000 000

【业务范例 5-4】星海有限责任公司为增值税一般纳税人，投资性房地产采用公允价值模式计量，发生的房地产有关业务如下。

（1）2020 年 6 月，为了盘活企业的非流动资产，将闲置的某写字楼对外经营出租，并转作投资性房地产，租期 3 年。转换日，该写字楼的原价为 1 500 万元，已计提折旧为 960 万元，该写字楼的公允价值为 800 万元。按照租赁合同，每年收取租金 100 万元。2020 年 12 月 31 日，该写字楼的公允价值为 1 000 万元。

（2）2023 年 6 月，待该写字楼租期已满，将该写字楼出售，售价为 1 000 万元。

业务处理如表 5-25 所示。

表 5-25　业务范例 5-4 的核算

业务		账务处理
（1）	2020 年 6 月将自用的建筑物转换为投资性房地产时	借：投资性房地产——成本　　8 000 000 　　累计折旧　　　　　　　　9 600 000 　　贷：固定资产　　　　　　　　　15 000 000 　　　　其他综合收益　　　　　　　2 600 000

续表

业务		账务处理
（1）	2020 年 12 月 31 日投资性房地产的公允价值变动时	借：投资性房地产——公允价值变动　　2 000 000 　　贷：公允价值变动损益　　　　　　　　　　2 000 000
	企业取得投资性房地产的租金收入时	借：银行存款　　　　　　　　　　　　1 090 000 　　贷：其他业务收入　　　　　　　　　　　　1 000 000 　　　　应交税费——应交增值税（销项税额）　90 000
（2）	企业处置投资性房地产时	（1）确认收入： 借：银行存款　　　　　　　　　　　　13 080 000 　　贷：其他业务收入　　　　　　　　　　　　12 000 000 　　　　应交税费——应交增值税（销项税额）　1 080 000 （2）结转成本： 借：其他业务成本　　　　　　　　　　10 000 000 　　贷：投资性房地产——成本　　　　　　　　8 000 000 　　　　　　　　——公允价值变动　　　　　　2 000 000 （3）结转 借：其他综合收益　　　　　　　　　　2 600 000 　　贷：其他业务成本　　　　　　　　　　　　2 600 000 借：公允价值变动损益　　　　　　　　2 000 000 　　贷：其他业务成本　　　　　　　　　　　　2 000 000

任务单

1. 投资性房地产是企业的一种经营活动，其目的是 _____ 和 _____ 。

2. 判断下列是否属于投资性房地产。

（1）房地产开发企业将商品房对外出租。　　　　　　　　　　　　　　　　（　　）

（2）企业将自有办公楼部分楼层对外出租，整幢楼都应作为投资性房地产。（　　）

（3）企业生产经营用的厂房。　　　　　　　　　　　　　　　　　　　　　（　　）

（4）房地产开发企业开发后用于出售的商品房。　　　　　　　　　　　　　（　　）

（5）企业持有并准备增值后转让的写字楼。　　　　　　　　　　　　　　　（　　）

（6）企业打算三个月后出租的土地使用权。　　　　　　　　　　　　　　　（　　）

（7）企业租入再转租的房屋建筑物。　　　　　　　　　　　　　　　　　　（　　）

3. 投资性房地产有两种计量模式：_____ 和 _____ 。准则规定企业只能用一种计量模式核算所有的投资性房地产，允许从 _____ 转变为 _____ ，反之则不可。

4. 成本计量模式下，投资性房地产需要计提折旧或摊销和计提减值准备，投资性房地产的账面价值由 _____ 科目确定；公允价值计量模式下不需计提折旧、摊销和计提减值准备，但在期末需要按照 _____ 计量，其账面价值由 _____ 确定。

5. 采用公允价值模式计量投资性房地产时，如果企业将自用的房屋建筑物用于出租，投资性房地产按照 _____ 入账，自用的房屋建筑物按照 _____ 从账面注销，前者大于后者的差额计入 _____ 科目，前者小于后者的差额计入 _____ 科目。其中影响企业利润的科目是 _____ ，这样做的原因是为了满足 _____ 要求。

6. 处置投资性房地产时，出售收入计入 _____ 科目，投资性房地产按照 _____ 从账面进行注销，其价值转入 _____ 科目。

课后拓展

扫描二维码测试：投资性房地产的核算。

投资性房地产的核算

素质拓展

从解决"卡脖子"问题看会计服务

2018 年 6 月 15 日，财政部发布了《关于修订印发 2018 年度一般企业财务报表格式的通知》，对财务报表的格式和项目进行了修订，利润表的变化主要体现为项目的分拆、简化表述以及顺序调整。其中，利润表中出现了这样的变化：从"管理费用"项目中拆分出"研发费用"单独列报。我们将重点围绕利润表的变化来看看其背后的原因，同时也看看会计在其中发挥的功能与作用。

利润表中"研发费用"项目反映企业研发过程中发生的费用化支出以及计入管理费用的自行研发无形资产的摊销。这包括两部分的内容：一部分是"研发支出——费用化支出"期末转入"管理费用"的金额；另一部分是自行研发无形资产资本化部分摊销入"管理费用"的金额。将"研发费用"从"管理费用"里拆分出来，是为了突出研发费用的重要性，为的是更好地观察企业在研究与开发过程中发生了多少费用。如图 5-1 所示，中国铁建、中国交建 2018 年的研发费用分别占到管理费用和研发费用总额的 40.76% 和 37.94%。

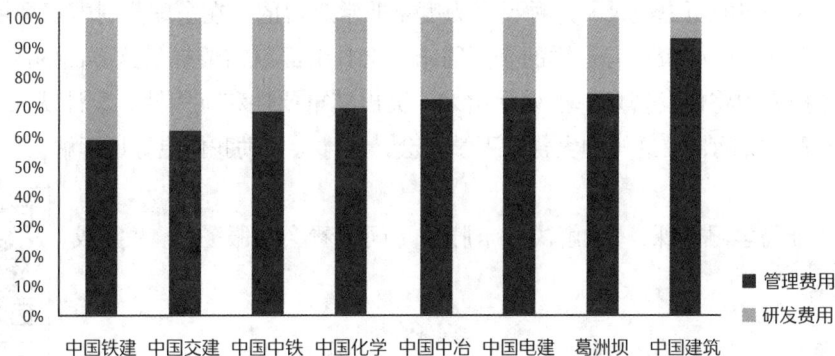

图 5-1　建筑央企 2018 年管理费用与研发费用比例

资料来源：Wind，天风证券研究所

以上市公司上汽集团 2021 年的财务数据为例，具体来看利润表是如何列示以及披露的（见图 5-2）。从利润表中直接可以看到"管理费用"和"研发费用"在 2021 年的数据，从对报表项目的注释中可以找到这样两组数据：一组是本期研发的总投入，一组是开发支出项目数据，我们应该能够看懂这些数据之间的勾稽关系。

本期费用化研发投入/元	19 668 497 536.95
本期资本化研发投入/元	926 746 574.77
研发投入合计/元	20 595 244 111.72
研发投入总额占营业收入比例/%	2.71
研发投入资本化的比重/%	4.50

项目	2021年
管理费用/元	24 103 526 327.66
研发费用/元	19 668 497 536.95

项目	期初余额/元	本期增加额		本期减少额		期末余额/元
		内部开发支出/元	其他/元	确认为无形资产/元	转入当期损益/元	
研发阶段支出			7 045 653 289.04		7 045 653 289.04	
开发阶段支出	2 446 932 558.40		13 549 590 822.68	634 336 913.82	12 622 844 247.91	2 739 342 219.35
合　计	2 446 932 558.40		20 595 244 111.72	634 336 913.82	19 668 497 536.95	2 739 342 219.35

图 5-2　上汽集团利润表研发支出列示

财务报表之所以会发生这样的变化，是因为有这样的需求。2022 年 8 月，习近平总书记在沈阳新松机器人自动化股份有限公司调研时强调，要时不我待推进科技自立自强，只争朝夕突破 "卡脖子" 问题，努力把关键核心技术和装备制造业掌握在我们自己手里。[①] 国家在这些领域大力支持研发创新，鼓励企业增加研发投入。尤其是对高新技术企业有税收减免、财政补贴、优先上市、资源扶持等优惠条件，而认定高新技术企业的标准中特别强调了对研发费用的投入：企业近三年销售收入在 5000 万元以下的，研发费用占比要达 5%；如果是在 5000 万元至 2 亿元的，研发费用占比要达 4%；如果是 2 亿元以上的，研发费用占比要达 3%。

这样的政策致使越来越多的企业开始重视研发投入，在众多的企业中，华为是典型的代表。华为一向重视研发，在研发能力、研发队伍、研发平台方面都积累和沉淀了大量资源，"保证按销售额的 10% 拨付研发经费，有必要且可能时还将加大拨付的比例"。2021 年，华为研发总投入 1427 亿元，占当年收入总额的 22.4%，无论是绝对数，还是相对数，都创下了华为公司的历史纪录，这种投入力度是非常难得的，在全球范围内都是领先的。

所以，有这样的政策，有这样的企业需求，会计势必就需要提供这方面的服务，就有必要在财务报表中将研发费用单独列示出来，突出其重要性和有用性。会计从来不是闭门造车，它来源于实际，在这样的大背景下学习会计，才会帮助我们更好地理解会计的职能。

扫描二维码学习微课："从解决'卡脖子'问题看会计服务"，并完成任务单。

1. 从解决"卡脖子"问题看会计服务
2. 素质拓展任务单

评价反馈

扫描二维码进行学习评价反馈。

评价反馈

①　刘华东 . 时不我待推进自立创新 [N]. 光明日报，2023–07–15（5）.

学习情境 六

筹资岗位核算

1. 掌握企业资金的来源途径, 能从债权人和股东的角度, 理解负债与所有者权益的区别。

2. 了解短期借款和长期借款在用途、性质及账务处理方面的区别。

3. 掌握短期借款和长期借款的核算。

4. 熟悉企业发行债券的核算。

5. 能理解各项所有者权益的管理要求及企业增资扩股及减资的基本制度要求。

6. 熟悉所有者权益的构成内容。

7. 掌握有限责任公司和股份有限公司接受投资的核算。

8. 了解其他权益工具及核算。

9. 熟悉资本公积的核算。

10. 掌握盈余公积及未分配利润的核算。

11. 培养学生敬岗爱业、遵纪守法精神, 深化职业理想和职业道德教育。

学习任务及学时分配表

序号	学习任务	学时安排	备注
1	借款的核算	1 学时	
2	发行债券的核算	2 学时	
3	接受投资的核算	0.5 学时	
4	留存收益的核算	0.5 学时	
5	其他资本公积的核算	0.5 学时	
6	素质拓展: 看《红楼梦》学内部控制	0.5 学时	
	合计	5 学时	

案例导入

　　小李和小王大学毕业后, 准备合伙创立一家咖啡店。经过一番市场考察, 在父母的支持下, 小李和小王各自出资 5 万元, 并向银行贷款 10 万元, 一共筹集到 20 万元后, 他们的咖啡店开张了。由于他们前期做了充足的准备, 加上产品和服务质量都有保证, 他们成为该区域饮品行业的新星, 到第 2 年年底公司净获利 5 万元。

　　他们的同学小张看到咖啡店的业绩不错, 表示对咖啡店也感兴趣, 想要投资入伙, 打算也出资 5 万元, 和小李、小王占有一样的股份, 但没有得到小李、小王的同意。最后经过协商，三人约定小张需投入 8 万元获得咖啡店三分之一的股份。

请问：向银行贷款的 10 万元和小李、小王各自出资的 10 万元性质一样吗？小张最初的要求合理吗，为什么？小李和小王提出的要求过分吗？小张比小李、小王多投资的 3 万元又该如何处理呢？

在接下来的学习任务中，我们将分别解决这些问题。

在初始设立咖啡店时，筹集资金涉及投资人和债权人，小李和小王投入的 10 万元属于自有资金，他们是投资人，是所有者。投资人的权益和债权人的权益是不一样的。那么"权益"是什么？权益就是对企业资产的要求权。债权人要求公司到期还本付息，按照最初的约定使用资金。而投资人投入的钱是没有期限的，没有到期的概念。投资人是公司的所有者，其权益是对公司剩余净资产的要求权，即资产偿还负债后的净资产的要求权。投资者可以按照持有股份的多少来参与公司的经营管理，享有利润分红。

债权人权益和所有者的权益合起来称为"权益"。前者形成负债，后者是净资产或所有者权益。债权人权益优先得到保障，所有者权益是企业资产扣除负债后由所有者享有的剩余权益，包括所有者投入的资本、留存收益和直接计入所有者权益的利得和损失等。公司的所有者权益又称为股东权益。

任务一　借款的核算

学习任务

扫描二维码完成学习任务。

知识准备

学习任务

一、短期借款的核算

短期借款是指企业向银行或其他金融机构等借入的期限在 1 年以下（含 1 年）的各种款项。短期借款一般是企业为了满足正常生产经营所需的资金或者是为了抵偿某项债务而借入的。

💡 提示：

短期借款的债权人包括银行、其他非银行金融机构或其他单位和个人。

企业应设置"短期借款"科目核算短期借款的取得、偿还等情况。该科目的贷方登记取得短期借款本金的金额，借方登记偿还短期借款的本金金额，期末余额在贷方，反映企业尚未偿还的短期借款。本科目可按借款种类、贷款人和币种设置明细科目进行明细核算。

企业借入短期借款应支付利息。在实际工作中，如果短期借款利息按季度支付，或者利息是在借款到期时连同本金一起归还，并且其数额较大的，企业于月末应采用预提方式进行短期借款利息的核算。如果企业的短期借款利息按月支付，或者在借款到期时连同本金一起归还，数额不大的可以不采用预提的方法，而在实际支付或收到银行的计息通知时，直接计入当期损益。相关账务处理如表 6-1 所示。

表 6-1　短期借款及其利息的账务处理

业务 1	账务处理
借入时	借：银行存款 　　贷：短期借款
计提利息时	如果短期借款利息是按期支付的，按季支付利息或者利息是在借款到期时连同本金一起归还，且其数额较大的，企业应于月末采用预提利息的方式核算短期借款利息： 借：财务费用 　　贷：应付利息 如果企业的利息是按月支付的，或者在借款到期时连同本金一起归还，数额不大的可以不采用预提的方法，而在实际支付或收到银行的计息通知时： 借：财务费用 　　贷：银行存款 提示：企业筹建期间的短期借款利息应计入管理费用
支付利息时	借：财务费用　　　　　　　　　　　　　　　　　　　　　　（支付当月利息） 　　应付利息　　　　　　　　　　　　　　　　　　　　（支付前期计提利息） 　　贷：银行存款
归还本金时	借：短期借款 　　贷：银行存款

【业务范例 6-1】前景股份有限公司是增值税一般纳税人，发生下列借款业务。

2023 年 7 月 1 日，企业向银行借入生产经营用短期借款 1 000 000 元，期限为 6 个月，年利率为 4.5%，本金到期后一次归还，利息按月计提、按季度支付。

业务处理如表 6-2 所示。

表 6-2　业务范例 6-1 的核算

业务	账务处理
7 月 1 日借入短期借款	借：银行存款　　　　　　　　　　　　　　1 000 000 　　贷：短期借款　　　　　　　　　　　　　　　　1 000 000
7 月 31 日计提应付利息	本月应计提的利息金额 = 1 000 000 × 4.5% ÷ 12 = 3 750（元） 8 月末计提利息费用的处理与 7 月份相同 借：财务费用　　　　　　　　　　　　　　　3 750 　　贷：应付利息　　　　　　　　　　　　　　　　3 750
9 月 30 日支付利息	借：应付利息　　　　　　　　　　　　　　　7 500 　　财务费用　　　　　　　　　　　　　　　3 750 　　贷：银行存款　　　　　　　　　　　　　　　11 250 10 月、11 月末计提利息费用的处理与 7 月份相同
12 月 31 日归还本息	借：短期借款　　　　　　　　　　　　　　1 000 000 　　应付利息　　　　　　　　　　　　　　　7 500 　　财务费用　　　　　　　　　　　　　　　3 750 　　贷：银行存款　　　　　　　　　　　　　　　1 011 250

二、长期借款的核算

长期借款是指企业向银行或其他金融机构借入的、期限在一年以上（不含一年）的各种借款。它一般用于购建固定资产、改扩建工程、对外投资以及为了保持长期经营能力等方面。企业长期借款的使用关系到企业的生产经营规模和效益，企业除了要遵守有关的贷款规定、编制借款计划并要有不同形式的担保外，还要监督借款的使用、按期支付长期借款的利息以及按规定期限归还借款本金。

企业应设置"长期借款"科目核算长期借款的借入、归还等情况。

该科目按照贷款单位和贷款种类设置明细账，分"本金""利息调整"等进行明细核算。该科目的贷方登记长期借款本息的增加额，借方登记本息的减少额，期末贷方余额反映企业尚未偿还的长期借款（见表6-3）。长期借款利息费用应当在资产负债表日按照实际利率法计算确定，实际利率与合同利率差异较小的，也可以采用合同利率计算确定利息费用。

表6-3　长期借款及其利息的账务处理

业务2	账务处理
取得长期借款	借：银行存款　　　　　　　　　　　　　　　　　　（实际收到的款项） 　　　长期借款——利息调整　　　　　　　　　　　　（差额） 　　贷：长期借款——本金
计提长期借款利息	借：管理费用　　　　　　　　　　　　（筹建期间不符合资本化条件的） 　　或财务费用　　　　　　　　　　（生产经营期间不符合资本化条件的） 　　或在建工程　　　　　　（未达到预定可使用状态前符合资本化条件的） 　　贷：应付利息　　　　　　　　　　　　（分期付息、流动负债） 　　　或长期借款——应计利息　　　　　（到期一次还本付息、非流动负债）
归还长期借款	借：长期借款——本金　　　　　　　　　　　　　　　　（归还的本金） 　　应付利息或长期借款——应计利息 　　贷：银行存款　　　　　　　　　　　　　　　　　　（实际归还的款项）

任务单

1. 短期借款利息如果是按季支付的，或者是在借款到期时连同本金一起支付，且数额较大的，应按月计提计入 _____ 。

2. 制造业企业计提生产经营用短期借款利息应借记的会计科目是 _____ 。

3. 企业为购建固定资产而借入的专门借款所发生的借款费用，在所购建的固定资产达到预定可使用状态前所发生的，应当予以资本化，计入 _____ ；在所购建的固定资产达到预可使用状态以后所发生的，应于发生当期直接计入 _____ 。

4. 2023年4月1日，某企业向银行借入生产经营用短期借款2 000 000元，期限为6个月，年利率为4.5%，本金到期后一次归还，利息按月计提、按季度支付，假定6月30日收到计息通知。请编制正确的账务处理流程。

5. 下列各项中，发生长期借款利息的账务处理可能涉及的会计科目有（　　）。

A. 管理费用　　　　B. 财务费用　　　　C. 长期借款——应计利息　　　　D. 应付利息

课后拓展

扫描二维码测试：借款的核算。

借款的核算

任务二　发行债券的核算

知识准备

企业为筹集资金，在满足一定的条件后，可以发行期限在 1 年以上的债券，构成企业一项非流动负债。企业将在未来某一特定日期按照债券上记载的利率和期限归还本金和利息。根据债券利率和市场利率的关系，债券可以平价发行、溢价发行或者折价发行。

一、发行债券的科目设置

企业应设置"应付债券"科目核算债券的发行、计提利息和还本付息等业务。本科目下可开设"面值""利息调整"和"应计利息"等明细科目。其中"应付债券——面值"反映债券的面值，"应付债券——利息调整"反映发行债券时产生的溢价或折价和交易费用等，"应付债券——应计利息"反映到期还本付息债券的票面应计利息，如果是到期还本、分期付息债券的票面利息，通过"应付利息"科目核算。

二、发行债券的核算

（一）发行债券

企业发行债券时应当按照实际收到的金额，借记银行存款等科目，按照债券的面值计入"应付债券——面值"，实际收到的款项与债券面值的差额计入"应付债券——利息调整"，若债券是溢价或折价发行，产生的溢价或折价、发行费用等都包含在该科目中（见表 6-4）。

表 6-4　发行债券的账务处理

业务 1	账务处理
企业发行债券时	借：银行存款 　　贷：应付债券——面值　　　　　　　　　　　（债券面值） 　　　　　　　　——利息调整　　　（差额，也可能在借方）

（二）期末计提债券利息

债券需要在各个计息期末计算应付的利息，确认当期损益，并在合同约定的特定日期支付。企业发行债券，按照实际利率法计提利息。应支付的利息是按照票面利率计算的票面利息；但如果存在溢折价，发行方实际承担的利息费用将和票面利息不一致。以溢价为例，溢价的实质是发行方为以后各期多支付的票面利息而事先收到的补偿。因此，以后各期实际利息费用应小于票面利息，应在票面利息的基础上扣除溢价在各期的摊销额。

企业实际承担的利息费用一般记入"财务费用"，但如果发行债券用于固定资产的建设，企业实际承担的利息费用记入"在建工程"，如果用于存货的生产，记入"制造费用"，若用于研发无形资产，则记入"研发支出"。

分期付息的债券到了特定支付的日期，借记"应付利息"，贷记"银行存款"；对于一次还本付息的债券，平时只是计提利息，到期时才一次性支付所有的利息（见表6-5）。

表6-5　债券期末计提利息的账务处理

业务2	账务处理
计提利息时	分期付息，到期还本的： 借：在建工程/制造费用/财务费用/研发支出等（债券摊余成本*×实际利率×计息期）① 　　应付债券——利息调整　　　　　　　　　　　　　　　　　（差额，或借方）③ 　　　贷：应付利息　　　　　　　　　　　　　（债券面值×票面利率×计息期）② 到期一次还本付息的： 借：在建工程/制造费用/财务费用/研发支出等（债券摊余成本×实际利率×计息期）① 　　应付债券——利息调整　　　　　　　　　　　　　　　　　（差额，或借方）③ 　　　贷：应付债券——应计利息　　　　　　　（债券面值×票面利率×计息期）②
分期付息	借：应付利息 　　　贷：银行存款 到期一次还本付息的利息到到期日才支付

*债券摊余成本即"应付债券"的账面价值。

❓思考：

如果是折价发行，该如何计息、摊销折价呢？请你写一写会计分录。

（三）到期支付本金及利息

债券到期日，溢折价已经全部摊销完毕，"应付债券——利息调整"没有余额。到期支付本金及最后一期的利息，按照债券面值冲销"应付债券——面值"；对于一次还本付息的债券，应在债券到期时一次性收回本金和利息，借记"应付债券——面值""应付债券——应计利息"，贷记"银行存款"（见表6-6）。

表6-6　债券到期支付本息的账务处理

业务3	账务处理
支付本息	分期付息，到期还本的： 借：应付债券——面值 　　应付利息 　　　贷：银行存款 到期一次还本付息的： 借：应付债券——面值 　　应付债券——应计利息 　　　贷：银行存款

扫描二维码学习微课：发行债券的核算。

【业务范例6-2】2023年1月1日，前景股份有限公司发行债券，收到价款合计300 000元，用于建造固定资产。该债券面值300 000元，期限为3年，票面年利率为4%，每半年计息一次，每年在1月5日和7月5日分两次付息。

业务处理如表6-7所示。

1.平价发行债券
2.溢价发行债券

表 6-7　业务范例 6-2 的核算

业务	账务处理
2023 年 1 月 1 日企业发行债券时	借：银行存款　　　　　　　　 300 000 　　贷：应付债券——面值　　　　　　 300 000
2023 年 6 月 30 日和 12 月 31 日、2024 年 6 月 30 日和 12 月 31 日、2025 年 6 月 30 日和 12 月 31 日计息	每半年应付利息 = 300 000 × 4% ÷ 2 = 6 000（元） 借：在建工程　　　　　　　　 6 000 　　贷：应付利息　　　　　　　　　　 6 000
2023 年 7 月 5 日、2024 年 1 月 5 日和 7 月 5 日、2025 年 1 月 5 日和 7 月 5 日支付利息	借：应付利息　　　　　　　　 6 000 　　贷：银行存款　　　　　　　　　　 6 000
2026 年 1 月 5 日收回本息	借：应付利息　　　　　　　　 6 000 　　应付债券——面值　　　　 300 000 　　贷：银行存款　　　　　　　　　　 306 000

任务单

1. 应付债券的摊余成本即账面价值，由以下科目决定：_____ 。

2. 填写企业折价发行债券相关的会计分录（写上明细）。

业务	账务处理
企业折价发行债券时	
持有期间计提利息时	

3. 溢价发行债券时，发行方确认的实际利息 _____（请填大于、小于或等于）支付的票面利息，实际利息是票面利息 _____ 溢价的摊销额；折价发行债券时，发行方确认的实际利息 _____ 收到的票面利息，实际利息是票面利息 _____ 折价的摊销额。

4. 企业分期付息、到期还本和到期还本付息两种利息支付方式下，反映应付利息的科目有什么不同（流动负债栏目注明属于流动负债还是非流动负债）。

业务	企业科目	流动负债
分期付息、到期还本		
到期还本付息		

课后拓展

扫描二维码测试：应付债券的核算。

应付债券的核算

任务三 \ 接受投资的核算

学习任务

扫描二维码完成学习任务。

学习任务

知识准备

所有者权益是企业资产扣除负债后由所有者享有的剩余权益，也称为净资产，公司的所有者权益又称为股东权益。其来源包括所有者投入的资本、直接计入所有者权益的利得和损失、留存收益等。

所有者投入的资本按投资主体具体分为国家投入资本、法人投入资本和个人投入资本。涉及的科目主要包括实收资本（有限责任公司）或股本（股份有限公司）以及资本公积——资本溢价（有限责任公司）或资本公积——股本溢价（股份有限公司）等。

关于出资形式，《中华人民共和国公司法》（以下简称《公司法》）第四十八条规定："股东可以用货币出资，也可以用实物、知识产权、土地使用权等可以用货币估价并可以依法转让的非货币财产作价出资。"也就是说，出资的形式可以是货币性资产，也可以是存货、固定资产、无形资产等资产。但是，法律、行政法规规定不得作为出资的财产除外。股东应当按期足额缴纳公司章程中约定的出资额，以货币出资的，应足额存入公司在银行开设的账户中；以非货币资产出资的，应依法办理财产权的转移手续。如果有股东未能按期足额缴纳出资额，除应足额缴纳外，还应向其他按期足额缴纳出资额的股东承担违约责任。

直接计入所有者权益的利得和损失是指不计入当期损益、会导致所有者权益增减变动但与所有者投入资本或向所有者分配利润无关的利得或损失，主要包括其他综合收益和资本公积——其他资本公积等内容。留存收益将在任务四中进行学习。

一、相关科目

实收资本是指按照企业章程或合同、协议的约定，企业接受投资者投入企业的资本。所有者向企业投入的资本，在一般情况下无须偿还，可以长期周转使用。对股份有限公司而言，称为股本，在金额上等于股份面值与数量的乘积。实收资本的构成比例即投资者的出资比例或股东的持股比例，也是企业据以进行利润分配或股利分配的主要依据。实收资本与股本的对比如表 6-8 所示。

表6-8 实收资本和股本对比

项目	实收资本	股本
借方	登记实收资本的减少数额	已批准核销的股票面值
贷方	登记实收资本的增加数额	已发行股票的面值
期末余额	贷方，反映企业期末实有资本额	贷方，反映发行在外的股票面值
适用范围	除股份有限公司外	股份有限公司
明细科目	按照投资者开设	按照股票类别开设

在企业创立时，投资者认缴的出资额往往与注册资本一致。但在企业重组或有新的投资者加入时，新加入的投资者的出资额，并不一定全部作为实收资本处理。这是因为企业创立时的资金投入和企业已走向经营正轨时期的资金投入，承担的风险是不同的，其盈利能力也是不同的；而且在接纳新投资者后，新投资者与原投资者有相同的权益参与企业原有留存收益的分配，所以为了维护原投资者的权益，一般新投资人的出资额大于实收资本。

企业收到投资者出资额超出其在注册资本（或股本）中所占份额的部分，计入资本公积——资本溢价（或股本溢价）。

资本溢价是非股份有限公司接受投资者投入资产的金额超过投资者在企业注册资本中所占份额的部分，通过"资本公积——资本溢价"科目核算。

股份有限公司在溢价发行股票的情况下，企业发行股票取得的收入，等于股票面值的部分作为股本处理，超出股票面值的溢价收入应作为股本溢价处理。

课堂讨论：
实收资本与注册资本的区别和联系有哪些？

与实收资本（或股本）不同的是，资本公积不直接反映企业所有者在企业的基本产权关系，不作为企业持续经营期间进行利润或股利分配的依据。

二、接受投资的核算

（一）接受现金资产投资

投资者以现金投入的资本，应当以实际收到或者存入企业开户银行的金额作为实收资本入账。实际收到的金额超过其在该企业注册资本中所占份额的部分，作为资本溢价，计入资本公积。股份有限公司发行股票，可能按面值，也可能溢价发行，不允许折价发行。溢价发行时，发行费用从溢价收入中扣除，冲减资本公积——股本溢价；资本公积——股本溢价不足冲减的，依次冲减盈余公积和未分配利润。按面值发行无溢价的，发行费用的处理也是如此。相关账务处理如表6-9所示。

表6-9 接受现金资产投资的账务处理

业务 1		账务处理
股份有限公司	接受现金资产投资	借：银行存款等 　贷：股本　　　　　（按每股股票面值和发行股份总数的乘积计算的金额） 　　　资本公积——股本溢价　（实际收到的金额与股本之间的差额）
	发行股票的发行费用	借：资本公积——股本溢价　　① 　　　盈余公积　　　　　　　② 　　　利润分配——未分配利润　③ 　贷：银行存款
有限责任公司接受现金资产投资		借：银行存款等 　贷：实收资本　　（按投资合同或协议约定的投资者在注册资本中所占份额） 　　　资本公积——资本溢价　（实际收到的金额与实收资本之间的差额）

（二）接受非现金资产投资

企业接受投资者投入的非现金资产时，应按投资合同或协议约定价值确定非现金资产的价值（但投资合同或协议约定价值不公允的除外），按投资合同或协议约定的投资人注册资本中应享有的份额，作为实收资本入账。若确认的非现金资产价值超过其注册资本中应享有份额的部分，作为资本溢价，计入资本公积。相关账务处理如表 6-10 所示。

表 6-10　接受非现金资产投资的账务处理

业务2	账务处理
接受非现金资产投资	借：固定资产、原材料、无形资产等　　　　　　　（投资合同或协议约定的价值，不公允的除外） 　　　应交税费——应交增值税（进项税额） 　　贷：实收资本（或股本）　　（投资合同或协议约定的投资者在企业注册资本或股本中所占份额） 　　　　资本公积——资本溢价（或股本溢价）　　　　　　　　　　　　　　　　　　　　（差额）

💡 提示：

被投资企业接受投入的存货、固定资产、无形资产的进项税额可以抵扣；投资企业的存货、固定资产、无形资产按正常出售核算，计算增值税销项税额。

课堂讨论：
如果被投资方在接受非现金资产投资时取得的是普通发票，增值税该如何处理？

（三）实收资本（或股本）的增减变动

企业实收资本相对比较稳定，但在某些特殊情况下，实收资本也有可能发生增减变化。增加或减少注册资本的原因不同，其会计处理也有所区别。

一般情况下，股本不得随意变动，如果股份公司符合增资条件，应由股东大会或董事会做出决议，在修改公司章程和经有关部门批准、依法办理增资手续后，可以增加股本。

1. 实收资本（或股本）的增加

企业增加资本的途径主要有三种：接受投资者追加投资、资本公积转增资本、盈余公积转增资本等。相关账务处理如表 6-11 所示。

表 6-11　增加实收资本（或股本）的账务处理

业务3	账务处理
接受投资者追加投资	借：银行存款等 　　贷：实收资本（或股本） 　　　　资本公积——资本溢价（或股本溢价）
资本公积转增资本	借：资本公积——资本溢价（或股本溢价） 　　贷：实收资本（或股本）
盈余公积转增资本	借：盈余公积 　　贷：实收资本（或股本）

2. 实收资本（或股本）的减少

企业资本减少的原因主要有三种：企业经营状况发生变化，需要缩减经营规模；企业资本过剩；企业发生重大亏损。企业减少注册资本必须按照法定程序报经批准，办理资本变更手续。

股份有限公司是通过收购本公司发行在外的股票来减资的，应开设“库存股”核算回购的股份金额。具体账务处理过程如表 6-12 所示。

表 6-12 减少实收资本（或股本）的账务处理

业务 4	账务处理
有限责任公司按法定程序报经批准减少注册资本	借：实收资本 　　贷：银行存款
股份有限公司回购并注销股票时	回购股票时： 借：库存股 　　贷：银行存款 注销时： （1）如果回购价款大于股票面值，差额冲减资本公积——股本溢价，不足冲减的，依次冲减盈余公积和利润分配——未分配利润 借：股本　（每股面值 × 注销股数） 　　资本公积——股本溢价　① 　　盈余公积　② 　　利润分配——未分配利润　③ 　　贷：库存股　（每股回购价格 × 注销股数） （2）如果回购价款小于股票面值，差额计入资本公积——股本溢价 借：股本 　　贷：库存股 　　　　资本公积——股本溢价　（差额）

提示：

“库存股”科目属于所有者权益备抵科目，借方表示增加，贷方表示减少，回购股票时，所有者权益减少，资产减少；注销股票时分录借贷方均为所有者权益科目，属于所有者权益内部增减变动，并不影响所有者权益总额。

1. 接受投资
2. 股本减少

扫描二维码学习微课：接受投资和股本减少。

（四）发行优先股、永续债

其他权益工具是企业发行的除普通股以外的按照准则规定归类为权益工具的各种金融工具，如优先股、永续债等（见表 6-13）。

表 6-13 优先股、永续债的含义和特点

项目	含义	特点
优先股	依照《公司法》，在一般规定的普通种类股份之外，另行规定的其他种类股份，其股份持有人优先于普通股股东分配公司利润和剩余财产，但参与公司决策管理等权利受到限制。 优先股每股票面金额为 100 元，普通股每股面值 1 元	（1）优先股的股东对公司资产、利润分配等享有优先权，其风险较小 （2）对公司的经营没有参与权，优先股股东不能退股，只能通过优先股的赎回条款被公司赎回
永续债	没有到期日的债券，一般由主权国家、大型企业发行，持有人不能要求清偿本金，但可以按期取得利息	高票息、长久期、附加赎回条款并伴随利率调整条款

对于发行的除普通股以外的归类为权益工具的各种金融工具，应设置所有者权益类"其他权益工具"科目核算，并按发行其他权益工具的种类设置"优先股""永续债"明细科目进行明细核算（见表6-14）。

表6-14　优先股、永续债的账务处理

业务5	账务处理
发行时	借：银行存款等　　　　　　　　　　　　　（发行价 − 手续费、佣金等） 　　贷：其他权益工具——优先股/永续债
在存续期间分派股利等	借：利润分配——应付优先股股利、应付永续债股利 　　贷：应付股利——优先股股利、永续债股利
赎回并注销	赎回： 借：库存股——其他权益工具 　　贷：银行存款 注销： 借：其他权益工具 　　贷：库存股——其他权益工具

【业务范例6-3】前景股份有限公司是增值税一般纳税人，发生下列资本业务。

（1）假设公司由甲、乙、丙于2023年1月1日共同投资设立，注册资本为2 000 000元，甲、乙、丙持股比例分别为60%、30%和10%。按照章程规定，甲、乙、丙投入资本分别为1 200 000元、600 000元和200 000元。公司已如期收到各投资者一次缴足的款项。

（2）1月10日收到丁公司作为资本投入的不需要安装的机器设备1台，合同约定该机器设备的价值为2 000 000元，增值税进项税额为260 000元。经约定，丁公司的投入资本2 260 000元全部作为实收资本。合同约定的固定资产价值与公允价值相符，不考虑其他因素。

（3）因扩大经营规模需要，经批准，10月20日公司按原出资比例将资本公积1 000 000元转增资本。

（4）假设公司为上市公司，12月31日的股本为100 000 000元（面值为1元），资本公积（股本溢价）为30 000 000元，盈余公积为40 000 000元。经股东大会批准，公司以现金回购方式回购本公司股票20 000 000股并注销。假定公司按每股3元回购股票，不考虑其他因素。

（5）假设公司由两位投资者投资200 000元设立，每人各出资100 000元。两年后，为扩大经营规模，经批准公司注册资本增加到300 000元，并引入第三位投资者加入。按照投资协议，新投资者需缴入现金120 000元，同时享有该公司1/3的股份，已收到该现金投资。

业务处理如表6-15所示。

表6-15　业务范例6-3的核算

业务	账务处理	
（1）1月1日接受现金投资	借：银行存款 　贷：实收资本——甲 　　　　——乙 　　　　——丙	2 000 000 1 200 000 600 000 200 000
（2）1月10日接受固定资产投资	借：固定资产 　应交税费——应交增值税（进项税额） 　贷：实收资本——丁公司	2 000 000 260 000 2 260 000
（3）10月20日资本公积转增资本	借：资本公积 　贷：实收资本——甲 　　　　——乙 　　　　——丙	1 000 000 600 000 300 000 100 000
（4）12月31日回购股票	库存股成本＝20 000 000×3＝60 000 000（元） 回购本公司股份时： 借：库存股 　贷：银行存款 注销本公司股份时： 借：股本 　资本公积——股本溢价 　盈余公积 　贷：库存股	60 000 000 60 000 000 20 000 000 30 000 000 10 000 000 60 000 000
（5）两年后，接受第三位投资者投资	借：银行存款 　贷：实收资本 　　资本公积——资本溢价	120 000 100 000 20 000

任务单

1. 一般企业在接受投资时，应按 _____ 计入"实收资本"，超出部分计入 _____ 。

2. 溢价发行股票，发行费用从溢价收入中扣除，冲减 _____ ；溢价金额不足冲减的，或者属于按面值发行无溢价的，依次冲减 _____ 。

3. 某上市公司折价回购并注销本公司股票，其支付的价款低于股票面值总额的差额应计入的会计科目是 _____ （注明明细科目）。

4. "库存股"属于 _____ 性质的科目，列示于报表中。

5. "其他权益工具"属于 _____ 性质的科目，包括 _____ 和 _____ 。

6. 甲企业与乙企业均为增值税一般纳税人。2023年初，甲企业接受乙企业投入设备一台，该设备账面价值为340万元，投资协议约定的不含税价值为400万元，与公允价值相符。乙企业支付了增值税税额52万元，并提供了增值税专用发票，乙企业的投资全部用于增加注册资本，不考虑其他因素，甲企业接受投资应计入实收资本的金额为 _____ 万元。

7. 下列各项中，导致企业实收资本增加的有（　　）。

A. 接受投资者追加投资　　　　　　　　B. 资本公积转增资本

C. 盈余公积转增资本　　　　　　　　　D. 接受固定资产捐赠

8. 某股份有限公司发行普通股股票 100 万股，每股面值 1 元，每股发行价 5 元，发生相关的手续费 10 万元。不考虑其他因素，该公司发行普通股导致"资本公积"科目贷方增加的金额为 _____ 万元。

9. 2023 年 4 月 1 日，甲公司接受投资者投入一台需要安装的设备，该设备市场售价为 200 万元，与公允价值相符，增值税税额为 26 万元（由投资方支付税款，并提供增值税专用发票）；发生本公司安装人员工资 4 万元。2023 年 4 月 10 日设备达到预定可使用状态。按合同约定，该投资计入实收资本的金额为 180 万元。不考虑其他因素，该项投资导致资本公积增加的金额为 _____ 万元。

10. 2023 年 8 月 1 日，某公司资产负债表所有者权益部分项目期初余额如下：股本 10 000 万元，资本公积（股本溢价）1 500 万元，盈余公积 4 000 万元，未分配利润 400 万元。同日，该公司经批准回购并注销库存股 1 000 万股，该库存股的账面余额 3 000 万元、股本面值总额 1 000 万元。不考虑其他因素，编制正确的账务处理流程。

课后拓展

扫描二维码测试：接受投资的核算。

接受投资的核算

任务四　留存收益的核算

知识准备

留存收益是企业从历年实现的利润中提取或形成的留存于企业的内部积累，包括盈余公积和利润分配。如果说借款、发行债券、接受投资都是来自企业外部的筹资方式，那么留存收益是来自企业内部的积累。

一、盈余公积

（一）盈余公积的管理

盈余公积是企业按照有关规定从当年实现的净利润中提取的积累资金，公司制企业的盈余公积包括法定盈余公积和任意盈余公积。法定盈余公积是企业按照规定的比例从净利润中提取的，任意盈余公积是企业按照股东大会或股东大会决议提取的。非公司制企业经类似权力机构批准，也可以提取任意盈余公积。

提取的盈余公积经批准后可以用于弥补亏损、转增资本、发放现金股利或利润等。

根据《公司法》的规定，公司制企业应按照弥补以前年度亏损后的净利润的 10% 提取法定盈余公积，非公司制企业法定盈余公积的提取比例可以超过净利润的 10%，当法定盈余公积累计额达到公司注册资本的 50% 时可以不再提取。法定盈余公积转增资本时，留存的法定盈余公积不得少于转增前公司注册资本的 25%。

💡 **重要提示：**

提取法定盈余公积时，基数不包括年初未分配利润，仅限于当年实现的净利润；如果以前年度有未弥补的亏损，应先弥补亏损再提取盈余公积。

（二）盈余公积的核算

为反映和监督盈余公积的形成与使用，企业应设置"盈余公积"科目，下面开设"法定盈余公积"和"任意盈余公积"两个明细科目。该科目借方登记盈余公积的使用和减少，包括用盈余公积弥补亏损、转增资本；贷方反映按规定提取的金额，期末贷方余额反映企业的盈余公积。相关账务处理如表 6-16 所示。

表6-16　盈余公积的账务处理

业务 1	账务处理
提取盈余公积	借：利润分配——提取法定盈余公积 　　　　　　——提取任意盈余公积 　贷：盈余公积——法定盈余公积 　　　　　　——任意盈余公积
盈余公积补亏	借：盈余公积 　贷：利润分配——盈余公积补亏
转增资本	借：盈余公积 　贷：股本/实收资本
用盈余公积发放现金股利	借：盈余公积 　贷：应付股利

二、未分配利润

（一）未分配利润的管理

未分配利润是企业实现的净利润经过弥补亏损、提取盈余公积、向投资者分配利润后留存在企业的、历年结存的利润。相对于所有者权益的其他项目，企业对未分配利润的使用有较大的自主权。利润分配行为是企业根据国家有关规定和企业章程、投资者协议等，对企业的可供分配利润进行的分配，一般按照提取法定盈余公积、提取任意盈余公积、向投资者分配利润的顺序进行分配。

企业当期实现的净利润弥补以前年度亏损后，加上年初未分配利润（减去年初未弥补亏损）和其他转入后的余额，为可供分配的利润。

可供分配利润＝当年实现的净利润（或净亏损）＋年初未分配利润（或减年初未弥补亏损）＋其他转入（盈余公积补亏转入）

企业可供分配的利润减去提取法定盈余公积后的余额，为可供投资者分配的利润。

可供投资者分配的利润＝可供分配利润－提取的法定盈余公积

可供投资者分配的利润减去提取任意盈余公积、向投资者分利和转增资本后的余额为未分配利润。未分配利润可留待以后年度进行分配。

年末未分配利润＝可供投资者分配的利润－提取的任意盈余公积－分配的股利等

（二）未分配利润的核算

企业应设置"利润分配——未分配利润"科目来反映企业利润分配或亏损弥补和历年分配或亏损弥补后的未分配利润或未弥补亏损。余额在借方表示未弥补亏损，余额在贷方表示未分配利润。

除了"利润分配——未分配利润"科目，企业还在"利润分配"下面开设"提取法定盈余公积""提取任意盈余公积""应付现金股利或利润""盈余公积补亏"等明细科目。相关账务处理如表6-17所示。

表6-17　未分配利润的账务处理

业务2	账务处理
结转利润	借：本年利润 　　贷：利润分配——未分配利润 如果是亏损，分录相反
提取盈余公积	借：利润分配——提取法定盈余公积 　　　　　　——提取任意盈余公积 　　贷：盈余公积——法定盈余公积 　　　　　　——任意盈余公积
向投资者分配股利	借：利润分配——应付现金股利或利润 　　贷：应付股利
将除"未分配利润"以外的"利润分配"账户所属其他明细账户余额转入"未分配利润"明细账户	借：利润分配——未分配利润 　　贷：利润分配——提取法定盈余公积 　　　　　　——提取任意盈余公积 　　　　　　——应付现金股利或利润 借：利润分配——盈余公积补亏 　　贷：利润分配——未分配利润

💡 提示：

结转完毕后，"利润分配"科目下除"未分配利润"科目外，其他明细科目都不再有余额。

企业用当年利润弥补以前年度亏损，不需要单独进行账务处理。

【业务范例6-4】前景股份有限公司是增值税一般纳税人，发生下列业务。

（1）2022年公司亏损200万元，年初未分配利润为0元。经股东大会批准，用以前年度提取的盈余公积弥补亏损，以前年度盈余公积累计为500万元。

（2）2023年公司净利润为2 000万元，经股东大会批准，公司按当年净利润的10%提取法定盈余公积，按5%提取任意盈余公积。

因扩大经营规模，经股东大会批准，公司将盈余公积30万元转增股本。

（3）2024年3月10日，公司股东大会批准了2023年的利润分配方案，按每股0.1元宣告发放现金股利，公司一共需要派发1 000万元的现金股利，其中动用可供投资者分配的利润800万元，盈余公积200万元。

业务处理如表6-18所示。

表6-18　业务范例6-4的核算

	业务	账务处理
（1）	2022年末	借：利润分配——未分配利润　2 000 000 　　贷：本年利润　2 000 000 借：盈余公积　2 000 000 　　贷：利润分配——盈余公积补亏　2 000 000
	将除"未分配利润"以外的"利润分配"账户所属其他明细账户余额转入"未分配利润"明细账户	借：利润分配——盈余公积补亏　2 000 000 　　贷：利润分配——未分配利润　2 000 000
（2）	2023年末	借：本年利润　20 000 000 　　贷：利润分配——未分配利润　20 000 000 借：利润分配——提取法定盈余公积　2 000 000 　　　　　　——提取任意盈余公积　1 000 000 　　贷：盈余公积——法定盈余公积　2 000 000 　　　　　　——任意盈余公积　1 000 000
	盈余公积转增股本	借：盈余公积　300 000 　　贷：股本　300 000
（3）	2024年3月10日宣告分派现金股利	借：利润分配——应付现金股利或利润　8 000 000 　　盈余公积　2 000 000 　　贷：应付股利　10 000 000
	将除"未分配利润"以外的"利润分配"账户所属其他明细账户余额转入"未分配利润"明细账户	借：利润分配——未分配利润　11 000 000 　　贷：利润分配——提取法定盈余公积　2 000 000 　　　　　　——提取任意盈余公积　1 000 000 　　　　　　——应付现金股利或利润　8 000 000

任务单

1. 留存收益包括 ＿＿＿＿＿＿＿＿＿＿＿＿＿＿＿＿＿＿＿ 和 ＿＿＿＿＿＿＿＿＿＿＿＿＿＿＿＿＿＿＿。

2. 盈余公积的用途有 ＿＿＿＿＿＿＿＿ 、＿＿＿＿＿＿＿＿ 、＿＿＿＿＿＿＿＿。

3. 公司提取法定盈余公积，累计额达到公司 ＿＿＿＿＿＿＿＿ 的50%时可以不再提取。

4. 法定盈余公积转增资本时，留存的法定盈余公积不得少于 ＿＿＿＿＿＿＿＿ 的25%。

5. 会影响所有者权益总额发生变化的有（　　　）。

A.盈余公积补亏　　　　　　　　　　B.盈余公积发放现金股利

C.盈余公积转增资本　　　　　　　　D.提取盈余公积

6. 法定盈余公积提取的基数是 ＿＿＿＿＿＿＿＿。

7. 对企业的可供分配利润进行分配，一般按照 ＿＿＿＿＿＿＿＿＿＿ 、＿＿＿＿＿＿＿＿ 和 ＿＿＿＿＿＿＿＿＿＿ 的顺序进行分配。

课后拓展

扫描二维码测试：留存收益的核算。

留存收益的核算

任务五 ＼ 其他资本公积的核算

知识准备

资本公积也属于所有者权益的一部分，和实收资本（股本）一起构成企业的投入资本，包括资本溢价（或股本溢价）和其他资本公积。其他资本公积是指除资本溢价（或股本溢价）、净损益、其他综合收益和利润分配以外所有者权益的其他变动。

一、采用权益法核算的长期股权投资

企业的长期股权投资采用权益法核算的，因被投资单位除净损益、其他综合收益和利润分配以外的所有者权益的其他变动，投资企业按应享有或应分担被投资单位所有者权益的增减数额，调整"长期股权投资"的账面价值和"资本公积——其他资本公积"，具体见投资核算。相关账务处理如表 6-19 所示。

表 6-19 权益法下长期股权投资的账务处理

业务 1	账务处理
被投资单位除净损益、其他综合收益和利润分配以外的所有者权益的其他变动	借：长期股权投资——其他权益变动 　　贷：资本公积——其他资本公积 （或相反分录）
处置长期股权投资时（假设全部处置）	借：资本公积——其他资本公积 　　贷：投资收益 （或相反分录）

二、以权益结算的股份支付

以权益结算的股份支付换取职工或其他方提供服务的，应在等待期内按照确定的金额，记入"管理费用"科目，同时增加"资本公积——其他资本公积"（见表 6-20）。该内容不是投资产生的溢价，所以不能计入股本溢价或者资本溢价，只能通过其他资本公积核算。

表 6-20 股份支付以权益结算的账务处理

业务 2	账务处理
在等待期内的每个资产负债表日	借：管理费用 　　贷：资本公积——其他资本公积
行权日	借：银行存款　　　　　　　　　　　　　　　　　　（实际收到的款项） 　　资本公积——其他资本公积　　（按实际行权的权益数量计算的金额） 　　贷：实收资本（或股本） 　　　　资本公积——资本溢价（或股本溢价）　　　　　（倒挤差额）

【业务范例 6-5】前景股份有限公司是增值税一般纳税人，发生下列其他资本公积业务。

（1）公司于 2023 年 1 月 1 日向 A 公司投资 5 000 000 元，拥有该公司 20% 的股份，并对该公司有重大影响，对 A 公司长期股权投资采用权益法核算。2023 年 12 月 31 日，A 公司除净损益、其他综合收益和利润分配之外的所有者权益增加了 1 000 000 元。假定除此以外，A 公司的所有者权益没有变化，前景股份有限公司的持股比例没有变化，A 公司资

产的账面价值与公允价值一致，不考虑其他因素。

（2）假设前景股份有限公司为一家上市公司。2020年1月1日，公司向其管理人员授予股票期权，并要求该部分管理人员自2010年1月1日起在公司连续服务三年。但每年均有管理人员离职。因此公司在2020年至2022年的每年末，根据管理人员离职情况，以对可行权权益工具数量的最佳估计为基础，确认了股票期权的公允价值分别为95 000元、120 000元和80 000元。2023年12月31日，未离职的管理人员均行权购买股票，公司对此收到银行存款78 000元，并确认股本16 000元。

业务处理如表6-21所示。

表6-21　业务范例6-5的核算

业务	账务处理
（1）12月31日对A公司投资增加的资本公积	对A公司投资增加的资本公积 = 1 000 000 × 20% = 200 000（元） 借：长期股权投资——A公司（其他权益变动）　　200 000 　　贷：资本公积——其他资本公积　　　　　　　　　　200 000
（2）公司向管理人员授予股票期权	2020年12月31日： 借：管理费用　　　　　　　　　　　　　　　　95 000 　　贷：资本公积——其他资本公积　　　　　　　　　　95 000 2021年12月31日： 借：管理费用　　　　　　　　　　　　　　　　120 000 　　贷：资本公积——其他资本公积　　　　　　　　　　120 000 2022年12月31日： 借：管理费用　　　　　　　　　　　　　　　　80 000 　　贷：资本公积——其他资本公积　　　　　　　　　　80 000 2023年12月31日： 资本公积——其他资本公积 = 95 000 + 120 000 + 80 000 = 295 000（元） 资本公积——股本溢价 = 78 000 + 295 000 − 16 000 = 357 000（元） 借：银行存款　　　　　　　　　　　　　　　　78 000 　　资本公积——其他资本公积　　　　　　　　　295 000 　　贷：股本　　　　　　　　　　　　　　　　　　　16 000 　　　　资本公积——股本溢价　　　　　　　　　　　357 000

任务单

1. 资本公积包括 _____ 和 _____ 。

2. 权益法核算长期股权投资时，当被投资方的所有者权益因除净损益、其他综合收益和利润分配以外的原因发生变动，投资方应相应调整长期股权投资和 _____ 。

3. 以权益结算的股份支付换取职工提供服务的，应借记 _____ ，贷记 _____ _____ 。行权时，应将所收到的款项和冲减的资本公积——其他资本公积与股本（实收资本）的差额，记入 _____ 。

课后拓展

扫描二维码测试：其他资本公积的核算。

其他资本公积的核算

素质拓展

看《红楼梦》学内部控制

内部控制，是由企业董事会、监事会、经理层和全体员工实施的、旨在实现控制目标的过程。具体地说，就是实施主体通过内部环境、风险评估、控制活动、信息沟通和内部监督五项基本要素建立有效的内部控制，实现企业经营管理合法合规、资产安全完整、信息真实完整、提高经营效率和实现发展战略等五个目标。这部分内容由于概念较多，同学们学习时总会觉得枯燥、抽象，难以联系实际，从而难以理解，更难产生兴趣。我们将借助古典名著《红楼梦》中的情节来帮助大家建立内部控制的认知。

宁荣二府家大业大，上下人口众多，事务繁杂，经营起来并不比一家大型公司更容易。在红楼梦第十三回结尾处讲到宁国府的秦可卿病死，由王熙凤接手料理秦可卿的丧事。她做的第一件事便是梳理宁国府的现状。她一共列出了五个问题，分别是：人口混杂，遗失东西；事无专管，临期推诿；需用过费，滥支冒领；任无大小，苦乐不均；家人豪纵，有脸者不能服钤束（管制），无脸者不能上进。如果把宁国府看作一个大公司的话，王熙凤在上任前，就已经在考察这个公司的内部环境了。接下来，通过文后二维码中的视频，我们来看看王熙凤上任后是如何处理这些问题的。

王熙凤深知账册记录的重要性，上任之初，她便命彩明"钉造册簿"，并要来家仆花名册查看，以弄清家底。之后在发放实物时，她也是"一面交发，一面提笔登记"。根据账簿的记录，王熙凤还能事先洞悉各房有什么该领的东西还未领，从而起到督促的作用。

除了是个好"账房先生"，王熙凤还深谙内部控制之道。

宁国府的大小事务是否可以办，东西是否可以采买，都要事先经过她的批准，这是内部控制中的授权；执行、记录和保管这些不相容职务由不同的人担任，这是企业内控中的职责分离。东西购置回来后也要经过她的检查，核对无误后方可走流程，这是内部控制中的审核与监督。借助这些手段，王熙凤把实物保全的责任落实到各房各个管事的仆人身上，分工明确，责任也明确。

我们发现，在协理宁国府的过程中，王熙凤在掌权的过程中进行了充分的内部控制：她针对宁国府的内部环境，事先理出五大问题，进行风险评估，并针对性地做了以下这些事：（1）钉造册簿；（2）清点人口；（3）安排任务；（4）明确责任；（5）规范标准；（6）制定惩罚；（7）认真稽查。

通过权责分工控制、授权控制、审核批准控制和财产保护控制等一系列控制活动，王熙凤每天早上通过点卯来进行信息收集与沟通，对于购置的东西进行核对监督，不仅保证了资产安全完整，还提高了经营的效率。不得不说，王熙凤真是一个内部控制的专家啊。

因此，当贾府中的众人还在极力挥霍家财不知居安思危的时候，掌管府中财政大权的王熙凤却早早地发现了整个家族的财务"无底洞"。

从王熙凤身上，我们能学到哪些会计人员该有的道德品质和职业素养呢？

首先，是爱岗敬业。王熙凤在正式上任前，就已经在考察宁国府的内部环境，思考有哪些问题需要解决了，这足以看出王熙凤对待工作一丝不苟的态度和强烈的责任意识。

其次，是遵纪守法。王熙凤深知规章制度的重要性，自己带头遵守，以身作则，每天早起点卯，从不迟到，对于违反规定的人，也绝不姑息。

最后，客观公正，坚持准则。王熙凤能够基于客观事实，根据已有的制度实施监督，赏罚分明。

扫描二维码学习微课："看《红楼梦》学内部控制"，并完成任务单。

1. 看《红楼梦》学
内部控制
2 素质拓展任务单

评价反馈

扫描二维码进行学习评价反馈。

评价反馈

学习情境 七

薪酬会计核算

1. 了解职工薪酬的范畴，掌握职工薪酬的内容；

2. 能按照会计准则的要求完成货币性职工薪酬的核算；

3. 了解非货币性职工薪酬的核算；

4. 引导学生重视诚信，廉洁自律，客观公正，坚持准则，提高技能，养成良好的职业道德。

学习任务及学时分配表

序号	学习任务	学时安排	备注
1	货币性职工薪酬核算	3.5 学时	
2	非货币性职工薪酬及其他核算	1 学时	
3	素质拓展：看《红楼梦》学业财融合	0.5 学时	
	合计	5 学时	

案例导入

赵前景，今年30岁，在某互联网公司做了多年的开发主管。赵先生月薪有3万多元，扣除个人所得税、个人应交社保、住房公积金等后实发薪金为2万多元。公司为了奖励高级管理人员，将公司房屋免费供高级管理人员使用，并给高级管理人员配备公司用车；公司每年还会为工作满一年的职工提供5天年休假。

你认为赵先生的月薪到底是3万多元还是2万多元？赵先生的实发薪金是怎样算出来的？我们常说的职工薪酬到底都包括哪些内容呢？公司提供的免费住房、免费用车对职工来说，属于职工薪酬吗？职工享受的年休假属于职工薪酬吗？该怎么计算呢？我们将在接下来的学习任务中，分别解决这些问题。

任务一 职工薪酬核算

学习任务

扫描二维码完成学习任务。

学习任务

一、职工薪酬的内容

职工薪酬，是指企业为获得职工提供的服务或解除劳动关系而给予的各种形式的报酬或补偿。职工薪酬包括短期薪酬、离职后福利、辞退福利和其他长期职工福利（见表 7-1）。

企业提供给职工配偶、子女、受赡养人、已故员工遗属及其他受益人等的福利，也属于职工薪酬。

这里的"职工"，主要是指以下人员。

（1）与企业订立劳动合同的所有人员，含全职、兼职和临时职工。

（2）未与企业订立劳动合同，但由企业正式任命的治理层和管理层人员（如董事会成员、监事会成员）。

（3）虽未与企业订立劳动合同或未由其正式任命，但向企业所提供服务与职工所提供服务类似的人员，也属于职工的范畴，包括通过企业与劳务中介公司签订用工合同而向企业提供服务的人员。

表 7-1　职工薪酬的类型

类型	概念	具体内容
短期职工薪酬	企业在职工提供相关服务的年度报告期间结束后 12 个月内需要全部予以支付的职工薪酬，因解除与职工的劳动关系给予的补偿除外	（1）职工工资、奖金、津贴和补贴 （2）职工福利费 （3）医疗保险费、工伤保险费、生育保险费等社会保险费 （4）住房公积金 （5）工会经费和职工教育经费 （6）短期带薪缺勤 （7）短期利润分享计划 （8）其他短期薪酬
长期职工薪酬	离职后福利：企业为获得职工提供的服务而在职工退休或与企业解除劳动关系后，提供的各种形式的报酬和福利，属于短期薪酬和辞退福利的除外	（1）设定提存计划，是指向独立的基金缴存固定费用后，企业不再承担进一步支付义务的离职后福利计划 （2）设定受益计划，是指除设定提存计划以外的离职后福利计划
	辞退福利：企业在职工劳动合同到期之前解除与职工的劳动关系，或者为鼓励职工自愿接受裁减而给予职工的补偿	在职工劳动合同到期之前： （1）无论职工本人是否愿意，企业决定解除与职工的劳动关系而给予的补偿 （2）为鼓励职工自愿接受裁减而给予职工的补偿
	其他长期职工福利：除短期薪酬、离职后福利、辞退福利之外的所有职工薪酬	（1）长期带薪缺勤 （2）长期残疾福利 （3）长期利润分享计划等

提示：

1. 养老保险费和失业保险费属于离职后福利，不属于短期职工薪酬。

2. 短期带薪缺勤是指职工虽然缺勤但企业仍有向其支付报酬的安排，包括年休假、病假、婚假、产假、丧假、探亲假等。

3.长期带薪缺勤属于其他长期职工福利。

4.辞退福利有可能是在12个月内无法支付完毕的，所以不属于短期薪酬中的职工福利费。

扫描二维码学习微课：职工薪酬知多少。

职工薪酬知多少

二、货币性职工薪酬的核算

企业通过"应付职工薪酬"科目核算应付职工薪酬的计提、结算、使用等情况。

"应付职工薪酬"科目包括"工资""职工福利费""非货币性福利""社会保险费""住房公积金""工会经费""职工教育经费""带薪缺勤""利润分享计划""设定提存计划""设定受益计划"和"辞退福利"等明细科目。

企业应当在职工为其提供服务的会计期间，将实际发生的短期薪酬确认为负债，并计入当期损益，其他会计准则要求或允许计入资产成本的除外。相关账务处理如表7-2所示。

表7-2　货币性职工薪酬的账务处理

业务1		账务处理
工资、奖金、津贴和补贴	确认应付职工薪酬	借：生产成本　　　　　　　　　　　　（生产车间生产工人薪酬） 　　制造费用　　　　　　　　　　　　（生产车间管理人员薪酬） 　　管理费用　　　　　　　　　　　　　（行政管理人员薪酬） 　　销售费用　　　　　　　　　　　　（专设销售机构人员薪酬） 　　合同履约成本　　　　　　　（履行合同过程中发生的人员薪酬） 　　研发支出　　　　　　　　　　　（从事研发活动人员薪酬） 　　在建工程等　　　　　　　　　　（从事工程建设人员薪酬） 　　贷：应付职工薪酬——工资
	支付职工薪酬、扣还各种款项	借：应付职工薪酬——工资 　　贷：其他应收款　　　　　　　　　　（代垫的家属医药费等） 　　　　应交税费——应交个人所得税　　　（代扣的个人所得税） 　　　　其他应付款　（职工个人应负担的社会保险费、住房公积金等） 　　　　银行存款等　　　　　　　　（实际支付给职工的款项）
职工福利费	计提时	借：生产成本/制造费用/管理费用/销售费用等 　　贷：应付职工薪酬——职工福利费
	实际支付时	借：应付职工薪酬——职工福利费 　　贷：银行存款等
国家规定计提标准的职工薪酬（单位应负担的）	期末根据规定的计提基数和比例计提时	借：生产成本/制造费用/管理费用/销售费用等 　　贷：应付职工薪酬——工会经费 　　　　　　　　　　——职工教育经费 　　　　　　　　　　——社会保险费 　　　　　　　　　　——住房公积金
	实际缴纳时	借：应付职工薪酬——工会经费 　　　　　　　　　——职工教育经费 　　　　　　　　　——社会保险费 　　　　　　　　　——住房公积金 　　贷：银行存款

续表

业务 1		账务处理
短期带薪缺勤	累积带薪缺勤	累积带薪缺勤，是指带薪权利可以结转下期的带薪缺勤，本期尚未用完的带薪缺勤权利可以在未来期间使用。确认累积带薪缺勤时： 借：管理费用等 　　贷：应付职工薪酬——带薪缺勤——短期带薪缺勤——累积带薪缺勤 处理原则：企业应当在职工提供了服务从而增加了其未来享有的带薪缺勤权利时，确认与累积带薪缺勤相关的职工薪酬，并以累积未行使权利而增加的预期支付金额计量
	非累积带薪缺勤	非累积带薪缺勤，是指带薪权利不能结转下期的带薪缺勤，本期尚未用完的带薪缺勤权利将予以取消，并且职工离开企业时也无权获得现金支付 处理原则：企业确认职工享有的与非累积带薪缺勤权利相关的薪酬，视同职工出勤确认的当期损益或相关资产成本。 通常情况下，与非累积带薪缺勤相关的职工薪酬已经包含在企业每期向职工发放的工资等薪酬中，因此不必做额外的账务处理。

💡 提示：

对于国家规定了计提基础和计提比例的医疗保险费、工伤保险费等社会保险费和住房公积金，以及按规定提取的工会经费（2%）和职工教育经费（8%），企业应当在职工为其提供服务的会计期间，根据规定的计提基础和计提比例计算确定相应的职工薪酬金额，按照受益对象计入当期损益或相关资产成本。

1. 工资的计提、发放与结转
2. 计提五险一金
3. 计提两费和职工福利费
4. 带薪缺勤

单位代扣应由个人负担的社会保险费，借记"应付职工薪酬"科目，贷记"其他应付款"科目。

扫描二维码学习微课：货币性职工薪酬的核算。

【业务范例 7-1】前景股份有限公司是增值税一般纳税人，发生下列薪酬业务。

（1）6月份应付职工工资总额为 700 000 元，工资费用分配汇总表中列示的车间生产人员工资为 490 000 元，车间管理人员工资为 100 000 元，企业行政管理人员工资为 90 000 元，专设销售机构人员工资为 20 000 元。

（2）企业根据工资费用分配汇总表结算6月份应付职工工资总额 700 000 元。其中企业代垫职工房租 21 000 元，代垫职工家属医药费 8 000 元，代扣个人所得税 12 000 元，实发工资 659 000 元。

（3）企业设有一所职工食堂，6月企业在岗职工共计 200 人，其中管理部门 30 人，生产车间生产人员 170 人，企业的历史经验数据表明，每名职工每月需补贴食堂 200 元。

（4）7月，企业支付 42 000 元补贴给食堂。

（5）6月，企业根据相关规定，分别按照职工工资总额 2% 和 8% 的计提标准，确认应付工会经费和职工教育经费。

（6）6月，该企业根据规定的计提标准，计算应由企业负担的向社会保险经办机构缴纳的社会保险费（不含基本养老保险费和失业保险费）共计 83 000 元。按照规定标准计提住房公积金 77 000 元。

（7）6月，假定企业从应付职工薪酬中代扣个人应缴纳的社会保险费（不含基本养老保险费和失业保险费）13 000 元，住房公积金 77 000 元，共计 90 000 元。

（8）公司共有 200 名职工。从 2023 年 1 月 1 日起，该公司实行累积带薪缺勤制度。该制度规定，每名职工每年可享受 5 个工作日带薪年休假，未使用的年休假只能向后结转一个公历年度，超过 1 年未行使的权利作废；职工休年休假时，首先使用当年可享受的权利，不足部分再从上年结转的带薪年休假余额中扣除，在职工离开公司时，对未使用的累积带薪年休假无权获得现金支付。2023 年 12 月 31 日，每个职工当年平均未使用带薪年休假为 2 天。根据过去的经验并预期该经验将继续适用，甲公司预计 2024 年有 150 名职工享受不超过 5 天的带薪年休假，剩余 30 名总部管理人员每人将平均享受 6 天带薪年休假，该公司每名职工每个工作日平均工资为 400 元。

业务处理如表 7-3 所示。

表 7-3　业务范例 7-1 的核算

业务	账务处理
（1）6月30日分配工资	借：生产成本——基本生产成本　　　　　　　490 000 　　　制造费用　　　　　　　　　　　　　　100 000 　　　管理费用　　　　　　　　　　　　　　 90 000 　　　销售费用　　　　　　　　　　　　　　 20 000 　　　贷：应付职工薪酬——工资　　　　　　　　　　700 000
（2）6月结算应付职工工资	通过银行网银转账发放工资： 借：应付职工薪酬——工资　　　　　　　　659 000 　　贷：银行存款　　　　　　　　　　　　　　　659 000 代垫款项： 借：应付职工薪酬——工资　　　　　　　　 41 000 　　贷：其他应收款——职工房租　　　　　　　　 21 000 　　　　　　　　　　——代垫医药费　　　　　　　8 000 　　　　应交税费——应交个人所得税　　　　　 12 000
（3）6月分配食堂补贴	借：生产成本　　　　　　　　　　　　　　 34 000 　　　管理费用　　　　　　　　　　　　　　　6 000 　　　贷：应付职工薪酬——职工福利费　　　　　 40 000
（4）7月支付食堂补贴	借：应付职工薪酬——职工福利费　　　　　 42 000 　　贷：银行存款　　　　　　　　　　　　　　　 42 000
（5）6月确认应付工会经费和职工教育经费	借：生产成本——基本生产成本　　　　　　 49 000 　　　制造费用　　　　　　　　　　　　　　 10 000 　　　管理费用　　　　　　　　　　　　　　　9 000 　　　销售费用　　　　　　　　　　　　　　　2 000 　　　贷：应付职工薪酬——工会经费　　　　　　 14 000 　　　　　　　　　　——职工教育经费　　　　　 56 000 应确认的应付职工薪酬 = 700 0000 ×（2% + 8%）= 70 000（元），其中，工会经费为 14 000 元、职工教育经费为 56 000 元。

续表

业务	账务处理
（6）6月计提企业负担的社保费和住房公积金	借：生产成本——基本生产成本　　112 000 　　　制造费用　　22 857 　　　管理费用　　20 571 　　　销售费用　　4 572 　　贷：应付职工薪酬——社会保险费　　83 000 　　　　　　　　　——住房公积金　　77 000
（7）6月代扣个人应缴纳的社会保险费和住房公积金	借：应付职工薪酬——工资　　90 000 　　贷：其他应付款——社会保险费　　13 000 　　　　　　　　　——住房公积金　　77 000
（8）12月31日确认累积带薪缺勤	借：管理费用　　12 000 　　贷：应付职工薪酬——带薪缺勤——短期带薪缺勤——累积带薪缺勤　　12 000 只有30名总部管理人员会使用2023年的未使用带薪年休假1天（6－5＝1），而其他人员2023年累积未使用的带薪年休假都将失效，所以应计入累积带薪缺的金额＝30×（6－5）×400＝12 000（元）。

任务单

1. 职工薪酬包括 _____ 、 _____ 、 _____ 和 _____ 。

2. 社会保险费中包括： _____ 、 _____ 、 _____ 、 _____ 和 _____ 。
其中 _____ 和 _____ 属于离职后福利，不属于短期职工薪酬。

3. 属于职工薪酬的一部分，却不会实际发放给职工的职工薪酬包括：（1）企业代垫的房租、医药费等计入 _____ 科目，（2）由职工负担的社会保险费、住房公积金，企业代扣的计入 _____ 科目；（3）代扣的个人所得税，计入 _____ 科目。

4. 企业根据本月工资费用分配汇总表分配所列财务部门人员薪酬时，应借记的会计科目是 _____ 。

5. 企业为管理人员提供免费使用汽车的折旧费，应借记的会计科目是 _____ 。

6. 某企业购入按摩仪一批，该批按摩仪的市场售价为150万元，适用的增值税税率为13%，成本为100万元，作为非货币性职工福利发放给生产工人。不考虑其他因素，该企业发放非货币性职工福利应计入应付职工薪酬的金额为 _____ 万元。

7. 2023年7月31日，某企业确认本月发放车间职工的防暑降温补贴12 000元，其中生产工人9 000元，车间管理人员3 000元，全部款项将于发放职工工资时支付。不考虑其他因素，编制正确的账务处理流程。

8. 下列各项中，属于企业短期职工薪酬核算内容的有（　　）。

A.按规定计提的应缴纳住房公积金　　　　B.按规定计提的工会经费和职工教育经费

C.按规定计提的基本养老保险费　　　　　D.实际发生的职工福利费

任务二 非货币性职工薪酬核算及其他

学习任务

扫描二维码完成学习任务。

学习任务

知识准备

有些职工薪酬，企业并不是直接以货币形式发放的，主要包括以下形式：以外购的商品或自产产品作为福利发放给职工；将企业拥有的房屋、汽车等资产无偿提供给职工使用或租赁住房等资产供职工无偿使用。发放的形式不同，会计处理也有所区别。

一、非货币性职工薪酬的核算

非货币性职工薪酬的核算如表 7-4 至表 7-6 所示。

（一）以自产产品作为福利发放给职工（视同销售）

表 7-4 以自产产品作为福利发放给职工的账务处理

业务 1	账务处理
计提职工薪酬时	借：生产成本/制造费用/管理费用/销售费用/在建工程/研发支出等 　　贷：应付职工薪酬——非货币性福利（公允价值 + 按公允价值计算的销项税额）
实际发放时	借：应付职工薪酬——非货币性福利 　　贷：主营业务收入　　　　　　　　　　　　　　　　　　　（公允价值） 　　　　应交税费——应交增值税（销项税额）　　　（公允价值 × 增值税税率） 同时，结转成本 借：主营业务成本 　　存货跌价准备 　　贷：库存商品

（二）以外购商品作为福利发放给职工

表 7-5 以外购商品作为福利发放给职工的账务处理

业务 2	账务处理
购买商品时	借：库存商品　　　　　　　　　　　　　　　　　　　　　　（含增值税） 　　贷：银行存款等
计提职工薪酬时	借：生产成本/制造费用/管理费用/销售费用/在建工程/研发支出等 　　贷：应付职工薪酬——非货币性福利
实际发放时	借：应付职工薪酬——非货币性福利 　　贷：库存商品　　　　　　　　　　　　　　　　　　　　　（含增值税）

提示：

将外购商品用于发放职工福利，进项税额不可以抵扣；如果购买时尚未得知该商品将要用于发放福利，已经抵扣了进项税额的，发放时要做进项税额转出处理。

（三）将拥有的房屋或租赁住房等资产供职工无偿使用

表 7-6 将拥有的房屋或租赁住房等资产供职工无偿使用的账务处理

业务 3	账务处理	
将企业拥有的房屋、汽车等资产无偿提供给职工使用	借：生产成本/管理费用/销售费用等 　贷：应付职工薪酬——非货币性福利 借：应付职工薪酬——非货币性福利 　贷：累计折旧	（折旧金额）
根据受益对象，将租赁住房等资产供职工无偿使用	借：生产成本/管理费用/销售费用等 　贷：应付职工薪酬——非货币性福利 借：应付职工薪酬——非货币性福利 　贷：银行存款等	（支付的租金）

💡 提示：

难以认定受益对象的非货币性福利，应当直接计入当期损益和应付职工薪酬。

扫描二维码学习微课：非货币性福利。

非货币性福利

二、除短期薪酬以外的其他福利核算

（一）离职后福利

对于设定提存计划，企业应当根据在资产负债表日为换取职工在会计期间提供的服务而应向单独主体缴存的提存金，确认为应付职工薪酬，并计入当期损益或相关资产成本。

（二）辞退福利

企业向职工提供辞退福利的，应当在"企业不能单方面撤回因解除劳动关系或裁减所提供的辞退福利时"和"企业确认涉及支付辞退福利的重组相关的成本或费用时"两者孰早日，确认辞退福利产生的职工薪酬负债，并计入当期损益。相关账务处理如表 7-7 所示。

表 7-7 企业向单独主体缴存提存金和辞退福利的账务处理

业务 4	账务处理
资产负债表日向单独主体缴存的提存金	借：生产成本/制造费用/管理费用/销售费用等 　贷：应付职工薪酬——设定提存计划
确认辞退福利	借：管理费用 　贷：应付职工薪酬——辞退福利

（三）其他长期职工福利

企业向职工提供的其他长期职工福利包括以下内容。

（1）符合设定提存计划条件的，应当按照设定提存计划的有关规定进行会计处理。

（2）符合设定受益计划条件的，应当按照设定受益计划的有关规定进行会计处理。

（3）对于长期残疾福利水平，若与职工提供服务期间长短相关的，企业应在职工提供服务的期间确认应付长期残疾福利义务，计量时应当考虑长期残疾福利支付的可能性和预期支付的期限。

若与职工提供服务期间长短无关的，企业应当在导致职工长期残疾的事件发生的当期确认应付长期残疾福利。

【业务范例7-2】前景股份有限公司是增值税一般纳税人，发生下列薪酬业务。

（1）公司共有职工200名，其中170名为直接参加生产的职工，30名为总部管理人员。2023年12月，公司以自产产品作为春节福利发放给公司每名职工。该产品每台成本为1 500元，不含增值税的市场售价为每台2 000元，增值税税率为13%。

（2）企业根据规定，按照职工工资总额的16%计提基本养老保险费，缴存至当地社会保险经办机构。6月，甲企业缴存的基本养老保险费，应计入生产成本的金额为78 400元，应计入制造费用的金额为16 000元，应计入管理费用的金额为14 400元，应计入销售费用的金额为3 200元。

业务处理如表7-8所示。

表7-8 业务范例7-2的核算

业务	账务处理

（1）12月31日非货币性福利（产品）	计提职工薪酬时：
	应确认的应付职工薪酬 = 200×2 000 + 200×2 000×13% = 452 000（元）
	借：生产成本 384 200
	  管理费用 67 800
	   贷：应付职工薪酬——非货币性福利 452 000
	实际发放时：
	借：应付职工薪酬——非货币性福利 452 000
	   贷：主营业务收入 400 000
	    应交税费——应交增值税（销项税额） 52 000
	借：主营业务成本 300 000
	   贷：库存商品 300 000

（2）6月计提基本养老保险费	借：生产成本——基本生产成本 78 400
	  制造费用 16 000
	  管理费用 14 400
	  销售费用 3 200
	   贷：应付职工薪酬——设定提存计划——基本养老保险费 112 000

任务单

1.企业为管理人员提供免费使用汽车的折旧费，应借记的会计科目是_____。

2.某企业购入按摩仪一批，该批按摩仪的市场售价为150万元，适用的增值税税率为13%，成本为100万元，作为非货币性职工福利发放给生产工人。不考虑其他因素，该企业发放非货币性职工福利应计入应付职工薪酬的金额为_____万元。

3.下列各项中，关于企业非货币性职工薪酬的会计处理表述错误的有（ ）。

A.难以认定受益对象的非货币性福利，应当直接计入当期损益

B.企业租赁汽车供高级管理人员无偿使用，应当将每期应付的租金计入管理费用

C.企业以自产产品作为非货币性福利发放给销售人员，应按照产品的实际成本计入销售费用

D.企业将自有房屋无偿提供给生产工人使用，应当按照该住房的公允价值计入生产成本

4.下列职工薪酬中，属于长期职工薪酬的是（　　）。

A.职工教育经费　　　　　　　　　B.离职后福利

C.职工生活困难补助　　　　　　　D.工会经费

5.判断：企业在资产负债表日为换取职工在会计期间提供的服务而应向单独主体缴存的提存金，确认为其他应付款。（　　）

课后拓展

扫描二维码测试：职工薪酬的核算。

职工薪酬的核算

素质拓展

看《红楼梦》学业财融合

竞争日益激烈的市场环境对现代财务工作提出了更高的要求。业财融合，是数据时代财务转型的方向之一，由后台的会计核算向前台的业务发展延伸。通过财务、业务和现代信息技术的有机结合，帮助企业的财务管理逐步渗透到企业业务活动的方方面面，借助于现代信息技术的辅助作用，将企业独立的财务工作和业务工作进行深度的交流与融合，从而实现财务和业务的优势互补。

什么是业财融合？如何做到业财融合？财务人员在业财融合中需要提升哪些能力？通过《红楼梦》里的另一位"好会计"贾探春和她管理荣国府的经验，我们来一一解答上述问题。

《红楼梦》第五十五回中，由于王熙凤生病，王夫人便命贾探春、李纨和薛宝钗协同料理荣国府的各种事宜。贾探春是赵姨娘庶出的未出阁的小姐，平日里平和恬淡，言语安静，并不引人注意。但一上任，她便遇上了自己舅舅过世要给多少抚恤金的问题。这看着是件小事，但如果她处理不好，不但这些管家媳妇不畏惧叹服，还会编出很多笑话来，等着看她出丑。那探春是怎么做的呢？她先是坚持查旧账，然后顶着自己母亲赵姨娘大肆取闹的压力，依循惯例，坚持拨付了20两银子。这样的处理可以说是：规则明确，依据充分。探春的做法也体现了她公正无私、敢于担当的一面。咱们继续往下看，看看探春在打理贾府时还做了哪些事情。

在文后二维码的这段视频里，我们看到贾探春主要做了两件事：第一件是除弊，宝玉、贾环、贾兰本身有月例，去读书还要再给每位8两银子的花销；姑娘们每月也有月例，本来不是用来买胭脂头油的，但由于买办们不尽职尽责，买的东西不够好，小姐们还要用月例银子再买。这两件事属于同一类，探春的建议是"蠲了"给买办的那份钱。这属于节流，是在为贾府节省开支。

第二件事，就更厉害了。同样的一个大观园，在王熙凤手里是资金流出，是"负债"。因为每年都要从账房上领银子，支付婆子、小厮、花匠、石匠的工资，加上各种资产的维护保养，花鸟虫鱼的开支等，少说也要四五百两银子。而到了探春手里，通过制度变革，搞承包责任制，就开始产生"利润"，成为名副其实的"资产"了。那这一切是怎么发生变化的？探春将园子的业务进行细分，再承包给下人，不仅贾府的东西能够物尽其用，不用支付工资，省了婆子、小厮、花匠、石匠的工资，下人们也能从中得到好处，这样工作的积极性就提高了，所以那些老妈妈们无不踊跃参与、各尽其责。

我们发现贾探春是一个会计职业道德素养很高的人。首先，探春廉洁自律，从她处理自己舅舅抚恤金的问题上我们可以看出她公私分明、遵纪守法、严于律己；其次，她客观公正，处事不偏不倚，能根据贾府的制度来办事，实事求是，有自己的独立性，不受赵姨娘的胁迫；再次，她能坚持准则，不仅坚持查旧账来主动熟悉贾府的各项制度，还能够按照制度来核算和监督；最后也是最重要的，她愿意提高自己，善于观察思考，她找到了贾府经济的"节流点"。探春不仅会向"规则"学习，还通过赖大家的园子向"先进经验"学习，学以致用，最终将大观园打造成了"自负盈亏"的经济实体，不仅凝聚了人心，还实现了贾府、园内主子、丫鬟婆子各方利益的共赢。不得不说，探春真是一个业财融合的高手。

扫描二维码学习微课："看《红楼梦》学业财融合"，并完成任务单。

评价反馈

扫描二维码进行学习评价反馈。

评价反馈

1. 看《红楼梦》学业财融合
2. 素质拓展任务单

学习情境 八

税务会计核算

学习目标

1. 能理解增值税和消费税纳税人、征税范围、科目、税率的具体规定。

2. 能掌握增值税和消费税的核算。

3. 熟悉其他税费的会计处理（应交资源税、应交城市维护建设税、应交教育费附加、应交土地增值税、应交房产税、应交城镇土地使用税和应交车船税）。

4. 养成关注时政、经世济民、德法兼修的良好职业素养，培养解决实际问题的能力，树立职业判断意识。

学习任务及学时分配表

序号	学习任务	学时安排	备注
1	增值税核算	3.5 学时	
2	消费税核算	1 学时	
3	其他税费核算	1 学时	
4	素质拓展：冰冷的数字传温情	0.5 学时	
	合计	6 学时	

案例导入

四海公司是一家生产酒类产品的一般纳税人企业，主要产品粮食白酒与药酒是增值税应税产品，也是消费税应税产品。企业平时购买酿酒用的粮食，在加工过程中耗用燃料、动力、包装物、机物料、低值易耗品等，购入加工用的设备，都会交纳增值税，同时收到增值税专用发票或普通发票；粮食白酒与药酒对外销售或者收取加工费时，需要开出增值税专用发票或普通发票；由于管理不善，部分粮食霉烂变质，当初购入时所含的增值税就不能再抵扣，需要做进项税额转出处理。企业逢年过节，还会将自产的白酒与药酒作为福利发放给员工，这视同销售，也要缴纳增值税。这里面包含了企业经营活动中的采购、销售、提供劳务、接受劳务、视同销售等不同的业务，但相同的是，都会涉及增值税。到底要满足什么条件，增值税才可以抵扣，什么时候不能抵扣，以及企业期末需要上交多少增值税，多交少交分别应该怎么处理，这些都是企业普遍面临的增值税的相关会计核算问题。同时也会涉及消费税，消费税如何计算、征收，是否影响企业的损益，是否构成产品的成本等。除此之外，企业在各种业务活动中还会涉及城建税、教育费附加、企业所得税、房产税、车船税、印花税、代员工交纳的个人所得税等其他众多的税费，这些税费会对企业的利润产生什么样的影响，会计上如何进行核算，我们将在接下来的内容中进行学习。

企业根据税法规定应交纳的各种税费包括：增值税、消费税、企业所得税、城市维护建设税、资源税、土地增值税、房产税、车船税、城镇土地使用税、教育费附加、印花税、耕地占用税、环境保护税、契税、车辆购置税等。

企业应通过"应交税费"科目，核算各种税费的应交、交纳等情况。该科目贷方登记应交纳的各种税费，借方登记实际交纳的税费；期末余额一般在贷方，反映企业尚交纳的税费，期末余额如在借方，反映企业多交或尚未抵扣的税费。本科目按应交税费项目设置明细科目进行明细核算。

由企业代扣代缴的个人所得税，也通过"应交税费"科目核算，而企业交纳的印花税、耕地占用税等不需要预计应交数的税金，不通过"应交税费"科目核算。

任务一 增值税核算

学习任务

扫描二维码完成学习任务。

学习任务

知识准备

一、增值税概述

增值税是以商品（含应税劳务、应税服务）在流转过程中产生的增值额作为计税依据而征收的一种流转税。按照我国现行增值税制度的规定，在我国境内销售货物、加工修理修配劳务、服务、无形资产和不动产以及进口货物的企业、单位和个人为增值税的纳税人。其中，"服务"是指提供交通运输服务、建筑服务、邮政服务、电信服务、金融服务、现代服务、生活服务。增值税的税率及计税方法如表8-1所示。

表8-1 增值税税率及计税方法

项目		内容
纳税人		（1）按照我国现行增值税制度的规定，在我国境内销售货物、加工修理修配劳务、服务、无形资产和不动产以及进口货物的企业、单位和个人为增值税的纳税人 （2）根据经营规模大小及会计核算水平的健全程度，增值税纳税人分为一般纳税人和小规模纳税人
一般纳税人的税率	13%	销售货物、劳务、有形动产租赁服务或者进口货物
	9%	（1）纳税人销售或进口货物 生活必需品：暖气、冷气、煤气、石油液化气、天然气、沼气、自来水、热水、食用植物油、食用盐、居民用煤炭制品 农业生产资料：包括粮食等农产品、农机、农药、农膜、饲料、化肥 文化用品：图书、报纸、杂志、音像制品、电子出版物 其他：二甲醚 （2）交通运输、邮政、基础电信、建筑、不动产租赁服务、销售不动产、转让土地使用权
	6%	提供增值电信服务、金融服务、生活服务等
	0%	出口货物

项目		内容
计税方法	一般计税方法	应纳税额＝当期销项税额－当期进项税额 当期销项税额＝不含税销售额 × 增值税税率 当期进项税额＝购进货物、加工修理修配劳务、服务、无形资产或者不动产支付或者负担的增值税税额 下列进项税额准予从销项税额中抵扣： （1）从销售方取得的增值税专用发票（含税控机动车销售统一发票，下同）上注明的增值税税额。 （2）从海关进口增值税专用缴款书上注明的增值税税额。 （3）从境外单位或者个人购进服务、无形资产或者不动产，从税务机关或者扣缴义务人取得的解缴税款的完税凭证上注明的增值税税额。 （4）购进农产品，除取得增值税专用发票或者海关进口增值税专用缴款书外，按照农产品收购发票或者销售发票上注明的农产品买价和9%的扣除率计算的进项税额；如用于生产销售或委托加工税率为13%的农产品，按照农产品收购发票或者销售发票上注明的农产品买价和10%的扣除率计算的进项税额。 （5）一般纳税人支付的道路、桥、闸通行费，凭取得的通行费发票上注明的收费金额和规定的方法计算的可抵扣的增值税进项税额 【提示】当期销项税额小于当期进项税额不足抵扣时，其不足部分可以结转下期继续抵扣
计税方法	简易计税方法	增值税的简易计税方法是按照销售额与征收率的乘积计算应纳税额，不得抵扣进项税额 应纳税额＝不含税销售额 × 征收率 不含税销售额＝含税销售额 ÷（1＋征收率） 【提示】如果纳税人采用销售额和应纳税额合并定价的方法，应按上述公式还原为不含税销售额计算 征收率：一般为3%，国家另有规定的除外 适用范围：小规模纳税人、一般纳税人发生财政部和国家税务总局规定的特定应税销售行为

二、增值税的核算

（一）一般纳税人的核算

一般纳税人是指年应税销售额超过财政部、国家税务总局规定标准的增值税纳税人。增值税核算设置的会计科目，应区分一般纳税人和小规模纳税人。增值税一般纳税人的核算如表 8-2 所示，相关账务处理如表 8-3 至表 8-5 所示。

表 8-2　增值税一般纳税人的核算

一级科目	二级科目	三级科目	核算内容
应交税费	应交增值税	进项税额	记录一般纳税人购进货物、加工修理修配劳务、服务、无形资产或不动产而支付或负担的、准予从当期销项税额中抵扣的增值税税额
		销项税额抵减	记录一般纳税人按照现行增值税制度规定因扣减销售额而减少的销项税额
		已交税金	记录一般纳税人当月已交纳的应交增值税税额
		转出未交增值税	记录一般纳税人月度终了转出当月应交未交的增值税税额

续表

一级科目	二级科目	三级科目	核算内容
应交税费	应交增值税	减免税款	记录一般纳税人按现行增值税制度规定准予减免的增值税税额
		出口抵减内销产品应纳税额	记录实行"免、抵、退"办法的一般纳税人按规定计算的出口货物的进项税抵减内销产品的应纳税额
		销项税额	记录一般纳税人销售货物、加工修理修配劳务、服务、无形资产或不动产应收取的增值税税额
		出口退税	记录一般纳税人出口货物、加工修理修配劳务、服务、无形资产按规定退回的增值税税额
		进项税额转出	记录一般纳税人购进货物、加工修理修配劳务、服务、无形资产或不动产等发生非正常损失以及其他原因而不应从销项税额中抵扣、按规定转出的进项税额
		转出多交增值税	记录一般纳税人月度终了转出当月多交的增值税税额
	未交增值税		核算一般纳税人月度终了从"应交增值税"或"预交增值税"明细科目转入当月应交未交、多交或预交的增值税税额,以及当月交纳以前期间未交的增值税税额
	预交增值税		核算一般纳税人转让不动产、提供不动产经营租赁服务、提供建筑服务采用预收款方式销售自行开发的房地产项目等,以及其他按现行增值税制度规定应预交的增值税税额
	待抵扣进项税额		核算一般纳税人已取得增值税扣税凭证并经税务机关认证,按照现行增值税制度规定准予以后期间从销项税额中抵扣的进项税额
	待认证进项税额		核算一般纳税人由于未经税务机关认证而不得从当期销项税额中抵扣的进项税额,包括:一般纳税人已取得增值税扣税凭证、按照现行增值税制度规定准予从销项税额中抵扣,但尚未经税务机关认证的进项税额;一般纳税人已申请稽核但尚未取得稽核相符结果的海关缴款书进项税额
	待转销项税额		核算一般纳税人销售货物、加工修理修配劳务、服务、无形资产或不动产,已确认相关收入(或利得)但尚未发生增值税纳税义务而需于以后期间确认为销项税额的增值税税额
	简易计税		核算一般纳税人采用简易计税方法发生的增值税计提、扣减、预缴、缴纳等业务
	转让金融商品应交增值税		核算增值税纳税人转让金融商品发生的增值税税额
	代扣代缴增值税		核算纳税人购进在境内未设经营机构的境外单位或个人在境内的应税行为代扣代缴的增值税

1. 取得资产、接受劳务或服务

表 8-3　增值税一般纳税人取得资产、接受劳务或服务的账务处理

业务 1	账务处理
一般纳税人取得货物、加工修理修配劳务、服务、无形资产或固定资产	借:材料采购、原材料、无形资产、固定资产等 　　应交税费——应交增值税(进项税额) 　贷:银行存款等 【提示】属于购进货物时即能认定进项税额不能抵扣的,直接将增值税专用发票上注明的增值税税额计入购入货物或接受劳务等的成本

业务 1	账务处理
购进农产品	借：材料采购、在途物资、原材料、库存商品等 　　应交税费——应交增值税（进项税额） 　　贷：应付账款、应付票据、银行存款等 【提示】可抵扣的增值税进项税额＝买价×扣除率 如用于生产税率为9%的产品，按收购发票或销售发票上注明的买价的9%计算税额；如用于生产税率为13%的产品，按收购发票或销售发票上注明的买价的10%计算税额
一般纳税人已取得增值税扣税凭证、按照现行增值税制度规定准予从销项税额中抵扣，但尚未经税务机关认证的进项税额，以及一般纳税人已申请稽核但尚未取得稽核相符结果的海关缴款书	借：原材料等 　　应交税费——待认证进项税额 　　贷：应付账款等 经认证后准予抵扣时： 借：应交税费——应交增值税（进项税额） 　　贷：应交税费——待认证进项税额 【提示】若经税务机关认证为不可抵扣的增值税进项税额时，除完成以上账务处理外，还需要： 借：相关成本费用或资产科目等 　　贷：应交税费——应交增值税（进项税额转出）
进项税额转出	（1）改变用途，如原生产用原材料被领用于集体福利或个人消费等 借：应付职工薪酬 　　贷：原材料、库存商品等 　　　　应交税费——应交增值税（进项税额转出） （2）发生非正常损失，如管理不善或被依法没收等 借：待处理财产损溢等 　　贷：原材料、库存商品等 　　　　应交税费——应交增值税（进项税额转出） 【提示】非正常损失，是指因管理不善造成货物被盗、丢失、霉烂变质，以及因违反法律法规造成货物或者不动产被依法没收、销毁、拆除的情形

扫描二维码学习微课：不得抵扣的进项税额。

不得抵扣的进项税额

2. 销售商品或提供劳务

表 8-4　增值税一般纳税人销售商品或提供劳务的账务处理

业务 2	账务处理
企业销售货物、加工修理修配劳务、服务、无形资产或固定资产	借：应收账款、应收票据、银行存款等 　　贷：主营业务收入、其他业务收入、固定资产清理等 　　　　应交税费——应交增值税（销项税额）/应交税费——简易计税 【提示1】企业销售货物等发生销售退回的，应根据税务机关开具的红字增值税专用发票做相反的会计分录 【提示2】会计准则规定的收入或利得确认时点早于增值税纳税义务发生时点的，将相关销项税额记入"应交税费——待转销项税额"科目，待实际发生纳税义务时再转入"应交税费——应交增值税（销项税额）"或"应交税费——简易计税"科目

续表

业务 2	账务处理
视同销售	企业将自产或委托加工的货物用于集体福利或个人消费，将自产、委托加工或购买的货物作为投资、分配给股东或投资者、无偿赠送他人等，税法上视同销售行为，需要计算确认增值税销项税额 （1）集体福利： 借：应付职工薪酬 　　贷：库存商品等　　　　　　　　　　　　　　　　　　　　　　（成本价） 　　　　应交税费——应交增值税（销项税额）　　（计税价或市场价 × 现行增值税税率） （2）对外投资/个人消费/股利分配等： 借：长期股权投资/应付职工薪酬/应付股利等 　　贷：主营业务收入等 　　　　应交税费——应交增值税（销项税额） 同时结转销售成本： 借：主营业务成本等 　　贷：库存商品 （3）对外捐赠： 借：营业外支出 　　贷：库存商品　　　　　　　　　　　　　　　　　　　　　　　（成本价） 　　　　应交税费——应交增值税（销项税额）　　（计税价或市场价 × 现行增值税税率） 【提示】将自产或委托加工的货物用于集体福利或将自产、委托加工或购买的货物对外捐赠本质是一种内部结转关系，企业不会因此增加现金流量，也不会增加企业的营业利润。因此，会计上不做销售处理，按成本结转，但应按税法规定计算并交纳各种税费。

将外购商品作为集体福利和个人消费，由于企业作为最终消费者，商品已到增值税链条的最终环节，后续不会再发生流转，故不应视同销售；如果外购商品直接用于集体福利、个人消费，进项税额不得抵扣，计入成本；如果外购商品改变用途用于集体福利、个人消费，购进时确认的进项税额需要做转出处理。

扫描二维码学习微课：视同销售。

视同销售

3. 交纳增值税

当月交纳当月增值税，应通过"应交税费——应交增值税（已交税金）"科目；交纳以前期间增值税应通过"应交税费——未交增值税"科目；月度终了，企业应将当月应交未交或多交的增值税从"应交增值税"明细科目转入"未交增值税"明细科目。

表 8-5　增值税一般纳税人交纳增值税的账务处理

业务 3	账务处理
交纳当月应交增值税	借：应交税费——应交增值税（已交税金） 　　贷：银行存款
交纳以前期间未交的增值税	借：应交税费——未交增值税 　　贷：银行存款
月末转出多交增值税	借：应交税费——未交增值税 　　贷：应交税费——应交增值税（转出多交增值税）
月末转出未交增值税	借：应交税费——应交增值税（转出未交增值税） 　　贷：应交税费——未交增值税

【业务范例 8-1】前景股份有限公司是增值税一般纳税人，发生下列增值税业务。

（1）前景公司销售商品适用的增值税税率为 13%，原材料按实际成本核算，销售商品价格为不含增值税的公允价格。2023 年 6 月份发生交易或事项以及相关的会计分录如下。

① 5 日，购入原材料一批，增值税专用发票上注明的价款为 120 000 元，增值税税额为 15 600 元，材料尚未到达，全部款项已用银行存款支付。

② 10 日，收到 5 日购入的原材料并验收入库，实际成本总额为 120 000 元。同日，与运输公司结清运输费用，增值税专用发票上注明的运输费用为 5 000 元，增值税税额为 450 元，运输费用和增值税税额已用转账支票付讫。

③ 15 日，购入不需要安装的生产设备一台，增值税专用发票上注明的价款为 30 000 元，增值税税额为 3 900 元，款项尚未支付。

④ 20 日，购入农产品一批，农产品收购发票上注明的买价为 200 000 元，规定的扣除率为 9%，货物尚未到达，价款已用银行存款支付。

⑤ 24 日，企业管理部门委托外单位修理机器设备，取得对方开具的增值税专用发票上注明的修理费用为 20 000 元，增值税税额为 2 600 元，款项已用银行存款支付。

⑥ 24 日，该公司购进一幢简易办公楼作为固定资产核算，并投入使用。已取得增值税专用发票并经税务机关认证，增值税专用发票上注明的价款为 1 500 000 元，增值税税额为 135 000 元，全部款项以银行存款支付。不考虑其他相关因素。

（2）2023 年 7 月 31 日，前景公司购进原材料一批已验收入库，但尚未收到增值税扣税凭证，款项也未支付。随货同行的材料清单列明的原材料销售价格为 260 000 元。

8 月 10 日，取得相关增值税专用发票上注明的价款为 260 000 元，增值税税额为 33 800 元，增值税专用发票已经认证。全部款项以银行存款支付。

（3）2023 年 8 月，前景公司发生与销售相关的交易或事项如下：

① 15 日，销售产品一批，开具增值税专用发票上注明的价款为 3 000 000 元，增值税税额为 390 000 元，提货单和增值税专用发票已交给买方，款项尚未收到。

② 28 日，为外单位代加工电脑桌 500 个，每个收取加工费 80 元，已加工完成。开具增值税专用发票上注明的价款为 40 000 元，增值税税额为 5 200 元，款项已收到并存入银行。

（4）2023 年 8 月，前景公司发生视同销售交易或事项如下。

① 10 日，以公司生产的产品对外捐赠，该批产品的实际成本为 200 000 元，市场不含税售价为 250 000 元，开具的增值税专用发票上注明的增值税税额为 32 500 元。

② 28 日，甲公司用一批原材料对外进行长期股权投资。该批原材料实际成本为 600 000 元，双方协商不含税价值为 750 000 元，开具的增值税专用发票上注明的增值税税额为 97 500 元。

（5）8 月 20 日，在财产清查中发现毁损原材料 200 千克，实际成本为 20 000 元，相关增值税专用发票上注明的增值税税额为 2 600 元。经查确为材料保管员的过失造成的，按规定由其个人赔偿 10 000 元。

（6）8 月 30 日，公司外购空调扇 100 台作为福利发放给直接从事生产的职工，取得的增值税专用发票上注明的价款为 50 000 元、增值税税额为 6 500 元，以银行存款支付了购买空调扇的价款和增值税进项税额，增值税专用发票尚未经税务机关认证。

（7）9月，公司当月发生增值税销项税额合计为 62 200 元，增值税进项税额转出合计为 2 900 元，增值税进项税额合计为 29 050 元。

（8）10 月 8 日，交纳 9 月未交的增值税 36 050 元。

业务处理如表 8-6 所示。

表 8-6　业务范例 8-1 的核算

<table>
<tr><th colspan="2">业务</th><th>账务处理</th></tr>
<tr><td rowspan="6">（1）</td><td>① 2023 年 6 月 5 日购入原材料</td><td>借：在途物资　　　　　　　　　　　　　　　　120 000
　　应交税费——应交增值税（进项税额）　　　 15 600
　　贷：银行存款　　　　　　　　　　　　　　　　　 135 600</td></tr>
<tr><td>② 6 月 10 日原材料验收入库</td><td>借：原材料　　　　　　　　　　　　　　　　　125 000
　　应交税费——应交增值税（进项税额）　　　　　 450
　　贷：银行存款　　　　　　　　　　　　　　　　　　 5 450
　　　　在途物资　　　　　　　　　　　　　　　　 120 000</td></tr>
<tr><td>③ 6 月 15 日购入固定资产</td><td>借：固定资产　　　　　　　　　　　　　　　　 30 000
　　应交税费——应交增值税（进项税额）　　　 3 900
　　贷：应付账款　　　　　　　　　　　　　　　　　 33 900</td></tr>
<tr><td>④ 6 月 20 日购入农产品</td><td>进项税额＝购买价款 × 扣除率＝200 000 × 9%＝18 000（元）
借：在途物资　　　　　　　　　　　　　　　　182 000
　　应交税费——应交增值税（进项税额）　　　 18 000
　　贷：银行存款　　　　　　　　　　　　　　　　　 200 000</td></tr>
<tr><td>⑤ 6 月 24 日支付固定资产维修费</td><td>借：管理费用　　　　　　　　　　　　　　　　 20 000
　　应交税费——应交增值税（进项税额）　　　 2 600
　　贷：银行存款　　　　　　　　　　　　　　　　　 22 600</td></tr>
<tr><td>⑥ 6 月 24 日购入简易办公楼</td><td>借：固定资产　　　　　　　　　　　　　　　1 500 000
　　应交税费——应交增值税（进项税额）　　　135 000
　　贷：银行存款　　　　　　　　　　　　　　　 1 635 000</td></tr>
<tr><td rowspan="2">（2）</td><td>① 7 月 31 日结转未收到增值税扣税凭证的原材料</td><td>借：原材料　　　　　　　　　　　　　　　　　260 000
　　贷：应付账款　　　　　　　　　　　　　　　　 260 000
下月月初，用红字冲销原暂估入账金额：
借：原材料　　　　　　　　　　　　　　　　　260 000
　　贷：应付账款　　　　　　　　　　　　　　　　 260 000</td></tr>
<tr><td>② 8 月 10 日取得增值税专用发票</td><td>借：原材料　　　　　　　　　　　　　　　　　260 000
　　应交税费——应交增值税（进项税额）　　　 33 800
　　贷：银行存款　　　　　　　　　　　　　　　　 293 800</td></tr>
<tr><td rowspan="2">（3）</td><td>① 8 月 15 日销售产品</td><td>借：应收账款　　　　　　　　　　　　　　　3 390 000
　　贷：主营业务收入　　　　　　　　　　　　　 3 000 000
　　　　应交税费——应交增值税（销项税额）　　 390 000</td></tr>
<tr><td>② 8 月 28 日代加工电脑桌</td><td>借：银行存款　　　　　　　　　　　　　　　　 45 200
　　贷：主营业务收入　　　　　　　　　　　　　　 40 000
　　　　应交税费——应交增值税（销项税额）　　　 5 200</td></tr>
</table>

续表

业务		账务处理
（4）	①8月10日以自产的产品对外捐赠	以自产产品对外捐赠应交的增值税销项税额 = 250 000 × 13% = 32 500（元） 借：营业外支出　232 500 　　贷：库存商品　200 000 　　　　应交税费——应交增值税（销项税额）　32 500
	②8月28日以原材料对外投资	甲公司对外投资原材料应交的增值税销项税额 = 750 000 × 13% = 97 500（元） 借：长期股权投资　847 500 　　贷：其他业务收入　750 000 　　　　应交税费——应交增值税（销项税额）　97 500 借：其他业务成本　600 000 　　贷：原材料　600 000
（5）	8月20日财产清查中发现毁损原材料	批准处理前： 借：待处理财产损溢——待处理流动资产损溢　22 600 　　贷：原材料　20 000 　　　　应交税费——应交增值税（进项税额转出）　2 600 批准处理后： 由过失人赔偿部分： 借：其他应收款　10 000 　　贷：待处理财产损溢——待处理流动资产损溢　10 000 材料毁损净损失 借：管理费用　12 600 　　贷：待处理财产损溢——待处理流动资产损溢　12 600
（6）	8月30日外购空调扇作为福利发放给职工	购入时： 借：库存商品——空调扇　50 000 　　应交税费——待认证进项税额　6 500 　　贷：银行存款　56 500 经税务机关认证不可抵扣时： 借：应交税费——应交增值税（进项税额）　6 500 　　贷：应交税费——待认证进项税额　6 500 同时： 借：库存商品——空调扇　6 500 　　贷：应交税费——应交增值税（进项税额转出）　6 500 实际发放时： 借：应付职工薪酬——非货币性福利　56 500 　　贷：库存商品——空调扇　56 500
（7）	9月30日计算当月应交增值税	当月应交增值税 = 62 200 + 2 900 − 29 050 = 36 050（元） 借：应交税费——应交增值税（转出未交增值税）　36 050 　　贷：应交税费——未交增值税　36 050
（8）	10月8日交纳9月未交增值税	借：应交税费——未交增值税　36 050 　　贷：银行存款　36 050

（二）小规模纳税人的核算

小规模纳税人是指年应税销售额未超过规定标准，并且会计核算不健全，不能够提供准确税务资料的增值税纳税人。

小规模纳税人核算增值税采用简化的方法，即购进货物、应税服务或应税行为，取得增值税专用发票上注明的增值税，一律不予抵扣，直接计入相关成本费用或资产。小规模纳税人销售货物、应税服务或应税行为时，按照不含税的销售额和规定的增值税征收率计算应交纳的增值税（即应纳税额），但不得开具增值税专用发票。

一般来说，小规模纳税人采用销售额和应纳税额合并定价的方法并向客户结算款项，销售货物、应税服务或应税行为后，应进行价税分离，确定不含税的销售额。不含税的销售额计算公式：

不含税销售额＝含税销售额÷（1+征收率）

应纳税额＝不含税销售额×征收率

小规模纳税人进行账务处理时，只需在"应交税费"科目下设置"应交增值税"明细科目，该明细科目不再设置增值税专栏。"应交税费——应交增值税"科目贷方登记应交纳的增值税，借方登记已交纳的增值税；期末贷方余额，反映小规模纳税人尚未交纳的增值税，期末借方余额，反映小规模纳税人多交纳的增值税。相关账务处理如表 8-7 所示。

表 8-7　增值税小规模纳税人的账务处理

业务 4	账务处理
购进货物	借：原材料等 （价税合计数） 　贷：银行存款等 【提示】小规模纳税人购买货物的增值税进项税额不可以抵扣，计入采购成本中
销售货物（服务）	借：银行存款等 　贷：主营业务收入等 　　应交税费——应交增值税
交纳增值税	借：应交税费——应交增值税 　贷：银行存款

扫描二维码学习微课：小规模纳税人的增值税。

【业务范例 8-2】长江公司为增值税小规模纳税人，适用增值税征收率为 3%，原材料按实际成本核算。该公司发生经济交易如下：购入原材料一批，取得增值税专用发票上注明的价款为 30 000 元，增值税税额为 3 900 元，全部款项以银行存款支付，材料已验收入库。销售产品一批，开具的普通发票上注明的货款（含税）为 51 500 元，款项已存入银行。用银行存款交纳增值税 1 500 元。

小规模纳税人的增值税

业务处理如表 8-8 所示。

表 8-8　业务范例 8-2 的核算

业务	账务处理
购入原材料	借：原材料　33 900 　贷：银行存款　33 900
销售产品	不含税销售额＝含税销售额÷（1＋征收率）＝51 500÷（1＋3%）＝50 000（元） 应纳增值税＝不含税销售额×征收率＝50 000×3%＝1 500（元） 借：银行存款　51 500 　贷：主营业务收入　50 000 　　应交税费——应交增值税　1 500

续表

业务	账务处理	
交纳增值税	借：应交税费——应交增值税 贷：银行存款	1 500 1 500

任务单

1. 增值税的纳税人根据经营规模大小和会计核算水平的健全程度，分为 _____ 以及 _____ 。

2. 一般纳税人购入货物或接受劳务时可以抵扣的增值税计入 _____ 科目（注明明细，下同）；购入时即可判断不可抵扣的增值税计入 _____ ；销售商品或提供劳务时应向买方收取的增值税计入 _____ ；当月交纳的增值税计入 _____ ；交纳以前期间增值税计入 _____ 。

3. 根据相关资料，填列下表。

业务		账务处理
视同销售 （应税销售类）	将自产或委托加工或购买的货物对外捐赠	
	将自产或委托加工的货物用于集体福利	
视同销售 （会计销售类）	将自产或委托加工或购买的货物作为投资，提供给其他单位或个体经营者/分配给股东或投资者	
	将自产或委托加工的货物，用于个人消费	
购入货物	购买的货物用于集体福利或个人消费	

4. 小规模纳税人交纳增值税通过 _____ 科目，购入时的增值税 _____ （请填能或不能）抵扣。

课后拓展

扫描二维码测试：增值税的核算。

增值税的核算

任务二　消费税核算

学习任务

扫描二维码完成学习任务。

学习任务

知识准备

一、消费税概述

消费税是指在我国境内生产、委托加工和进口应税消费品的单位和个人，按其流转额交纳的一种税。消费税是一种选择性商品税，是与增值税相配套的税种。它是在对商品和非商品的流转额普遍征收增值税的基础上，根据国家政策的需要，有选择地对部分消费品征收的。也就是说，对属于消费税列举的科目的消费品，既要征收消费税，同时又要征收增值税。这样，可以充分发挥税收对生产和消费的调节作用，限制某些高能耗消费品的生产，引导正确的消费方向，也有利于保证国家财政收入。

二、消费税的核算

消费税有从价定率、从量定额、从价定率和从量定额复合计税（简称"复合计税"）三种征收方法。采取从价定率方法征收的消费税，以不含增值税的销售额为税基，按照税法规定的税率计算。企业的销售收入包含增值税的，应将其换算为不含增值税的销售额。采取从量定额计征的消费税，按税法确定的企业应税消费品的数量和单位应税消费品应缴纳的消费税计算确定。采取复合计税计征的消费税，由以不含增值税的销售额为税基，按照税法规定的税率计算的消费税与按照税法确定的企业应税消费品的数量和单位应税消费品应缴纳的消费税计算的消费税合计确定。

企业应在"应交税费"科目下设置"应交消费税"明细科目，核算应交消费税的发生、交纳情况。该科目贷方登记应交纳的消费税，借方登记已交纳的消费税，期末贷方余额，反映企业尚未交纳的消费税，期末借方余额，反映企业多交纳的消费税。相关账务处理如表 8-9 所示。

表 8-9　消费税的账务处理

业务 1		账务处理
销售应税消费品		借：税金及附加 　　贷：应交税费——应交消费税
自产自用应税消费品		纳税人自产的应税消费品，用于连续生产应税消费品的，不纳税；用于其他方面的，于移送使用时纳税 用于在建工程等： 借：在建工程等 　　贷：应交税费——应交消费税 用于集体福利、对外投资等： 借：税金及附加 　　贷：应交税费——应交消费税
委托加工应税消费品	如果收回后直接对外销售的	由受托方代收代缴的消费税计入委托加工物资的成本： 借：委托加工物资 　　贷：银行存款、应付账款等
	如果收回后连续生产应税消费品的	（1）由受托方代收代缴的消费税先计入"应交税费——应交消费税"的借方： 借：应交税费——应交消费税 　　贷：银行存款等 （2）出售时，按总的应交消费税计入"应交税费——应交消费税"的贷方： 借：税金及附加 　　贷：应交税费——应交消费税 （3）最后，再补交其差额即可

业务 1	账务处理
进口应税消费品	企业进口应税消费品在进口环节应交纳的消费税由海关代征，计入该项物资的成本： 借：在途物资、原材料、库存商品等 　　贷：银行存款等

🔗 **相关链接：**

委托加工应税消费品的核算可以参见学习情境四财产物资（存货）核算中的任务四委托加工物资的核算。

【**业务范例 8-3**】明珠股份有限公司是增值税一般纳税人，发生下列消费税业务。

（1）销售应交消费税的产品一批，增值税专用发票注明价款为 6 万元，增值税税额 7 800 元，价税款已向银行办妥托收手续。产品的消费税税率为 10%。

（2）在建工程领用自产涂料，成本为 50 000 元，应纳消费税 2 600 元，不考虑其他相关税费。

（3）下设的职工食堂享受企业提供的补贴，本月领用自产产品一批，该产品的账面成本 20 000 元，市场价格 30 000 元，适用的增值税税率为 13%、消费税税率为 10%。

（4）从国外进口需要交纳消费税的商品一批，货款 540 000 元，关税 108 000 元，增值税 93 600 元，进口环节需交纳的消费税为 72 000 元，商品已经验收入库，货款及税款均以银行存款支付。

业务处理如表 8-10 所示。

表 8-10　业务范例 8-3 的核算

业务		账务处理	
（1）	计算结转应纳消费税	借：税金及附加 　　贷：应交税费——应交消费税	6 000 6 000
	交纳消费税	借：应交税费——应交消费税 　　贷：银行存款	6 000 6 000
（2）	计算结转应纳消费税	借：在建工程 　　贷：库存商品 　　　　应交税费——应交消费税	52 600 50 000 2 600
（3）	计算结转应纳消费税	借：应付职工薪酬——职工福利费 　　贷：主营业务收入 　　　　应交税费——应交增值税（销项税额） 借：税金及附加 　　贷：应交税费——应交消费税 借：主营业务成本 　　贷：库存商品	33 900 30 000 3 900 3 000 3 000 20 000 20 000
（4）	交纳进口货物消费税	借：库存商品 　　应交税费——应交增值税（进项税额） 　　贷：银行存款	720 000 93 600 813 600

任务单

1. 消费税和增值税一样，也是一种 _____ ，但不同于增值税，它是一种价内税，有 _____ 、_____ 和 _____ 三种征收方法。

2. 根据学习资料，将企业应交或已交的消费税借方所用科目填入下表。

业务	借方科目
企业销售商品应交纳的消费税	
应税消费品用于在建工程等	
应税消费品用于集体福利、对外投资等	
委托加工应税消费品直接对外销售	
委托加工应税消费品如果收回后连续生产应税消费品的	
进口应税消费品	

课后拓展

扫描二维码测试：消费税的核算。

消费税的核算

任务三 其他税费核算

学习任务

扫描二维码完成学习任务。

知识准备

其他应交税费，主要包括应交资源税、应交城市维护建设税、应交土地增值税、应交所得税、应交房产税、应交土地使用税、应交车船使用税、应交教育费附加、应交矿产资源补偿费、应交个人所得税等。

学习任务

一、资源税

资源税是国家对在我国境内开采矿产品或者生产盐的单位和个人征收的一种税。应纳税额应根据单位税额和课税数量的乘积来计算。相关账务处理如表 8-11 所示。

表 8-11　资源税的账务处理

业务 1	账务处理
开采或者生产应税产品销售的	以销售数量为课税数量： 借：税金及附加 　　贷：应交税费——应交资源税
开采或者生产应税产品自用的	以自用数量为课税数量： 借：生产成本 　　制造费用 　　贷：应交税费——应交资源税

二、城市维护建设税和教育费附加

城市维护建设税是以实际缴纳的增值税和消费税为计税依据征收的一种税。其纳税人为交纳增值税和消费税的单位和个人，以纳税人实际缴纳的增值税和消费税税额为计税依据，并分别与两项税金同时缴纳。税率因纳税人所在地不同从 1% ～ 7% 不等。应纳税额的计算公式为：

应纳税额 =（实际交纳的增值税 + 实际交纳的消费税）× 适用税率

教育费附加是指为了加快发展地方教育事业、扩大地方教育经费资金来源而向企业征收的附加费用。教育费附加以各单位实际缴纳的增值税、消费税的税额为计征依据按其一定比例分别与增值税、消费税同时缴纳。相关账务处理如表 8-12 所示。应纳税额的计算公式为：

应纳税额 =（实际交纳的增值税 + 实际交纳的消费税）× 征收率

表 8-12　城市维护建设税和教育费附加的账务处理

业务 2	账务处理
计提时	借：税金及附加 　　贷：应交税费——应交城建税或教育费附加
实际交纳时	借：应交税费——应交教育费附加 　　贷：银行存款

三、土地增值税

土地增值税是对转让国有土地使用权、地上的建筑物及其附着物并取得增值性收入的单位和个人所征收的一种税。

土地增值税按照转让房地产所取得的增值额和规定的税率计算征收。转让房地产的增值额是转让收入减去税法规定扣除项目金额后的余额，其中，转让收入包括货币收入、实物收入和其他收入；扣除项目主要包括取得土地使用权所支付的金额、开发土地的成本及费用、新建房及配套设施的成本和费用、与转让房地产有关的税金、旧房及建筑物的评估价格、财政部确定的其他扣除项目等。相关账务处理如表 8-13 所示。土地增值税采用四级超率累进税率，其中最低税率为 30%，最高税率为 60%。

表 8-13　土地增值税的账务处理

业务 3		账务处理
转让土地使用权或房地产时	连同地上建筑物及其附着物一并在"固定资产"科目核算	借：固定资产清理　　　　　　　　（转让时应交的土地增值税） 　　贷：应交税费——应交土地增值税
	土地使用权在"无形资产"科目核算	借：银行存款　　　　　　　　　　　　（实际收到的金额） 　　累计摊销　　　　　　　　　　　　（已计提的摊销额） 　　无形资产减值准备　　　　　　（已计提的减值准备金额） 　　贷：应交税费——应交土地增值税 （转让时应交的土地增值税） 　　　　无形资产 　　　　资产处置损益　　　　　　　　　　（差额，或借方）

续表

业务 3		账务处理
转让土地使用权或房地产时	房地产开发经营企业销售房地产应交纳的土地增值税	借：税金及附加 　　贷：应交税费——应交土地增值税

四、应交房产税、城镇土地使用税和车船税

房产税是国家对在城市、县城、建制镇和工矿区征收的由产权所有人缴纳的一种税。房产税依照房产原值一次减除 10% ~ 30% 交纳。没有房产原值作为依据的，由房产所在地税务机关参考同类房产核定；房产出租的，以房产租金收入为房产税的计税依据。

城镇土地使用税是以城市、县城、建制镇、工矿区范围内使用土地的单位和个人为纳税人，以其实际占用的土地面积和规定税额计算征收。

车船税是以车辆、船舶（简称"车船"）为课征对象，向车船的所有人或者管理人征收的一种税。相关账务处理如表 8-14 所示。

表 8-14　房产税、城镇土地使用税和车船税的账务处理

业务 4	账务处理
计提时	借：税金及附加 　　贷：应交税费——应交房产税、应交城镇土地使用税、应交车船税

❓ **思考：**

1. 土地增值税和土地使用税有哪些区别？

2. 增值税和土地增值税有相同点吗？

【业务范例 8-4】前景股份有限公司是增值税一般纳税人，发生下列税费业务。

（1）6 月 30 日，本期对外销售资源税应税矿产品 3 000 吨、将自产资源税应税矿产品 500 吨用于其产品生产，按税法规定每吨矿产品应交资源税 5 元。

（2）7 月，企业实际交纳增值税 500 000 元、消费税 200 000 元，适用的城市维护建设税税率为 7%，教育费附加税率为 3%。

（3）8 月 10 日，对外转让一栋厂房，根据税法规定计算的应交土地增值税为 20 000 元。

（4）按税法规定 8 月末应交纳房产税 120 000 元，车船税 32 000 元，城镇土地使用税 42 000 元。

业务处理如表 8-15 所示。

表8-15 业务范例8-4的核算

业务	账务处理
（1）6月30日对外销售资源税应税矿产品	计算对外销售应税矿产品应交资源税： 企业对外销售应税产品而应交的资源税 = 3 000 × 5 = 15 000（元） 借：税金及附加 15 000 　　贷：应交税费——应交资源税 15 000 计算自用应税矿产品应交资源税： 企业自产自用应税矿产品而应交纳的资源税 = 500 × 5 = 2 500（元） 借：生产成本 2 500 　　贷：应交税费——应交资源税 2 500 交纳资源税： 借：应交税费——应交资源税 1 7500 　　贷：银行存款 1 7500
（2）7月31日应交城市维护建设税和教育费附加	计算应交城市维护建设税和教育费附加： 应交城市维护建设税 =（500 000 + 200 000）× 7% = 49 000（元） 应交教育费附加 =（500 000 + 200 000）× 3% = 21 000（元） 借：税金及附加 70 000 　　贷：应交税费——应交城市维护建设税 49 000 　　　　　　——应交教育费附加 21 000 用银行存款交纳城市维护建设税和教育费附加： 借：应交税费——应交城市维护建设税 49 000 　　　　　　——应交教育费附加 21 000 　　贷：银行存款 70 000
（3）8月10日对外转让一栋厂房应交土地增值税	计算应交土地增值税： 借：固定资产清理 20 000 　　贷：应交税费——应交土地增值税 20 000 用银行存款交纳土地增值税： 借：应交税费——应交土地增值税 20 000 　　贷：银行存款 20 000
（4）8月31日房产税、车船税、城镇土地使用税	计算应交房产税、车船税、城镇土地使用税： 借：税金及附加 194 000 　　贷：应交税费——房产税 120 000 　　　　　　——车船税 32 000 　　　　　　——应交城镇土地使用税 42 000 用银行存款交纳房产税、车船税、城镇土地使用税： 借：应交税费——房产税 120 000 　　　　　　——车船税 32 000 　　　　　　——应交城镇土地使用税 42 000 　　贷：银行存款 194 000

💡 提示：

　　企业涉及的税金也不一定都是通过"应交税费"科目先计提再交纳的，像印花税、契税、车辆购置税及耕地占用税等就不通过应交税费核算。印花税交纳时直接计入"税金及附加"，契税、车辆购置税及耕地占用税交纳时直接计入相关资产成本。

　　扫描二维码学习微课：其他税费的会计处理。

其他税费的会计处理

任务单

1. 城市维护建设税和教育费附加都是以各单位 _____ 为计征依据的。

2. 土地增值税应根据不同情况进行列支：企业转让土地使用权连同地上建筑物及附着物一并转让的，转让时应交纳的土地增值税，借记 _____ 账户；转让土地使用权时应交纳的土地增值税，"应交税费——应交土地增值税"的对方账户是 _____；房地产开发经营企业销售房地产应交纳的土地增值税，借记 _____ 账户。

3. 下列各项中，不通过"应交税费"科目核算的是（   ）。

A.购买小汽车发生的车辆购置税   B.销售应税消费品应交的消费税

C.开采矿产品应交的资源税   D.应缴纳的企业所得税

4. 对外销售应税产品应交纳的资源税借记 _____ 账户；自产自用应税产品应交纳的资源税借记 _____ 账户。

5. 可能涉及税金及附加账户的税费有（   ）。

A.消费税   B.资源税   C.城建税及教育费附加   D.印花税

E.车船税   F.城镇土地使用税   G.进口关税   H.车辆购置税

6. 需要通过应交税费科目计提的税费有（   ）。

A.消费税   B.资源税   C.城建税及教育费附加   D.印花税

E.车船税   F.城镇土地使用税   G.进口关税   H.车辆购置税

课后拓展

扫描二维码测试：其他税费的核算。

其他税费的核算

素质拓展

冰冷的数字传温情

    苏轼被誉为唐宋八大家之一，是北宋的文学家、书法家、美食家、画家，还是治水名人，在各地为官时他总能造福一方。其实他对数字的解读也是相当厉害的！让我们一起来看看他不为人熟悉的一面吧。

    在我国历史上，政府每年都需要将从各地征来的粮食运往京城或指定的地方，用于宫廷消费、百官俸禄、军饷支付和民食调剂等。这种粮食就是漕粮，漕粮的运输就被称为漕运，运输方式主要有河运、海运和水陆递运三种形式。但考虑到运输成本问题，各朝各代的漕运大都会选择河运。在宋朝嘉祐（宋仁宗最后一个年号，1056—1063年）以前，每年朝廷通过漕运运输的粮食总量约在600万石，最终的短缺不过是百分之一，也就是大约6万石。而到了1092年，苏轼外放扬州的时候，他发现漕粮短缺的数量和比例都大大增加了，比如上一年全年的粮食载运量是450万石左右，但盘存下来短缺的总数却超过了30

万石，折损率竟高达 8%。

苏轼发现了这个数字的异常，在经过仔细的调查后，他终于找到了原因。

原来宋仁宗期间，政府是有规定的，一般漕船 80%用于装载漕粮和货物，另外 20%允许带点儿私货，并且沿途税务机关不得拦船收税。显然，这样的规定，就是有意让船夫们搭载一些私人货物，做点小买卖，维持生计，甚至有些小利可图，给他们留下一条生活出路，所以这些工作人员就会有很强的归属感，能很好地保护粮食的安全。即使有一些折损，也会自觉地查漏补缺，所以漕粮和货物便能够很快运达目的地，而且欠缺的数量会很少。正是因为有自己的利益在里面，而这些利益是基于漕运的准时、无缺漏的"主业"上，所以船夫们会主动把主业做好，从而实现官私双赢。可是自宋朝熙宁（宋神宗的年号，1068—1077 年）以来，这项制度就变了：一些官僚捉摸不透原先政策的真正用意，执掌漕运的主管部门，包括隶属户部的"金部"官吏和转运使，都要对船上的物资进行层层点检。如此一来，那些富商们也不敢再冒险委托漕运夹带私货了，船夫们便失去了搭载私货赚取额外收益的机会。如果还要继续的话，就需要额外给那些官员大量的好处费。所以最终的结果就变成船夫们为了维持生计，反而去偷盗船上装载的粮食，导致粮食短缺的数量居高不下。

原因找到了，于是苏轼上奏请求恢复原来的做法，得到了朝廷的许可，这样问题便解决了。

苏轼能通过异常数据发现问题，继而探究原因，让那些冰冷的数字开口讲话，并善于运用这些数字进行业务革新。最终，既实现了政府及时且安全运输漕粮和货物的目标，又兼顾了基层劳动人民的生命财产安全，让今天的我们也能感受到他为国为民的情怀。

那么我们可以从苏轼身上学习到什么呢？一方面，他实事求是，不弄虚作假，发现漕运问题的也许不止苏轼一个人，但真正解决问题的却是他；另一方面，他善于从数据中感知风险，尊重客观事实，进而从理解业务入手，调查研究，洞察业务，尊重客观规律，顺应人性灵活地解决问题。用现代的话来说，就是将业务、数据异常、调查、建议进行整合，为组织提供增值服务。这就是真正的"业财融合"。

扫描二维码学习微课："冰冷的数字传温情"，并完成任务单。

1. 冰冷的数字传温情
2. 素质拓展任务单

评价反馈

扫描二维码进行学习评价反馈。

评价反馈

学习情境 九

财务成果核算

学习目标

1. 掌握收入的定义及分类、费用的核算范围和利润的定义。

2. 熟悉收入确认与计量的步骤、合同取得成本和合同履约成本、暂时性差异和递延所得税、应纳税所得额和应交所得税的计算。

3. 能识别合同中的单项履约义务，并能对履行每一单项履约义务确认收入。

4. 能确定合同中的交易价格并能将交易价格分摊至每一单项履约义务。

5. 掌握营业成本、税金及附加和期间费用、营业外收入和营业外支出的核算范围和账务处理、所得税费用的账务处理、本年利润的核算。

6. 掌握营业利润、利润总额和净利润的计算。

7. 了解结转本年利润的方法。

8. 培养学生诚实守信、爱岗敬业、开拓创新、无私奉献的道德品质；鼓励学生明确自己的职业理想，做怀抱梦想又脚踏实地，敢想敢为的人。

学习任务及学时分配表

序号	学习任务	学时安排	备注
1	收入的核算	10 学时	
2	费用的核算	2 学时	
3	利润及利润分配核算	3.5 学时	
4	素质拓展：会计界的"扫地僧"——洛克菲勒	0.5 学时	
	合计	16 学时	

案例导入

与朋友见面聊起收入时，朋友会告诉你他每月的工资是多少，会跟你说他炒股赚了多少、买彩票赚了多少……这些都是他的收入；他也会告诉你他每月的开支是多少，包括日常开支、额外的开支，每月大概会有多少结余。个人有收入、支出和结余，企业也一样，有收入、费用和利润，只不过对一个企业来说这一切计算起来可能没有那么简单。

大华公司2月份发生以下有关收入的业务。

2月5日，A公司用现金购买产品，大华公司收到现金后，开具发货票和提货单，A公司将货物提走；

2月10日，根据购销合同，B公司拿支票预付了30%的货款，货物下个月才交付；

2 月 18 日，大华公司按合同把货物发送给了 C 公司后，到银行委托收款，但款项尚未收到。后收到通知，对方资金被冻结，暂时无法收到款项。

大华公司的上述业务是否应该确认收入？应该在什么时候确认收入？这都需要有一个标准，记账也得有一个关联的过程。收入是这样，费用也是如此，而且收入和费用的处理必然会涉及利润。企业的利润是怎么计算的？企业怎么缴纳企业所得税并进行会计处理呢？所有这些内容都属于企业的财务成果结算问题，我们将在接下来的内容中进行学习。

任务一　收入的核算

学习任务

扫描二维码完成学习任务。

学习任务

知识准备

一、收入的概述

收入是企业利润的来源，获取收入是企业日常经营活动中的主要目标。收入是指企业日常活动中所形成的、会导致所有者权益增加的、与所有者投入资本无关的经济利益的总流入。

（一）收入的特征

1. 收入是企业日常活动中形成的

日常活动，是指企业为完成其经营目标而从事的经常性活动，以及与之相关的活动。例如，工业企业制造并销售产品、商品流通企业销售商品、咨询公司提供咨询服务、软件开发公司为用户开发软件等活动，均属于日常活动。工业企业对外出售原材料、出租无形资产和固定资产、提供运输服务等活动，属于与经常性活动相关的活动，由此形成的经济利益流入也构成收入。

收入不能是从偶然的交易或事项中产生的。企业非日常活动的交易或事项也可能有经济利益的流入，但这种经济利益不构成收入，而是作为利得，列为营业外收入等，如捐赠收益。

2. 收入会导致企业所有者权益的增加

收入能增加资产或减少负债或两者兼而有之。因此，根据"资产－负债＝所有者权益"的公式，收入一定能增加所有者权益。

3. 收入是与所有者投入资本无关的经济利益的总流入

所有者投入资本也会形成经济利益总流入，但所有者投入资本是为了谋求享有企业资产的剩余权益，由此形成的经济利益的总流入不构成收入，而应确认为所有者权益。所以，收入会产生经济利益总流入，但不是企业所有经济利益的总流入。

4. 收入只包括本企业的经济利益总流入

收入不包括为第三方或客户代收的款项，如收取需缴纳的增值税、代客户收取的委托代销商品等。企业代收的款项，不是本企业经济利益的流入，它一方面增加企业的资产，另一方面增加企业的负债，并不增加企业所有者权益，所以不构成本企业的收入。

（二）收入的分类

（1）收入按履行履约义务的时间和方式不同，可以分为某一时点完成的收入和某一时段内完成的收入。属于在某一时间点履行的履约义务，在履约时点（即履约义务完成时）确认收入的实现；属于在某一时间段履行的履约义务，在履行履约义务的时间段内根据完工进度等方法确认收入的实现。

（2）收入按经营业务的主次分类，可以分为主营业务收入和其他业务收入。

主营业务收入是指企业经常性的、主要业务所产生的收入，可以企业营业执照上经营范围所规定的主要业务为准。不同行业的主营业务收入所包括的内容也不相同，例如：工业企业销售产品、提供工业性劳务的收入；商品流通企业销售商品的收入；租赁公司的租赁业务收入；安装公司提供的安装服务收入等均属于主营业务收入。主营业务收入一般占企业营业收入的比重较大，对企业的经济效益产生重大的影响。

其他业务收入是指企业非经常性的兼营的业务所产生的收入，可通过营业执照上的兼营业务范围确定。不同行业、企业的其他业务收入所包括的内容有所不同，例如：工业企业的对外销售材料收入，提供非工业性劳务收入，出租包装物、固定资产、无形资产的租金收入等。

主营业务收入和其他业务收入合称为营业收入。

二、收入的确认和计量

正确确认与计量收入是如实反映企业经营成果，正确核算企业利润的前提和保证。企业确认收入的方式应当反映其向客户转让商品、提供服务的模式。收入的金额应当反映企业因转让商品或提供服务而预期有权收取的对价金额。

（一）收入确认的原则

企业应当在履行了合同中的履约义务，即在客户取得相关商品控制权时确认收入。取得相关商品控制权，是指客户能够主导该商品的使用并从中获得几乎全部的经济利益，也包括有能力阻止其他方主导该商品的使用并从中获得的经济利益。

取得相关商品控制权包括下列三个要素。

一是拥有现时权利，客户能够主导该商品的使用并从中获得几乎全部的经济利益。如果客户只能在未来某一期间主导该商品的使用并从中获益，则表明尚未取得对该商品的控制权。

二是有能力主导该商品的使用，客户在其活动中有权使用该商品，或者能够允许或阻止其他方使用该商品。

三是能够获得几乎全部的经济利益。商品经济利益是指商品的潜在现金流量，既包括现金流入的增加，也包括现金流出的减少。客户可以通过使用、消耗、出售、处置、交换、抵押或持有等多种方式直接或间接地获得商品的经济利益。

💡 **重要提示：**

1. 客户是指与企业订立合同以向该企业购买日常活动产出的商品并支付对价的一方。

2. 这里所称的商品包括商品和服务。

3. 对价是指交易双方以权利义务为基础所允诺认可的价格。所以，对价是在合同约定中产生；对价是交易双方接受的价格，不一定是公允价值等。

（二）收入确认的前提条件

企业与客户之间的合同同时满足下列五项条件的，企业应当在客户取得商品控制权时确认收入。

（1）合同各方已批准该合同并承诺将履行各自义务。

（2）该合同明确了合同各方与所转让商品相关的权利和义务。

（3）该合同有明确的与所转让商品相关的支付条款。

（4）该合同具有商业实质，即履行该合同将改变企业未来现金流量的风险、时间分布或金额。

（5）企业因向客户转让商品而有权取得的对价很可能收回。

（三）收入确认和计量的步骤

收入确认和计量大致可分为五步，如表9-1所示。

表9-1　收入确认和计量的分步骤表

步骤	内容	实质
第1步	识别与客户订立的合同	确认收入
第2步	识别合同中的单项履约义务	确认收入
第3步	确定交易价格	收入计量
第4步	将交易价格分摊至各单项履约义务	收入计量
第5步	履行各单项履约义务时确认收入	收入确认

（1）识别与客户订立的合同。合同有书面形式、口头形式以及其他形式。企业的存在是企业确认客户合同收入的前提。

（2）识别合同中的单项履约义务。企业应当识别合同中所包含的各单项履约义务，并确定各单项履约义务是在某一时点履行，还是在某一时段内履行，然后在履行了各单项履约义务时分别确认收入。

💡 **重要提示：**

履约义务是指合同中企业向客户转让可明确区分商品或服务的承诺。单项履约义务的确定分为以下两种情况。

（1）转让可明确区分商品的承诺。第一，从商品自身特征区分。如销售商品并提供安装服务，系简单的、企业以外的其他单位也能提供的，则分为销售商品和安装服务两项单项履约义务。第二，从合同层面区分。通常合同表明转让商品的承诺与其他承诺不可单独区分，如销售商品并提供安装服务，系复杂的且商品需要按客户定制要求修改，则合同中明确将销售商品和安装服务合并为单项履约义务。

（2）转让一系列实质相同且转让模式相同的、可明确区分的商品的承诺。如企业向客户提供物业管理服务（包括安保、维修、保洁等），按照约定的标准，企业随时准备根据需要为其提供相关服务，则该物业服务属"实质相同"的单项履约义务。

【业务范例9-1】判断下述两份合同中，各包含几项单项履约义务。

（1）企业为客户建造写字楼的合同中，企业提供的砖头、水泥、人工等都能够使客户获益，但是在该合同下，企业对客户承诺的是为其建造一栋写字楼，并非提供这些砖头、水泥和人工等，企业需提供服务将这些商品或服务进行整合，以形成合同约定的一项组合产出（即写字楼）转让给客户。因此，在该合同中，砖头、水泥和人工等商品或服务彼此之间不能单独区分，该合同为单项履约义务。

（2）企业承诺向客户提供其开发的一款现有软件，并提供安装服务，虽然该软件无须更新或技术支持也可直接使用，但是企业在安装过程中需要在该软件现有基础上对其进行定制化的重大修改，以使其能够与客户现有的信息系统相兼容。此时，转让软件的承诺与提供定制化重大修改的承诺在合同层面是不可明确区分的，构成单项履约义务。

（3）确定交易价格。交易价格是指企业因向客户转让商品而预期有权收取的对价金额，不包括代第三方收取的款项（如增值税）以及企业预期将退还给客户的款项。合同条款所承诺的对价，可能是固定金额、可变金额或两者兼有。

💡 重要提示：

企业与客户的合同约定的对价金额可能是固定的，也可能会因折扣折让、激励措施、奖励积分、未来事项等而发生变化。若合同中存在可变对价，企业应对可变对价进行估计，按照期望值或最可能发生金额确定最佳估计数。但不允许企业在两种方法中随意选择。

【业务范例9-2】

（1）甲公司为客户建造厂房的合同约定6个月完工，交易价格为固定金额500万元；若提前1个月完工，客户将额外奖励30万元，甲公司估计工期提前1个月完工的概率为95%，可变对价按照最可能发生金额30万元计算，则此项交易价格为固定金额500万元和可变金额30万元，总价为530万元。

（2）乙公司是一家家电生产销售企业，适用增值税税率13%。2023年6月，向零售商丙公司销售100台冰箱，每台5 000元，合同价款合计500 000元，每台成本为3 000元。乙公司承诺在未来半年内，若同款冰箱价格下跌，则按照合同价和最低售价之间的差额进行补偿。乙公司按照历史经验预计各种结果发生的概率如表9-2所示。

表9-2　冰箱价格下降概率估计

未来半年内冰箱的降价金额/（元/台）	概率/%
0	40
300	30

194

未来半年内冰箱的降价金额 /（元 / 台）	概率 /%
500	20
1 000	10

在本例中，期望值能够更好地预测对价金额。

乙公司应确认的销售商品收入 =（5 000×40%+4 700×30%+4 500×20%+4 000×10%）×100=471 000（元）

（4）将交易价格分摊至各单项履约义务。当合同中包含两项或多项履约义务时，需要将交易价格分摊至各单项履约义务。分摊的一般原则：以合同开始日为起点；以交易价格为对象；以各单项履约义务所承诺商品的单独售价为比例；结果使分摊至各单项履约义务的交易价格能够反映企业因向客户转让商品而有权收取的对价金额。

【业务范例 9-3】前景公司与客户签订合同，向其销售 A、B、C 三件产品，不含增值税的合同总价款为 10 000 元。A、B、C 产品的不含增值税单独售价分别为 5 000 元、3 500 元和 7 500 元，合计 16 000 元。

本例中前景公司应按照 A、B、C 产品各单项履约义务所承诺商品的单独售价的相对比例进行分摊：

A 产品应当分摊的交易价格 = 5 000 ÷ 16 000 × 10 000 = 3 125（元）

B 产品应当分摊的交易价格 = 3 500 ÷ 16 000 × 10 000 = 2 187.5（元）

C 产品应当分摊的交易价格 = 7 500 ÷ 16 000 × 10 000 = 4 687.5（元）

（5）履行各单项履约义务时确认收入。当企业将商品转移给客户，客户取得了相关商品的控制权，则企业履行了合同履约义务，此时企业应确认收入。企业将商品控制权转移给客户，可能在某一时段内发生，也可能在某一时点发生。企业应当根据实际情况，先判断履约义务是否满足在某一时段内履行的条件，如不满足的，则属于在某一时点履行的履约义务。

三、收入的科目设置

企业为了核算与客户之间因合同产生的各种收入及相关成本费用，一般需要开设"主营业务收入""其他业务收入""主营业务成本""其他业务成本""合同取得成本""合同履约成本""合同资产""合同负债"等科目。

"主营业务收入"科目核算企业确认的销售商品、提供服务等主营业务的收入，"其他业务收入"科目核算企业确认的除主营业务活动以外的其他经营活动实现的收入，包括出租各项资产的收入、销售材料的收入等。这两个科目都是贷方登记收入的增加，借方登记期末转入"本年利润"科目的收入金额，结转后这两个科目应无余额。

"主营业务成本"科目核算企业确认销售商品、提供服务等主营业务收入时应结转的成本，"其他业务成本"科目核算企业确认的除主营业务活动以外的其他经营活动所形成的成本，包括销售材料的成本、出租固定资产的折旧额、出租无形资产的摊销额、出租包装物的成本或摊销额等。这两个科目借方登记成本的增加，贷方登记期末转入"本年利润"科目的成本金额，结转后这两个科目应无余额。

"合同取得成本"科目核算企业取得合同发生的、预计能够收回的增量成本，借方登记发生的合同取得成本，贷方登记摊销的合同取得成本，期末借方余额反映企业尚未结转的合同取得成本。

"合同履约成本"科目核算企业为履行当前或预期取得合同所发生的、不属于其他企业会计准则规范范围且按照收入准则应当确认为一项资产的成本。借方登记发生的合同履约成本，贷方登记摊销的合同履约成本，期末借方余额反映企业尚未结转的合同履约成本。

"合同资产"科目核算企业已向客户转让商品而有权收取对价的权利，且该权利取决于时间流逝之外的其他因素。借方登记因已转让商品而有权收取的对价，贷方登记取得无条件收款权的金额，期末借方余额反映企业已向客户转让商品而有权收取的对价金额。

"合同负债"科目核算企业已收或应收客户对价而向客户转让商品的义务。贷方登记企业在向客户转让商品之前，已经收到或已经取得无条件收取合同对价权利的金额，借方登记企业向客户转让商品时冲销的金额，期末贷方余额反映企业在向客户转让商品之前，已经收到或已经取得无条件收取合同对价权利的金额。

此外，企业发生减值的，还应当设置"合同履约成本减值准备""合同取得成本减值准备""合同资产减值准备"等科目进行核算。

四、收入的核算

（一）在某一时点履行履约义务确认收入

对于在某一时点履行的履约义务，企业应当在客户取得相关商品控制权时点确认收入。在判断客户是否已取得商品控制权时，企业应当综合考虑下列迹象。

（1）企业就该商品享有现时收款权利，即客户就该商品负有现时付款义务。

（2）企业已将该商品的法定所有权转移给客户，即客户已拥有该商品的法定所有权。

（3）企业已将该商品实物转移给客户，即客户已占有该商品实物。

（4）企业已将该商品所有权上的主要风险和报酬转移给客户，即客户已取得该商品所有权上的主要风险和报酬。

（5）客户已接受该商品。

（6）其他表明客户已取得商品控制权的迹象。

1. 一般销售商品业务收入

一般销售商品取得商品销售收入的账务处理如表9-3所示。

表9-3　取得商品销售收入的账务处理

业务1	账务处理
确认收入时	借：银行存款、应收账款、合同资产、应收票据、合同负债等 　　贷：主营业务收入 　　　　应交税费——应交增值税（销项税额） 借：主营业务成本 　　存货跌价准备（已销售商品所对应的存货跌价准备） 　　贷：库存商品
代垫运费时	借：应收账款等 　　贷：银行存款

⑦ 思考：

应收账款和合同资产有什么区别？

扫描二维码学习微课：某时点履行履约义务收入的确认。

2. 已经发出商品但不能确认收入

典型业务为支付手续费方式的委托代销商品。委托代销安排是指委托
方与受托方签订代销合同，委托方按合同发出商品，委托受托方向终端客户销售商品，受
托方在售出商品取得价款后向委托方支付货款。这样受托方取得的商品是未获得商品控制
权的，同样，委托方向受托方（客户）转让商品的对价是未达到"很可能收回"收入确认
条件的。所以，发出商品时，委托方不应确认收入，而应将其列为"发出商品"，收到货
款或取得收取货款的权利时，予以确认收入。相关账务处理如表9-4所示。

某时点履行履约义
务收入的确认

表9-4　发出商品但不能确认收入业务的账务处理

业务2	委托方的账务处理
发出商品时	借：发出商品 　　贷：库存商品　　　　　　　　　　　　　　　　　　　（成本价） 如已发出商品被客户退回，应当编制相反的会计分录
受托方售出商品后，委托方 收到代销清单	借：应收账款 　　贷：主营业务收入 　　　　应交税费——应交增值税（销项税额） 借：主营业务成本 　　贷：发出商品
确认手续费时	借：销售费用 　　应交税费——应交增值税（进项税额） 　　贷：应收账款
收到货款时	借：银行存款 　　贷：应收账款

💡 重要提示：

"发出商品"科目的期末余额应在资产负债表"存货"项目列示。

扫描二维码学习微课：委托代销商品（支付手续费方式）。

委托代销商品（支
付手续费方式）

3.销售退回

销售退回是指企业售出的商品，由于质量、规格等方面不符合合同条款的要求等原因，客户要求企业予以退货。相关账务处理如表9-5所示。

表9-5　发生销售退回业务的账务处理

业务3	账务处理
未确认收入的已发出商品发生退回	"发出商品"科目余额转到"库存商品"科目： 借：库存商品 　　贷：发出商品
已确认收入的售出商品发生退回（除资产负债表日后事项外）	直接冲减退回当月的收入和成本，相应的现金折扣一并反向结转： 借：主营业务收入 　　应交税费——应交增值税（销项税额） 　　贷：银行存款等 　　　　财务费用（如有现金折扣） 借：库存商品 　　贷：主营业务成本

扫描二维码学习微课：销售折扣、销售折让与退回。

4. 销售材料等存货业务收入

企业日常活动中会发生对外销售原材料、随同产品出售单独计价的包装物等业务。企业销售原材料、周转材料等存货取得收入的确认与计量比照商品销售进行处理。企业销售原材料、周转材料等存货属于主营业务以外的其他经营活动，其确认的收入列为其他业务收入。结转的相关成本列为其他业务成本。相关账务处理如表9-6所示。

销售折扣、销售折让与退回

表9-6　取得材料销售收入的账务处理

业务4	账务处理
销售材料确认收入时	借：银行存款等 　　贷：其他业务收入 　　　　应交税费——应交增值税（销项税额）
结转成本时	借：其他业务成本 　　贷：原材料

（二）可变对价

企业与客户的合同中约定的对价金额可能是固定的，也可能会因折扣、价格折让、返利、退款、奖励积分、激励措施、业绩奖金、索赔等因素而发生变化。

若合同中存在可变对价，企业应当对计入交易价格的可变对价进行估计；应当按照期望值或最可能发生金额确定可变对价的最佳估计数。相关账务处理如表9-7所示。

表 9-7 发生销售折让和现金折扣业务的账务处理

业务 5	账务处理
发生销售折让时	借：主营业务收入 　　应交税费——应交增值税（销项税额） 　贷：银行存款、应收账款等
有现金折扣时	借：应收账款 　贷：主营业务收入 　　　应交税费——应交增值税（销项税额） 借：银行存款 　　财务费用 　贷：应收账款　　　　　　　　　　　　　　　　　　　（发生现金折扣时）

【业务范例 9-4】前景股份有限公司是增值税一般纳税人，发生下列收入业务。

（1）2023 年 6 月 2 日，前景公司向乙企业销售 A 产品 300 件，增值税专用发票注明售价为 60 000 元，增值税税额为 7 800 元，前景公司按合同发货。乙企业收到 A 产品验收无误后，通过网银如数汇入价税款。该项销售为单项履约义务并属于在某一时点履行的履约义务。

（2）6 月 5 日，前景公司向丙企业销售 A 产品 750 件，增值税专用发票上注明售价 15 万元，增值税税额为 19 500 元。公司按合同发货，以银行存款代垫运杂费 3 000 元（含增值税）。丙企业收到 A 产品验收无误，公司收到一张丙公司签发并经银行承兑的为期三个月金额为 169 500 元的承兑汇票一张。代垫运杂费 3 000 元尚未收到。

（3）前景公司与四海商场均为一般纳税人，前景公司与四海商场签订委托代销合同。7 月 3 日前景公司按合同约定向四海商场发出 A 产品 5 000 件，A 商品成本为 120 元/件，增值税税率为 13%。合同约定：四海商场按 200 元/件的不含税售价对外销售，前景公司按 200 元/件不含税售价的 10% 支付手续费（不含税，手续费增值税税率为 6%）；四海商场对 A 产品不承担包销责任，前景公司也有权收回未出售的商品，商品出售前四海商场没有义务支付货款。7 月 28 日，四海商场实际出售 A 产品 2 500 件，前景公司收到代销商品清单列明货款 50 万元，增值税 65 000 元，前景公司开具相同金额的增值税专用发票。7 月 30 日，四海商场汇付的扣除手续费的价税款 512 000 元收存银行。前景公司进行账务处理。

（4）接上题，四海商场进行账务处理。

（5）6 月 10 日，前景公司销售给科远公司 C 产品 200 件，增值税专用发票注明售价为 10 万元，增值税 13 000 元。公司为了尽早收回货款，在合同中规定现金折扣的条件为：5/10、3/20、n/30（假定计算折扣时不考虑增值税）。

（6）前景公司 7 月份销售 A 产品 500 件，单价是 200 元，单位销售成本是 120 元，增值税税率为 13%，因质量问题该批产品于当年 9 月退回 30 件，价税款以银行存款退还。公司 9 月份销售甲产品 300 件，单位销售成本为 125 元，与退回商品相关的增值税专用发票税已正常取得。前景公司 9 月进行账务处理。

（7）前景公司向科远公司销售一批原材料，售价为 3 万元，增值税税额为 3 900 元，该批材料的实际成本为 25 000 元。科远公司收到材料并验收入库；前景公司收到款项并存入银行。该项业务为单项履约义务且属于在某一时点履行的履约义务。

业务处理如表9-8所示。

表9-8　业务范例9-4的核算

业务		账务处理
（1）2023年6月2日销售A产品		借：银行存款　　　　　　　　　　　　　　67 800 　　贷：主营业务收入——A产品　　　　　　　　　60 000 　　　　应交税费——应交增值税（销项税额）　　7 800
（2）6月5日销售A产品		借：应收票据——丙企业　　　　　　　　169 500 　　贷：主营业务收入——A产品　　　　　　　　150 000 　　　　应交税费——应交增值税（销项税额）　19 500 借：应收账款——丙企业　　　　　　　　　3 000 　　贷：银行存款　　　　　　　　　　　　　　　3 000
（3）前景公司	7月3日将A商品5 000件交付四海商场	借：发出商品——四海商场（A产品）　　600 000 　　贷：库存商品——A产品　　　　　　　　　　600 000
	7月28日收到代销清单	借：应收账款——四海商场　　　　　　　565 000 　　贷：主营业务收入——A产品　　　　　　　　500 000 　　　　应交税费——应交增值税（销项税额）　65 000 借：主营业务成本——A产品　　　　　　300 000 　　贷：发出商品——四海商场（A产品）　　　　300 000
	7月28日结算应支付的手续费	销售费用＝2 500×200×10%＝50 000（元） 应交增值税（进项税额）＝50 000×6%＝3 000（元） 借：销售费用　　　　　　　　　　　　　　50 000 　　应交税费——应交增值税（进项税额）　　3 000 　　贷：应收账款——四海商场　　　　　　　　　53 000
	7月30日收到四海商场汇来的价税款	银行存款＝565 000－53 000＝512 000（元） 借：银行存款　　　　　　　　　　　　　512 000 　　贷：应收账款——四海商场　　　　　　　　512 0000
（4）四海公司	7月3日四海商场收到A商品	借：受托代销商品——大明公司（A产品）1 000 000 　　贷：受托代销商品款——大明公司（A产品）　1 000 000
	四海商场销售A商品2 500件	借：银行存款　　　　　　　　　　　　　565 000 　　贷：受托代销商品——大明公司（A产品）　　500 000 　　　　应交税费——应交增值税（销项税额）　65 000
	7月30日四海商场向前景公司结算应付的价税款	借：受托代销商品款——前景公司（A产品）500 000 　　应交税费——应交增值税（进项税额）　65 000 　　贷：应付账款——前景公司　　　　　　　　　565 000
	7月30日结算代销手续费及增值税	借：应付账款——前景公司　　　　　　　565 000 　　贷：银行存款　　　　　　　　　　　　　　　512 000 　　　　其他业务收入　　　　　　　　　　　　　50 000 　　　　应交税费——应交增值税（销项税额）　3 000
（5）现金折扣	前景公司6月10日确认收入	借：应收账款——科远公司　　　　　　　113 000 　　贷：主营业务收入——C产品　　　　　　　　100 000 　　　　应交税费——应交增值税（销项税额）　13 000

业务		账务处理
（5）现金折扣	如果科远公司在10天内付清款项	借：银行存款　108 000 　　财务费用　5 000 　　贷：应收账款——科远公司　113 000 如果科远公司在10天后20天内付清款项，则按售价的3%给予3 000元（100 000×3%）的现金折扣，实际收到货款11万元；如果科远公司超过30天后才付款，则应按全额收款
（6）销售退回	前景公司9月退回10件产品	借：主营业务收入——A产品　6 000 　　应交税费——应交增值税（销项税额）　780 　　贷：银行存款　6 780
	退回的商品验收入库	借：库存商品——A产品　3 750 　　贷：主营业务成本——A产品　3 750
（7）前景公司向科远公司销售一批原材料		借：银行存款　33 900 　　贷：其他业务收入——材料销售　30 000 　　　　应交税费——应交增值税（销项税额）　3 900 借：其他业务成本　25 000 　　贷：原材料　25 000

（三）在某一时段内履行的履约义务确认收入

1. 判断条件

满足下列条件之一的，属于在某一时段内履行履约义务。

（1）客户在企业履约的同时即取得并消耗企业履约所带来的经济利益。

（2）客户能够控制企业履约过程中在建的商品。

（3）企业履约过程中所产生的商品具有不可替代用途，且该企业在整个合同期间内有权就累计至今已完成的履约部分收取款项。

2. 收入确认

在某一时段内履行的履约义务，企业应按照履约进度确认收入，履约进度不能合理确定的除外。

企业确定履约进度，可以采用实际测量的完工进度、评估已实现的结果、根据时间进度、已完工或交付的产品等产出指标；或者采用投入的材料数量、花费的人工工时、机器工时、发生的成本和时间进度等投入指标。通常，企业会按照累计实际发生的成本占预计总成本的比例来确定履约进度。每一项履约义务，只能按照一种方法确定履约进度，并保持一贯性。

当履约进度不能合理确定时，企业已经发生的成本预计能够得到补偿的，应当按照已经发生的成本金额确认收入，直到履约进度能够合理确定为止。

资产负债表日企业确认当期收入通常的计算公式为：

当期收入＝合同的交易价格总额×资产负债表日履约进度－以前会计期间累计已确认的收入

扫描二维码学习微课：某时段履行履约义务收入的确认。

某时段履行履约义务收入的确认

3.合同成本

（1）合同取得成本

合同取得成本是企业为了取得合同发生的、预期能够收回的增量成本。它应确认为企业的一项资产。增量成本是指企业不取得合同就不会发生的成本，也就是企业发生的与合同直接相关的费用，但又不是所签合同的业务内容如生产商品或提供服务本身直接发生的费用。

企业为取得合同发生的、预期能够收回的增量成本之外的其他支出，如无论合同是否取得均会发生的差旅费、投标费、投标资料制作的相关费用等，应当在发生时计入当期损益。

企业发生已经确认为资产的合同取得成本，应当采取与该资产相关的商品收入确认相同的基础进行摊销，其摊销计入当期损益。为简化核算，该资产摊销期不超过一年的，可以在发生时计入当期损益。相关账务处理如表9-9所示。

表9-9　发生合同取得成本业务的账务处理

业务6	账务处理
支付相关费用时	借：合同取得成本　　　　　　　　　　　　　　　　　　（增量成本） 　　管理费用等　　　　　　　　　（差旅费、尽职调查费用等） 　贷：银行存款等
确认收入、摊销合同取得成本时	借：应收账款等 　贷：主营业务收入 　　　应交税费——应交增值税（销项税额） 借：销售费用 　贷：合同取得成本

扫描二维码学习微课：合同取得成本的确认。

（2）合同履约成本

合同履约成本是指企业为履行当前或预期取得的合同所发生的、满足规定条件的相关成本。它也应确认为企业的一项资产。相关账务处理如表9-10所示。

合同取得成本的确认

企业为履行合同可能会发生各种成本，企业在确认收入的同时应当对这些成本进行分析，若不属于存货、无形资产或固定资产等规范范围且同时满足下列条件的，应当作为合同履约成本确认为一项资产：①该成本与一份当前或预期取得的合同直接相关。与合同直接相关的成本，包括直接材料、直接人工、制造费用或类似费用、明确由客户承担的成本以及因该合同而发生的其他成本（如支付给分包商的成本、机械使用费、设计和技术援助费用、施工现场二次搬运费、生产工具和用具使用费、检验试验费、工程定位复测费、工程交点费用、现场清理费等）。②该成本增加了企业未来用于履行（包括持续履行）履约义务的资源，即形成未来消耗的一项资产，而不是当期费用。③该成本预期能够收回，即预期会给企业带来经济利益流入，符合资产定义。

表9-10 发生合同履约成本业务的账务处理

业务7	账务处理
发生合同履约成本时	借：合同履约成本 　　贷：银行存款、应付职工薪酬、累计折旧等
确认收入、摊销合同履约成本时	借：银行存款等 　　贷：主营业务收入或其他业务收入 　　　　应交税费——应交增值税（销项税额） 借：主营业务成本或其他业务成本 　　贷：合同履约成本

💡 **重要提示：**

1. 企业发生的下列支出，不属于合同履约成本，应在发生时直接计入当期损益。

（1）管理费用，除非明确这些费用由客户承担。

（2）非正常消耗的直接材料、直接人工、制造费用或类似费用，这些支出为履行合同发生，但未反映在合同价格中。

（3）与履行义务中已履行部分相关的支出，即该支出与过去的履约活动相关。

（4）无法在尚未履行的与已履行的履约义务之间区分的相关支出。

2. "合同履约成本"摊销转入营业成本科目，列示在"存货"或"其他非流动资产"项目。

扫描二维码学习微课：合同履约成本的确认。

合同履约成本的确认

【业务范例9-5】前景股份有限公司是增值税一般纳税人，发生下列收入业务。

（1）前景公司通过竞标取得美达公司的一项服务期为3年的咨询合同，该项目每年末取得咨询服务收入120万元，增值税税率为6%。为取得该项合同发生以下费用：专用发票所列的律师事务所尽职调查等费用2万元，增值税1 200元；为投标发生的差旅费9 000元；标书印制费1 000元（取得普通发票）；销售人员佣金61 200元。公司预计这些支出未来均能够收回。根据权责发生制基础服务收入按月确认。此外，公司根据销售目标、盈利情况及个人业绩等，向销售部门经理支付年度奖金20 000元。

（2）前景公司与大润发公司签订合同，由前景公司利用已有信息技术平台为其提供管理服务，合同期限3年，服务费总价180万元，增值税税率6%；服务费分月计算，按年支付。前景公司为提供服务，于合同签订月份向专业机构支付专用发票所列的方案设计及评价费35万元，增值税21 000元；发生的测试费用为：人员薪酬15万元，领用原材料4万元。公司预计这些支出未来均能够收回，不考虑其他因素。

（3）前景公司2023年12月1日与常山公司签订一项为期3个月的装修合同，合同总价为300万元，增值税27万元，工程款每月末按完工进度支付。截至2023年12月31日，经专业人员测量确定，该项目的完工进度为20%；常山公司按完工进度支付工程价税款。至2023年12月31日，前景公司为完成该合同累计发生劳务成本45万元（均为人员薪酬）。2024年1月31日，经专业人员测量确定，该项目的完工进度为60%，为完成该合同发生劳务成本 90 万元（均为人员薪酬）；2024 年 2 月底，装修完工，为完成该合同发生劳务成本 90 万元（均为人员薪酬）。该装修业务构成单项履约义务，且该履约义务满足在某一时段内履行的条件；该业务为前景公司主营业务。前景公司按照实际测量的完工进度确定履约进度。

（4）前景股份有限公司经营一家酒店，该酒店是公司的自有资产。2023 年 12 月计提与酒店经营直接相关的酒店、客房以及客房内的设备家具等折旧 120 000 元、酒店土地使用权摊销费用 65 000 元。经计算，当月确认房费、餐饮等服务含税收入 424 000 元（增值税税率为 6%），全部存入银行。

（5）前景公司经营一家健身俱乐部，2023 年 7 月 1 日，某客户与公司签订合同成为会员，向公司支付会员费 5 088 元，可在未来 12 个月内健身，没有次数限制。该业务适用增值税税率为 6%。

业务处理如表 9-11 所示。

表 9-11　业务范例 9-5 的核算

业务		账务处理
（1）咨询服务	以存款支付各项费用	管理费用 = 20 000 + 9 000 + 1 000 = 30 000（元） 借：合同取得成本——美达公司咨询合同　　61 200 　　管理费用　　30 000 　　应交税费——应交增值税（进项税额）　　1 200 　　贷：银行存款　　92 400
	每月确认服务收入，并分摊合同取得成本（分 36 个月摊销）	主营业务收入——咨询服务 = 1 200 000 ÷ 12 = 100 000（元） 合同取得成本——美达公司咨询合同 = 61 200 ÷（3 × 120）= 1 700（元） 借：应收账款——美达公司　　106 000 　　贷：主营业务收入——咨询服务　　100 000 　　　　应交税费——应交增值税（销项税额）　　6 000 借：销售费用　　1 700 　　贷：合同取得成本——美达公司咨询合同　　1 700
	确认销售经理奖金	借：销售费用　　20 000 　　贷：应付职工薪酬　　20 000
（2）管理服务	前景公司在合同签订月以存款支付相关费用	借：合同履约成本——大润发公司信息服务合同　　540 000 　　应交税费——应交增值税（进项税额）　　21 000 　　贷：银行存款　　371 000 　　　　应付职工薪酬　　150 000 　　　　原材料　　40 000
	前景公司每月确认服务收入，分摊合同履约成本（分 36 个月摊销）	主营业务收入——信息技术服务 = 1 800 000 ÷ 36 = 50 000（元） 合同履约成本——大润发公司信息服务合同 = 540 000 ÷ 36 = 15 000（元） 借：应收账款——大润发公司　　53 000 　　贷：主营业务收入——信息技术服务　　50 000 　　　　应交税费——应交增值税（销项税额）　　3 000 借：主营业务成本——信息技术服务　　15 000 　　贷：合同履约成本——大润发公司信息服务合同　　15 000

续表

业务		账务处理
（3）装修服务	2023 年 12 月，实际发生劳务成本 45 万元	借：合同履约成本——常山公司装修合同 450 000 　　贷：应付职工薪酬 450 000
	2023 年 12 月 31 日，确认劳务收入；同时结转劳务成本	确认劳务收入 = 3 000 000 × 20% － 0 = 600 000（元） 借：银行存款 654 000 　　贷：主营业务收入——装修服务 600 000 　　　　应交税费——应交增值税（销项税额） 54 000 借：主营业务成本——装修服务 450 000 　　贷：合同履约成本——常山公司装修合同 450 000
	2024 年 1 月 31 日	确认劳务收入 = 3 000 000 × 60% － 600 000 = 1 200 000（元） 借：银行存款 1 308 000 　　贷：主营业务收入——装修服务 1 200 000 　　　　应交税费——应交增值税（销项税额） 108 000 借：主营业务成本——装修服务 900 000 　　贷：合同履约成本——常山公司装修合同 900 000
	2024 年 2 月末	确认劳务收入 = 3 000 000 － 600 000 － 1 200 000 = 1 200 000（元） 借：银行存款 1 308 000 　　贷：主营业务收入——装修服务 1 200 000 　　　　应交税费——应交增值税（销项税额） 108 000 借：主营业务成本——装修服务 900 000 　　贷：合同履约成本——常山公司装修合同 900 000
（4）酒店服务	2023 年 12 月确认资产的折旧费、摊销费	借：合同履约成本——酒店服务 185 000 　　贷：累计折旧 120 000 　　　　累计摊销 65 000
	2023 年 12 月确认酒店服务收入并摊销合同履约成本	借：银行存款 424 000 　　贷：主营业务收入——酒店服务 400 000 　　　　应交税费——应交增值税（销项税额） 24 000 借：主营业务成本——酒店服务 185 000 　　贷：合同履约成本——酒店服务 185 000
（5）健身服务	2023 年 7 月 1 日收到会员费	合同负债 = 5 088 ÷（1 + 6%）= 4 800（元） 借：银行存款 5 088 　　贷：合同负债 4 800 　　　　应交税费——待转销项税额 288
	2023 年 7 月 31 日确认收入	合同负债 = 4 800 ÷ 12 = 400（元） 应交税费——待转销项税额 = 288 ÷ 12 = 24（元） 借：合同负债 400 　　应交税费——待转销项税额 24 　　贷：主营业务收入——健身房服务 400 　　　　应交税费——应交增值税（销项税额） 24 未来 11 个月的账务处理同上

💡 **重要提示：**

注意合同取得成本和合同履约成本分摊列支账户不同。

资产负债表日合同取得成本和合同履约成本发生减值的，应计提减值准备，确认为"资产减值损失"；以后又恢复的，在已计提减值准备范围内冲回。

扫描二维码学习微课：合同负债的确认。

合同负债的确认

任务单

1. 收入按履行履约义务的时间和方式不同，可以分为 _____ 和 _____；收入按经营业务的主次分类，可以分为 _____ 和 _____。

2. 若合同中存在可变对价，企业应对可变对价进行估计，按照 _____ 或 _____ 确定最佳估计数。

3. 企业以收取手续费的方式委托代销商品，企业支付的委托代销手续费列为 _____；受托方列为 _____。

4. 请填列下表。

销售方式	确认收入的时间
托收承付方式	
预收货款	
分期收款	
交款提货	
支付手续费委托代销	

5. 下列各项中，哪些属于收入（广义），哪些不属于收入（广义）？应如何计列入账？

项目	是否属于收入	账户
出售固定资产、无形资产的收益		
预收货款		
罚款收入		
收取的押金		
政府补助（与企业日常活动无关）		
出售交易性金融资产、长期股权投资取得的收益		
债权投资的利息收入		
库存现金溢余		

6. 前景公司与B公司签订合同，向其销售甲、乙两种商品，不含增值税的合同总价为26 000元。甲、乙商品不含增值税的单价为8 000元和24 000元。该合同包含两项可明确区分的履约义务。不考虑其他因素，按交易价格分摊原则，甲商品和乙商品分别应分摊的交易价格为（　　）。

A. 8 000元和24 000元
B. 6 500元和19 500元
C. 24 000元和8 000元
D. 19 500元和6 500元

7. 判断：销售折让与销售折扣一样，都是在销售时给买方的价格上的让渡。（　　）

8. 判断：销售退回的处理通常既涉及收入的减少及增值税税额的调整，也涉及成本和存货的调整。（　　）

9. 下列各项中，企业已发出但不符合收入确认条件的商品成本借记的会计科目是（　　）。

A.发出商品

B.主营业务成本

C.销售费用

D.库存商品

10. 前景公司2023年8月5日按合同约定向B公司销售1万件甲商品，单价80元，甲商品已交付给B公司。合同约定，B公司9月30日前有权退还甲商品。假定前景公司根据过去的经验，估计该批商品的退货率为15%，在不确定性消除时，85%的收入极可能不会发生重大转回。下列说法中正确的有（　　）。

A. 2023年8月5日前景公司应确认的收入为80万元

B. 2023年8月5日前景公司应确认的收入为0元

C. 2023年8月5日前景公司应确认的收入为68万元

D. 如果85%的收入极可能发生重大转回，则不应该确认收入

11. 对合同履约成本进行摊销时，借方可能涉及的会计科目有（　　）。

A.合同履约成本

B.主营业务成本

C.管理费用

D.其他业务成本

12. 假设前景公司是一家咨询公司，其通过竞标赢得一个新客户，为取得该客户的合同，前景公司发生如下支出：①聘请外部律师进行尽职调查的支出为20 000元；②因投标发生的差旅费为8 000元；③销售人员佣金为15 000元。前景公司预期这些支出未来能够收回。此外，前景公司根据其年度销售目标、整体盈利情况及个人业绩等，向销售部门经理支付年度奖金5 000元。前景公司应当将其作为合同取得成本确认为一项资产的金额是（　　）。

A. 43 000元

B. 48 000元

C. 15 000元

D. 35 000元

课后拓展

扫描二维码测试：收入的核算。

收入的核算

任务二　费用的核算

学习任务

扫描二维码完成学习任务。

学习任务

知识准备

一、费用的概述

（一）费用的定义

费用作为会计要素是和收入相对应而存在的，它是取得收入所付出的代价。费用是指企业在日常活动中发生的、会导致所有者权益减少的、与向所有者分配利润无关的经济利

益的总流出。

（二）费用的特点

（1）费用是企业在日常活动中发生的经济利益的总流出。企业为完成其经营目标所从事的经常性活动以及与之相关的其他活动发生的经济利益的总流出构成费用。企业不属于日常活动发生的经济利益总流出，是企业的损失而不是费用。如企业因违法违约支付的罚款、自然灾害等非常原因造成的财产毁损等方面的经济利益总流出，均不应列为费用。

（2）费用会导致企业的所有者权益减少。费用可能表现为资产的减少，如减少银行存款、存货等；也可能表现为负债的增加，如应付职工薪酬、应交税费等。费用的本质是企业资产的耗费或流出，根据"资产－负债＝所有者权益"的等式，企业的费用最终会减少企业的所有者权益。

（3）费用与向所有者分配利润无关。企业向所有者分配股利或利润属于企业实现利润的去向，不构成企业的费用。

（三）费用的分类

按经济用途分类，费用可分为成本性费用和期间费用两大类。

（1）成本性费用。成本性费用包括主营业务成本、其他业务成本、税金及附加等，但在制造业中，主营业务成本是由已销售商品的生产成本结转而来的。

（2）期间费用。期间费用是指企业当期发生的不能归属于某种产品的成本，而应当从当期收入中得到补偿的费用。它与当期生产产品的数量没有直接关系，而只与当期实现的收入相关。期间费用包括管理费用、财务费用和销售费用。

⑦ 思考：

1. 请说明支出、费用、生产成本、主营业务成本的区别和联系。

2. "制造费用"和"期间费用"有何区别？

二、费用的确认和计量

（一）费用确认的要求

企业发生一项支出或耗费，首先应确认它是不是费用，如果是，还需进一步明确它是成本性费用，还是期间费用。因此，确认费用应考虑划分收益性支出与资本性支出、权责发生制和配比的要求等。

（1）划分收益性支出与资本性支出。即若一项支出的效益及于几个会计年度（或几个营业周期），该项支出应作为资本性支出予以资本化，不能作为当期费用；若一项支出的效益，仅及于本会计年度（或一个营业周期），则该项支出就应作为收益性支出，在支出期间确认为费用。这一划分为费用的确认给定了一个时间界限。正确地划分收益性支出和资本性支出，保证了正确地计量资产的价值和正确地计算确定各期的产品成本、期间费用及损益。

（2）遵循权责发生制。权责发生制的基础是明确了费用确认的时点要求，只要属于本期的费用，不论其是否支付，均应作为本期费用，如预提银行借款利息；对不属于本期的费用，即使款项已经支付，也不应作为本期费用，如预付三年的财产租赁费。

（3）配比要求。按照配比要求，为取得当期收入而发生的费用，应当确认为该期的费用。当收入已经实现时，某些资产已被消耗，或已被出售，以及劳务已经提供，这些已被耗用的资产和劳务成本，应当在确认有关收入的期间予以确认，如果收入要到未来期间实现，相应的费用就应递延到未来的实际受益期间。

（二）费用的确认

在确认费用时，一般应遵循以下三个标准。

（1）按费用与收入的因果关系加以确认。凡与本期收入有因果关系的耗费，都应当确认为本期的费用。如主营业务成本就可以随同本期的收入作为该期的费用。这种因果关系具体表现为以下两方面：一是经济性质上的因果关系，即有所得必有所费；二是时间上的一致性，即收入与费用相配比的过程。

（2）按合理、系统的分摊方式确认。一些资本性支出的资产在多个会计期间提供收益，应由多个会计期间负担费用，费用就应当按合理的分配方式摊入各个会计期间，如固定资产折旧费用和无形资产摊销等。

（3）直接确认为当期费用。企业发生的有些支出很难明确今后产生的收益，而且对它们加以分摊也无意义，如销售费用、管理费用等，就在其发生时直接确认为当期的期间费用。

三、费用核算应设置的主要账户

营业成本是指企业为生产产品、提供服务等发生的可归属于产品成本、服务成本等的费用，应当在确认销售商品收入、提供服务收入等时，将已销售商品、已提供服务的成本等计入当期损益。营业成本包括主营业务成本和其他业务成本。

（一）主营业务成本

主营业务成本是指企业销售商品、提供服务等经常性活动所发生的成本。企业一般在确认销售商品、提供服务等主营业务收入时，或在月末，将已销售商品、已提供服务的成本转入主营业务成本。期末，应将"主营业务成本"科目余额转入"本年利润"科目，借记"本年利润"科目，贷记"主营业务成本"科目，结转后本科目无余额（见表9-12）。

表9-12　发生主营业务成本业务的账务处理

业务 1	账务处理
结转销售成本	借：主营业务成本 　　存货跌价准备 　贷：库存商品、合同履约成本等
结转主营业务成本	借：本年利润 　贷：主营业务成本

（二）其他业务成本

其他业务成本是指企业确认的除主营业务活动以外的其他日常经营活动所发生的支

出。其他业务成本包括销售材料的成本、出租固定资产的折旧额、出租无形资产的摊销额、出租包装物的成本或摊销额等。采用成本模式计量投资性房地产的，其投资性房地产计提的折旧额和摊销额，也构成其他业务成本。期末，本科目的余额转入"本年利润"科目，结转后本科目无余额（见表9-13）。

表9-13　发生其他业务成本业务的账务处理

业务2	账务处理
结转销售成本	借：其他业务成本 　　贷：原材料/周转材料/累计折旧/累计摊销/银行存款等
结转其他业务成本	借：本年利润 　　贷：其他业务成本

【业务范例9-6】前景股份有限公司是增值税一般纳税人，发生下列业务。

（1）前景公司2023年8月末，根据一般商品销售业务商品发出汇总表（见表9-14），结转已销售商品实际成本。

表9-14　一般商品销售业务出售商品汇总表

2023年8月31日

产品名称	数量/件	单位成本/元	总成本/元
A产品	5 500	126	693 000
C产品	1 100	350	385 000
合计			1 078 000

（2）前景公司8月销售原料及主要材料一批，售价为1万元，实际成本为9 000元；因商品出销售领用单独计价的包装物一批，计售价2万元，实际成本16 000元。

（3）前景公司将一项非专利技术出租给乙企业使用，每月租金3万元，该非专利技术每月的摊销额为5 000元，结转摊销时的账务处理。

业务处理如表9-15所示。

表9-15　业务范例9-6的核算

业务	账务处理
（1）2023年8月末结转销售成本	借：主营业务成本——A产品　　　　　　693 000 　　　　　　　　　　——C产品　　　　　　385 000 　　贷：库存商品——产成品（A产品）　　　　　693 000 　　　　　　　　——产成品（C产品）　　　　　385 000
（2）2023年8月销售原材料等	借：其他业务成本——材料销售　　　　　25 000 　　贷：原材料——原料及主要材料　　　　　　9 000 　　　　周转材料——包装物　　　　　　　16 000
（3）出租非专利技术	借：其他业务成本——商标权出租　　　　5 000 　　贷：累计摊销　　　　　　　　　　　　5 000

（三）税金及附加

税金及附加是指企业经营活动应负担的相关税费，包括消费税、城市维护建设税、教育费附加、资源税、土地增值税、房产税、城镇土地使用税、车船税、印花税等。相关账务处理如表 9-16 所示。

表 9-16　发生税金及附加业务的账务处理

业务 3	账务处理
计算确定与经营活动相关的消费税、城市维护建设税、教育费附加、资源税、土地增值税（房地产开发企业）、房产税、城镇土地使用税、车船税等	借：税金及附加 　　贷：应交税费——应交消费税 　　　　　　　　——应交城市维护建设税 　　　　　　　　——应交教育费附加 　　　　　　　　——应交资源税 　　　　　　　　——应交土地增值税 　　　　　　　　——应交房产税 　　　　　　　　——应交城镇土地使用税 　　　　　　　　——应交车船税等
交纳不需要预计应交数的税金（印花税）	借：税金及附加 　　贷：银行存款
期末结转到本年利润	借：本年利润 　　贷：税金及附加

💡 **重要提示：**

常见的不通过"税金及附加"科目核算的税费有个人所得税、企业所得税、增值税、车辆购置税、耕地占用税等。

（四）期间费用

期间费用是指企业日常活动中发生的不能直接计入特定核算对象成本，而计入当期损益的费用。期间费用与产品生产成本不同，主要有以下特点。

第一，与特定成本核算对象的关系不同。期间费用是企业为组织和管理整个经营活动的费用，与特定成本核算对象的材料采购、产品生产等没有直接关系，因而不计入有关核算对象的成本，而直接计入当期损益。

第二，与会计期间的关系不同。期间费用只与费用发生的当期有关，不影响或不分摊到以后各期。而产品成本中当期完工验收入库的部分当期转为产成品（存货），未完工部分则结转到下一期继续加工，与前后会计期间都有关系。

第三，与会计报表关系不同。期间费用直接计入当期利润表，抵扣在当期损益之中。而产品成本完工部分转为"库存商品"，已销售产成品的销售成本再转为"主营业务成本"。主营业务成本也直接列入当期利润表，但未销售的产成品成本和未完工的在产品成本都列入资产负债表。

1. 销售费用

销售费用是指企业在销售商品和材料、提供服务的过程中发生的各项费用，具体包括：运输费、包装费、装卸费、保险费、展览费、广告费、委托代销手续费、商品维修费、预计产品质保损失等，以及为销售本企业商品而专设的销售机构（含销售网点、售后服务网点等）的职工薪酬、业务费、折旧费、修理费等经营费用。相关账务处理如表9-17所示。

表9-17　发生销售费用业务的账务处理

业务4	账务处理
发生时	借：销售费用 　　贷：库存现金/银行存款/应付职工薪酬/累计折旧等
期末结转	借：本年利润 　　贷：销售费用

2. 管理费用

管理费用是指企业为组织和管理生产经营活动而发生的各项费用，包括企业在筹建期间发生的开办费、董事会和行政管理部门在经营管理中发生的或应由企业统一负担的公司经费（包括公司行政管理部门的各项职工薪酬、物料消耗、低值易耗品摊销、办公费和差旅费等）、折旧费、修理费（包括生产车间和行政管理部门）、董事会费（包括董事会成员津贴、会议费和差旅费等）、咨询费（含顾问费）、聘请中介机构经费、诉讼费、业务招待费、技术转让费、无形资产摊销、研发费用等。相关账务处理如表9-18所示。

表9-18　发生管理费用业务的账务处理

业务5	账务处理
企业在筹建期间发生的开办费，包括人员工资、办公费、培训费、差旅费、印刷费、注册登记费以及不计入固定资产成本的借款费用等	借：管理费用 　　贷：银行存款等
企业行政管理部门人员的职工薪酬	借：管理费用 　　贷：应付职工薪酬
企业行政管理部门计提的固定资产折旧	借：管理费用 　　贷：累计折旧
行政管理部门负担的工会经费、董事会费（包括董事会成员津贴、会议费和差旅费等）、聘请中介机构费、咨询费（含顾问费）、诉讼费、业务招待费、技术转让费、研究费用	借：管理费用 　　贷：银行存款 　　　　研发支出等
企业生产车间和行政管理部门发生的固定资产日常修理费用等后续支出	借：管理费用 　　贷：银行存款等

? 思考：

1. 管理费用一定是企业厂部（公司总部）发生的费用或支出吗？

2. 为什么生产车间发生的修理费用计入管理费用而不是制造费用呢？

3. 财务费用

财务费用是指企业为筹集生产经营所需资金等而发生的筹资费用，包括利息支出（减利息收入）、汇兑损益以及相关的手续费、企业发生的现金折扣或收到的现金折扣等。

💡 提示:

为购建固定资产的专门借款所发生的借款费用（利息支出、辅助费用等），在固定资产达到预定可使用状态前按规定应予以资本化，计入有关固定资产的入账价值，不计入财务费用，所以并不是所有借款费用都是财务费用。

企业发生的财务费用，应设置"财务费用"账户进行核算。该账户的借方登记企业发生的各项财务费用，贷方登记冲减的财务费用（如利息收入、汇兑收益、现金折扣等）和期末转入"本年利润"账户的财务费用，结转后该账户应无余额。"财务费用"账户应按财务费用的费用项目进行明细核算（见表9-19）。

表9-19　发生财务费用业务的账务处理

业务 6	账务处理
企业发生的各项财务费用	借：财务费用 　　贷：银行存款 　　　　应收账款等
企业发生的应冲减财务费用的利息收入、汇兑差额和现金折扣	借：银行存款 　　应收账款等 　　贷：财务费用
期末，应将"财务费用"科目余额转入"本年利润"科目	借：本年利润 　　贷：财务费用

【业务范例9-7】前景股份有限公司是增值税一般纳税人，发生下列业务。

（1）2023年5月末，前景公司根据本月商品销售业务实现的营业收入，计算应交消费税为23 000元，城市维护建设税为8 400元，教育费附加为3 600元。

（2）2023年3月，前景公司发生有关销售费用的经济业务如下。

①以银行存款支付专用发票所列的广告费5万元，增值税3 000元。

②以银行存款支付专用发票所列的销售商品运输费2万元，增值税1 800元；支付普通发票所列的销售商品保险费900元。

③结转本月专设销售机构人员的职工薪酬57 000元；结转专设销售机构本月应负担的房屋租赁费6 000元（预付三年）。

（3）2023年3月，前景公司发生有关管理费用的经济业务如下。

①以银行存款向天键会计师事务所支付专用发票所列的咨询服务费3万元，增值税1 800元；支付普通发票所列的公司总部电信网络费2 500元。

②以银行存款支付业务招待费27 200元（含增值税），其中专用发票所列的住宿费2万元，增值税1 200元；普通发票所列的用餐费6 000元。

③结转公司费用化的无形资产研发费用7万元；摊销本月公司管理部门用无形资产成本5万元。

（4）2023年3月，前景公司发生有关财务费用的经济业务如下。

①以银行存款支付专用发票所列的商业汇票承兑手续费8 000元，增值税480元。

②以银行存款75 600元支付一项购买材料附现金折扣的应付款项79 100元，获得对

方给予的现金折扣 3 500 元（不考虑增值税）。

③公司向建设银行西湖支行借入本金为 90 万元的借款，该借款合同约定的期限为 6 个月，年利率为 4.8%，到期一次还本付息。现预提本月应计利息。

业务处理如表 9-20 所示。

表 9-20　业务范例 9-7 的核算

业务		账务处理	
（1）	2023 年 5 月末缴税	借：税金及附加 　贷：应交税费——应交消费税 　　　　——应交城市维护建设税 　　　　——应交教育费附加	35 000 23 000 8 400 3 600
（2）	① 2023 年 3 月支付广告费	借：销售费用——广告费 　　应交税费——应交增值税（进项税额） 　贷：银行存款	50 000 3 000 53 000
	② 2023 年 3 月支付商品运输费等	借：销售费用——运输费 　　　　——保险费 　　应交税费——应交增值税（进项税额） 　贷：银行存款	20 000 900 1 800 22 700
	③ 2023 年 3 月支付销售机构人员工资等	借：销售费用——职工薪酬 　　　　——租赁费 　贷：应付职工薪酬 　　　长期待摊费用——预付专设销售机构租赁费	57 000 6 000 57 000 6 000
（3）	① 2023 年 3 月支付咨询服务费等	借：管理费用——咨询费 　　　　——办公费 　　应交税费——应交增值税（进项税额） 　贷：银行存款	30 000 2 500 1 800 34 300
	②支付业务招待费	借：管理费用——业务招待费 　　应交税费——应交增值税（进项税额） 　贷：银行存款	26 000 1 200 27 200
	③摊销无形资产	借：管理费用——研究费用 　　　　——无形资产摊销 　贷：研发支出——费用化支出 　　　累计摊销	70 000 50 000 70 000 50 000
（4）	①支付商业汇票承兑手续费	借：财务费用——手续费 　　应交税费——应交增值税（进项税额） 　贷：银行存款	8 000 480 8 480
	②支付材料款	借：应付账款 　贷：银行存款 　　　财务费用——现金折扣	79 100 75 600 3 500
	③预提借款利息	利息支出 = 900 000 × 4.8% ÷ 12 = 3 600（元） 借：财务费用——利息支出 　贷：应付利息——建设银行西湖支行	 3 600 3 600

任务单

1. 按经济用途费用可分为 _____ 和 _____ 两大类。

2. 营业成本包括 _____ 和 _____；期间费用包括 _____、_____、_____。

3. 生产车间发生的修理费用应计入 _____。

4. 记入"税金及附加"的税费有_____
_____。

5. 前景公司 2023 年度从事商品销售实际交纳增值税 1 500 万元，消费税 800 万元，应交城市维护建设税税率为 7%、教育费附加为 3%，不考虑其他特殊情况，则甲公司当年计入"税金及附加"科目的金额为（　　）万元。

A. 2 530   B. 1 730

C. 1 030   D. 2 300

6. 下列各项中，不应计入财务费用的有（　　）。

A.银行承兑汇票的手续费   B.发行股票的手续费

C.销售商品的现金折扣   D.外币应收账款的汇兑损失

7. 前景公司 2023 年销售商品 30 万件，并承诺未来一年当中如果产品质量出现问题给予免费修理或者更换，为此估计未来一年可能发生的产品质量保证损失为 400 万元，则前景公司正确的会计处理是（　　）。

A.计入 2022 年的销售费用 400 万元   B.计入 2023 年的销售费用 400 万元

C.冲减 2022 年的销售费用 400 万元   D.增加 2022 年的存货减值损失 400 万元

课后拓展

扫描二维码测试：费用的核算。

费用的核算

任务三　利润及利润分配核算

学习任务

扫描二维码完成学习任务。

学习任务

知识准备

利润是指企业在一定会计期间实现的经营成果。如果企业实现利润，表明企业所有者权益的增加；反之，如果企业发生亏损，表明企业所有者权益的减少。所以，利润反映企业在一定会计期间的经营业绩，是考核和评价企业经济效益的一项综合性指标，有助于投资者和债权人根据企业的经营业绩做出正确的决策。

一、利润的构成

利润包括收入减去费用后的净额、直接计入当期利润的利得和损失等。收入减去费用后的净额是企业日常活动的业绩，是利润的主体和基本来源。利得是指由企业非日常活动形成的、会导致所有者权益增加的、与所有者投入资本无关的经济利益的流入，如营业外收入等。损失是指由企业非日常活动形成的、会导致所有者权益减少的、与向所有者分配利益无关的经济利益的流出，如营业外支出等。利得和损失有直接计入当期利润的，也有计入所有者权益的。

根据利润表的编制，利润表中营业利润、利润总额和净利润三个项目的计算步骤如下。

（一）营业利润

营业利润的计算公式为：

营业利润＝营业收入－营业成本－税金及附加－销售费用－管理费用－财务费用＋其他收益＋投资收益（－投资损失）＋公允价值变动收益（－公允价值变动损失）－资产减值损失－信用减值损失＋资产处置收益（－资产处置损失）

其中，营业收入是指企业经营业务所实现的收入总额，包括主营业务收入和其他业务收入。

营业成本是指企业经营业务所发生的实际成本总额，包括主营业务成本和其他业务成本。

其他收益主要是指与企业日常活动相关，除冲减相关成本费用以外的政府补助。如增值税即征即退、按定额扣减的增值税等。

投资收益（或损失）是指企业以各种方式对外投资所取得的收益（或损失）。

公允价值变动收益（或损失）是指企业交易性金融资产等公允价值变动形成的应计入当期损益的利得（或损失）。

信用减值损失是企业计提各项金融工具信用减值准备所确认的信用损失。

资产减值损失是指企业计提有关资产减值准备所形成的损失。

资产处置收益（或损失）主要是指企业出售划分持有待售的非流动资产（金融工具、长期股权投资和投资性房地产除外）确认的收益（或损失），以及处置未划分持有待售的非流动资产如固定资产、无形资产、在建工程等所确认的收益（或损失），也包括非货币性资产交换换出的非流动资产产生的利得或损失。

（二）利润总额

利润总额也称税前利润，其计算公式为：

利润总额＝营业利润＋营业外收入－营业外支出

其中，营业外收入和营业外支出是指企业发生的与其日常活动无直接关系的计入当期利润的各项利得和损失。

（三）净利润

净利润也称税后利润，其计算公式为：

净利润＝利润总额－所得税费用

其中，所得税费用是指企业确认的应从当期利润总额中扣除的所得税费用。

二、营业外收支

（一）营业外收入

营业外收入是指企业发生的与其日常活动无直接关系的各项利得。营业外收入主要包括非流动资产毁损报废利得、政府补助（与日常活动无关的）、盘盈利得、捐赠利得等。

非流动资产毁损报废利得，是指企业因自然灾害等发生毁损、已丧失使用功能而报废非流动资产取得的价款收入、残料价值、保险赔款等扣除被毁损报废非流动资产的账面价值、清理费用、相关税费（不含增值税）后的利得。

政府补助，是指与企业日常活动无关的、从政府无偿取得货币性资产或非货币性资产形成的利得，如企业受到自然灾害造成停工、停产政府给予的补助。

盘盈利得，是指企业对现金等资产清查盘盈的资产报经批准后计入营业外收入的金额。

捐赠利得，是指企业接受捐赠产生的利得。

企业取得的营业外收入，应设置"营业外收入"账户进行核算。"营业外收入"账户的贷方登记企业确认的各项营业外收入，借方登记期末转入"本年利润"账户的营业外收入，结转后该账户无余额。"营业外收入"账户可按营业外收入的项目进行明细核算（见表9-21）。

表9-21 取得营业外收入的账务处理

业务1	账务处理
确认非流动资产毁损报废利得时	借：固定资产清理 银行存款等 贷：营业外收入
确认盘盈利得、捐赠利得、政府补助等计入营业外收入时	借：待处理财产损溢 银行存款等 贷：营业外收入

💡 **重要提示：**

列为营业外收入的盘盈利得，主要是库存现金溢余无法查明原因的部分。存货盘盈一般是冲减管理费用；固定资产盘盈是重大差错，应列为以前年度损益调整。

（二）营业外支出

营业外支出是指企业发生的与其日常活动无直接关系的各项损失。营业外支出主要包括非流动资产毁损报废损失、捐赠支出、盘亏损失、非常损失、罚款支出等。

非流动资产毁损报废损失，是指企业因自然灾害等发生毁损、已丧失使用功能而报废非流动资产取得的价款收入、残料价值、保险赔款等，不足以抵补被毁损报废非流动资产的账面价值、清理费用、相关税费（不含增值税）后的净损失。

盘亏损失，主要是指财产清查盘亏的资产，查明原因并报经批准计入营业外支出的损失。

罚款支出，是指企业支付的税务罚款、行政罚款，以及其他违反法律法规、合同协议等而支付的罚款、违约金、赔偿金等。

公益性捐赠支出，是指企业对外进行捐赠所发生的支出。

非常损失，是指企业对于因客观原因（如自然灾害等）造成的资产损失，扣除保险赔偿款、残值等后应计入营业外支出的净损失。

企业发生的营业外支出应设置"营业外支出"账户进行核算。"营业外支出"账户的借方登记企业确认的各项营业外支出，贷方登记期末转入"本年利润"账户的营业外支出，结转后该账户无余额。"营业外支出"账户可按营业外支出的项目进行明细核算（见表 9-22）。

表 9-22　取得营业外支出的账务处理

业务 2	账务处理
确认非流动资产毁损报废损失时	借：营业外支出 　贷：固定资产清理 　　　无形资产等
确认计入营业外支出的盘亏损失、非常损失时	借：营业外支出 　贷：待处理财产损溢 　　　固定资产清理
支付罚款支出、捐赠支出时	借：营业外支出 　贷：银行存款

三、所得税费用

所得税是指对企业经营所得或其他所得征收的一种税收。它体现了国家与企业之间的分配关系。经营所得是指企业根据税法规定确认的从事生产经营的所得；其他所得是指企业通过非日常活动获得的所得，如股利、利息（不含国库券利息）、租金、处置各类资产收益等。

（一）所得税费用的计算

企业的所得税费用包括当期所得税和递延所得税两个部分，其中当期所得税是指当期应交所得税，递延所得税包括递延所得税资产和递延所得税负债。

应交所得税是指企业按照《企业所得税法》规定计算确定的针对当期发生的交易和事项，应缴纳给税务部门的所得税金额，即当期应交所得税。应纳税所得额是在企业税前会计利润（即利润总额）的基础上调整确定的，计算公式为：

应纳税所得额＝税前会计利润＋纳税调整增加额－纳税调整减少额

应交所得税＝应纳税所得额 × 所得税税率

所得税纳税调整内容如表 9-23 所示。

表9-23　所得税纳税调整内容

业务	内容
纳税调整增加额	（1）企业已计入当期损失但企业所得税法规定不允许扣除项目的金额（如：税收滞纳金、罚款等）。 （2）税法规定允许扣除项目中，企业已计入当期费用但超过税法规定扣除标准的金额： ①企业发生的职工福利费支出，超过工资、薪金总额14%的部分； ②企业拨缴的工会经费，超过工资、薪金总额2%的部分； ③除国务院财政、税务主管部门另有规定外，企业发生的职工教育经费支出，超过工资、薪金总额8%的部分当年应纳税调增，准予结转以后纳税年度扣除等； ④业务招待费，按照发生额的60%允许扣除，但最高不得超过当年营业收入的5‰； ⑤广告费和业务宣传费，超过年度利润总额12%的部分； ⑥公益性捐赠支出，超过年度利润总额12%的部分
纳税调整减少额	（1）前五年内的未弥补亏损； （2）国债利息收入等

扫描二维码学习微课：应交所得税的计算。

（二）所得税费用的账务处理

企业应根据会计准则的规定，计算确定当期所得税和递延所得税之和，据以确认应从当期利润总额中扣除的所得税费用，通过"所得税费用"科目核算。相关账务处理如表9-24所示。

应交所得税的计算

所得税费用＝当期所得税＋递延所得税

递延所得税＝（递延所得税负债的期末余额－递延所得税负债的期初余额）－（递延所得税资产的期末余额－递延所得税资产的期初余额）

表9-24　企业所得税费用的账务处理

业务3	账务处理
确认企业所得税费用	借：所得税费用 　　递延所得税资产　（递延所得税资产期末数大于期初数的差额，小于的差额在贷方） 　贷：应交税费——应交所得税 　　递延所得税负债（递延所得税负债期末数大于期初数的差额，小于的差额在借方）
交纳企业所得税	借：应交税费——应交所得税 　贷：银行存款
结转所得税费用	借：本年利润 　贷：所得税费用

扫描二维码学习微课：所得税费用的核算。

【业务范例9-8】前景股份有限公司是增值税一般纳税人，发生下列业务。

（1）前景公司2023年5月经批准报废一项固定资产，账面原值25万元，累计折旧23万元，取得清理收入5万元（不含增值税，不考虑其他税费），支付清理费用7 000元，假定无其他税费。结转此项报废固定资产净收益的账务处理。

所得税费用的核算

（2）前景公司收到科技研究院捐赠的一批专用原材料，专用发票所列的价款为3万元，增值税为3 900元。材料已验收入库。

（3）前景公司的一项入账价值为60万元的非专利技术，使用满4年，累计已摊销48万元。因该技术已被其他新技术所替代，公司决定将其予以报废处理。该项非专利技术未计提过减值准备。

（4）前景公司因发生自然灾害，造成90件库存A商品发生毁损。毁损商品实际成本11 250元，无残值，也未计提过跌价准备，上月发生时已核实上报待批准处理。现已批准，其损失予以结转。

（5）前景公司以银行存款支付税收滞纳金2万元。

（6）前景公司2022年度实现利润总额370万元，所得税税率为25%。第一至三季度已结转应交所得税65万元，实际已预交所得税60万元。当年因违反税法而支付罚款和滞纳金7万元；销售费用的广告费和业务宣传费中列支非广告性赞助支出15万元；投资收益中有国债利息收入10万元。除上述外无其他纳税调整项目，且假设不存在"递延所得税负债"和"递延所得税资产"。

（7）前景公司本年度实现利润总额500万元。当年税法规定税前可列支的业务招待费为90万元，实际列支98万元，管理费用中列支为投资者支付的商业保险费20万元（非社会保险费，不得税前列支）；按照当年发生无形资产研发费用计算税前可加计扣除12万元。公司递延所得税负债年初数为25万元，年末数为36万元；递延所得税资产年初数为17万元，年末数为12万元。所得税税率为25%，假定公司本年度内未结算、预缴过所得税。

业务处理如表9-25所示。

表9-25　业务范例9-8的核算

	业务	账务处理	
（1）	结转报废固定资产净收益	借：固定资产清理 　贷：营业外收入——非流动资产毁损报废利得	23 000 23 000
（2）	收到捐赠的原材料	借：原材料——原料及主要材料 　　应交税费——应交增值税（进项税额） 　贷：营业外收入——捐赠利得	30 000 3 900 33 900
（3）	报废无形资产	借：营业外支出——非流动资产毁损报废损失 　　累计摊销 　贷：无形资产——非专利技术	120 000 480 000 600 000
（4）	结转毁损的A商品	借：营业外支出——非常损失 　贷：待处理财产损溢——待处理流动资产损溢	11 250 11 250
（5）	支付税收滞纳金	借：营业外支出——罚款支出 　贷：银行存款	20 000 20 000
（6）	年终确认所得税费用	全年应纳税所得额 = 3 700 000 + 70 000 + 150 000 − 100 000 = 3 820 000（元） 全年（当期）应交所得税 = 3 820 000 × 25% = 955 000（元） 年终结转应交所得税 = 955 000 − 650 000 = 305 000（元） 借：所得税费用——当期所得税费用 　贷：应交税费——应交所得税	 305 000 305 000

续表

	业务	账务处理
（6）	实际缴纳所得税	年终未缴纳所得税 = 955 000 - 600 000 = 355000（元） 借：应交税费——应交所得税　　　　　　　　355 000 　　贷：银行存款　　　　　　　　　　　　　　　　355 000
	转入"本年利润"账户	借：本年利润　　　　　　　　　　　　　　　305 000 　　贷：所得税费用——当期所得税费用　　　　　　305 000 前景公司本年度净利润 = 3 700 000 - 955 000 = 2 745 000（元）
（7）	确认所得税费用	全年纳税所得额 = 5 000 000 + (980 000 - 900 000) + 200 000 - 120 000 = 5 160 000（元） 全年应交所得税 = 5 160 000 × 25% = 1 290 000（元） 递延所得税资产增加数 = 120 000 - 170 000 = -50 000（元） 递延所得税负债增加数 = 360 000 - 250 000 = 110 000（元） 借：所得税费用　　　　　　　　　　　　　1 450 000 　　贷：应交税费——应交所得税　　　　　　　　1 290 000 　　　　递延所得税资产　　　　　　　　　　　　50 000 　　　　递延所得税负债　　　　　　　　　　　110 000
	交纳本年所得税	借：应交税费——应交所得税　　　　　　　1 290 000 　　贷：银行存款　　　　　　　　　　　　　　1 290 000
	转入"本年利润"账户	借：本年利润　　　　　　　　　　　　　　1 450 000 　　贷：所得税费用——当期所得税费用　　　　1 450 000 前景公司本年度净利润 = 5 000 000 - 1 450 000 = 3 550 000（元）

四、本年利润

（一）结转本年利润的方法

结转本年利润的方法有账结法和表结法两种，企业可以根据其实际情况选择采用（见表9-26）。

表 9-26　结转本年利润方法

账结法	表结法
（1）每月末均需编制转账凭证，将在账上结计出的各损益类科目的余额结转入"本年利润"科目 （2）账结法在各月均可通过"本年利润"科目提供当月及本年累计的利润（或亏损）额	（1）各损益类科目每月末只需结计出本月发生额和月末累计余额，不结转到"本年利润"科目，但每月末要将损益类科目本月发生额合计数填入利润表的本月数栏，同时将本月末累计余额填入利润表的本年累计数栏，通过利润表计算反映各期的利润或亏损 （2）表结法下，年中损益类科目无须结转入"本年利润"科目，只有在年末时才将全年累计余额结转入"本年利润"科目

（二）结转本年利润的账务处理

企业应设置"本年利润"账户核算企业本年度实现的净利润（或发生的亏损）。

会计期末，将本期各项收入、收益转入"本年利润"账户，借记有关损益类账户，贷记"本年利润"账户；将各项成本、费用、支出转入"本年利润"账户的借方，借记"本年利润"账户，贷记有关损益类账户。结转后，"本年利润"账户如为贷方余额，表示企业实现的净利润；如为借方余额，则表示企业发生的净亏损。年度终了，应将"本年利润"

账户的累计余额转入"利润分配——未分配利润"账户，结转后，"本年利润"账户无余额。相关账务处理如表 9-27 所示。

表 9-27　结转本年利润的账务处理

业务4	账务处理
结转各项收入、利得类账户发生额	借：主营业务收入 　　其他业务收入 　　公允价值变动损益（收益） 　　投资收益（收益） 　　资产处置损益（收益） 　　其他收益 　　营业外收入等 　贷：本年利润
结转各项费用、损失类账户发生额	借：本年利润 　贷：主营业务成本 　　　其他业务成本 　　　管理费用 　　　销售费用 　　　财务费用 　　　税金及附加 　　　信用减值损失 　　　资产减值损失 　　　公允价值变动损益（损失） 　　　投资收益（损失） 　　　资产处置损益（损失） 　　　营业外支出等
计算所得税费用	借：所得税费用 　　递延所得税资产（或贷方） 　贷：应交税费——应交所得税 　　　递延所得税负债（或借方）
结转所得税费用，计算净利润	借：本年利润 　贷：所得税费用
结转净利润	借：本年利润 　贷：利润分配——未分配利润 　亏损相反

五、利润分配

（一）利润分配的内容和程序

利润分配是指企业实现利润的去向。企业取得的净利润并不是全部拿出来分配给投资者，而是按规定的顺序进行分配。企业实现利润分配的内容及顺序如下所示。

（1）弥补以前年度亏损。企业发生的亏损，可以用以后年度实现的利润进行弥补，但连续弥补期不得超过五年，超过五年的用税后利润弥补。

（2）提取法定盈余公积。企业应按当期净利润的 10% 提取法定盈余公积，当法定盈余公积达到注册资本的 50% 以上时，可以不再提取。

企业可供分配的利润减去提取法定盈余公积后的余额，为可供投资者分配的利润。

（3）提取任意盈余公积。企业提取法定盈余公积后，还可依据需要和可能，按当期净利润提取一定比例的任意盈余公积。

（4）向投资者分配利润。企业应按公司章程以分配股利或利润的形式向投资者分配利润。企业可供投资者分配的利润可向投资者分配利润，也可转增资本。

可供投资者分配的利润减去提取任意盈余公积、向投资者分利和转增资本后的余额为未分配利润。未分配利润可留待以后年度进行分配。

💡 提示：

外商投资企业不提取盈余公积，而是提取储备基金、企业发展基金、职工奖励及福利基金。

（二）利润分配的账务处理

企业的利润分配，应设置"利润分配"账户进行核算。该账户属于所有者权益类账户，应分别设置"提取法定盈余公积""提取任意盈余公积""应付现金股利或利润""盈余公积补亏""转作股本的利润"和"未分配利润"等进行明细分类核算。结转后，除"未分配利润"外的其他明细账户均无余额。相关账务处理如表9-28所示。

表9-28　结转利润分配的账务处理

业务5	账务处理
按规定提取盈余公积时	借：利润分配——提取法定盈余公积 　　　　　　——提取任意盈余公积 　贷：盈余公积——法定盈余公积 　　　　　　——任意盈余公积
向投资者分配股利时	借：利润分配——应付现金股利或利润 　贷：应付股利
用盈余公积弥补亏损时	借：盈余公积 　贷：利润分配——盈余公积补亏
年度终了，结转本年度实现的净利润或净亏损	借：本年利润　　　　　　　　　　　　　（净利润） 　贷：利润分配——未分配利润 借：利润分配——未分配利润　　　　　　（净亏损） 　贷：本年利润
将除"未分配利润"以外的"利润分配"账户所属其他明细账户余额转入"未分配利润"明细账户	借：利润分配——未分配利润 　贷：利润分配——提取法定盈余公积 　　　　　　——提取任意盈余公积 　　　　　　——应付现金股利或利润 借：利润分配——盈余公积补亏 　贷：利润分配——未分配利润

【业务范例9-9】前景股份有限公司是增值税一般纳税人，发生下列业务。

（1）2023年12月31日，前景公司结账前各损益类账户的余额如表9-29所示。该公司各损益类账户的结转采用表结法。

表 9-29　损益类账户期末（结账前）余额

2023 年 12 月 31 日　　　　　　　　　　　　　金额单位：万元

账户名称	结账前余额	账户名称	结账前余额
主营业务收入	9 800（贷）	投资收益	150（贷）
主营业务成本	6 300（借）	其他收益	25（贷）
税金及附加	120（借）	资产处置损益	90（借）
销售费用	510（借）	公允价值变动损益	160（贷）
管理费用	1 050（借）	信用减值损失	75（借）
财务费用	470（借）	营业外收入	80（贷）
其他业务收入	1 170（贷）	营业外支出	210（借）
其他业务成本	730（借）	所得税费用	480（借）

注：全年应税所得额为 1 920 万元，所得税税率为 25%。

营业利润 =（9 800+1 170）−（6 300+730）− 120 − 510 − 1 050 − 470+150+25 − 90+

160 − 75=1 960（万元）

利润总额 = 1 960+80 − 210=1 830（万元）

净利润 = 1 830 − 480=1 350（万元）

根据上述资料，公司结转本年利润的账务处理如表 9-30 所示。

表 9-30　业务范例 9-9（1）的核算

业务	账务处理	
结转各项收入、利得	借：主营业务收入 　　其他业务收入 　　投资收益 　　其他收益 　　公允价值变动损益 　　营业外收入 　贷：本年利润	98 000 000 11 700 000 1 500 000 250 000 1 600 000 800 000 113 850 000
结转各项费用、支出、损失	借：本年利润 　贷：主营业务成本 　　其他业务成本 　　税金及附加 　　销售费用 　　管理费用 　　财务费用 　　资产处置损益 　　信用减值损失 　　营业外支出 　　所得税费用	100 350 000 63 000 000 7 300 000 1 200 000 5 100 000 10 500 000 4 700 000 900 000 750 000 2 100 000 4 800 000
	"本年利润"账户贷方余额 −"本年利润"账户借方余额 = 11 385 − 10 035 = 1 350（万元）	

（2）前景公司年初"利润分配——未分配利润"账户的余额为 150 万元（贷方），本年实现净利润 1 350 万元。

利润分配及年终结转的账务处理如表9-31所示。

表9-31　业务范例9-9（2）的核算

业务	账务处理	
按本年净利润的10%提取法定盈余公积金	借：利润分配——提取法定盈余公积	1 350 000
	贷：盈余公积——法定盈余公积	1 350 000
按本年净利润的20%提取任意盈余公积	借：利润分配——提取任意盈余公积	2 700 000
	贷：盈余公积——任意盈余公积	2 700 000
公司决定向投资者分配利润500万元	借：利润分配——应付现金股利或利润	5 000 000
	贷：应付股利	5 000 000
将本年净利润1 350万元转入	借：本年利润	13 500 000
	贷：利润分配——未分配利润	13 500 000
将除"未分配利润"以外的"利润分配"账户所属其他明细账户余额转入"未分配利润"明细账户	借：利润分配——未分配利润	9 050 000
	贷：利润分配——提取法定盈余公积	1 350 000
	——提取任意盈余公积	2 700 000
	——应付现金股利或利润	5 000 000
	年末未分配利润 = 150 + 1 350 − 905 = 595（万元）	

任务单

1. 按照利润表的结构，利润分成：＿＿＿＿＿＿＿＿、＿＿＿＿＿＿＿＿、＿＿＿＿＿＿＿＿。

2. 所得税费用包括两部分：＿＿＿＿＿＿＿＿、＿＿＿＿＿＿＿。其中＿＿＿＿＿＿＿＿是按照税法计算的；＿＿＿＿＿＿＿＿是递延到以后期间交税的，包括＿＿＿＿＿＿＿＿和＿＿＿＿＿＿＿＿。

3. 请填写下表。

利润	计算公式
营业利润	
利润总额	
净利润	

4. 下列各项中，属于影响营业利润的利得与损失的是（　　）。

A. 销售费用　　　　　　　　　　　　　B. 营业成本

C. 资产处置损益　　　　　　　　　　　D. 营业外收入

5. 下列各项中，企业应通过"营业外支出"科目核算的有（　　）。

A. 台风导致的存货净损失　　　　　　　B. 公益性捐赠支出

C. 存货跌价损失　　　　　　　　　　　D. 固定资产报废支出

6. 下列各项中，会导致"营业成本"本期金额增加的是（　　）。

A. 处置无形资产的净损失　　　　　　　B. 结转销售材料的成本

C. 计提的库存商品的跌价准备　　　　　D. 广告费

7. 前景公司2022年度利润总额为800万元，应纳税所得额为820万元；递延所得税负债年初数为 25 万元，年末数为 15 万元；所得税税率为 25%。不考虑其他因素，前景公司 2022 年末确认的所得税费用为（　　）万元。

A. 195

B. 205

C. 215

D. 200

8. 前景公司 2023 年取得债券投资利息收入 20 万元，其中国债利息收入 8 万元，全年税前利润总额为 200 万元，所得税税率为 25%，不考虑其他因素，2023 年前景公司的净利润为（　　）万元。

A. 150

B. 155

C. 147

D. 152

9. 结转本年利润的方法有 ＿＿＿＿＿＿ 和 ＿＿＿＿＿＿ 两种，其中 ＿＿＿＿＿＿ 年中损益类科目无须结转入"本年利润"科目，只有在年末时才将全年累计余额结转入"本年利润"科目。

10. 年末利润结转后，利润分配下的明细科目只有 ＿＿＿＿＿＿ 有余额。

课后拓展

扫描二维码测试：利润的核算。

利润的核算

素质拓展

会计界的"扫地僧"——洛克菲勒

你们知道金庸笔下《天龙八部》里的"扫地僧"吗？"南慕容，北乔峰"，是两个武林中的绝顶高手，但到了"扫地僧"的面前，却不堪一击。这么厉害的一个高手，却在少林寺藏经阁扫地，而且一扫就是 40 多年。其实会计界也有这么一位大师级的人物——洛克菲勒。洛克菲勒是美国的实业家、慈善家，是 19 世纪第一个亿万富翁，被人称为"石油大王"。但是你知道吗？他也是一位会计。

让我们先来了解一下洛克菲勒成为"石油大王"之前的经历。

洛克菲勒的第一份工作就是"簿记员"，或者叫"助理会计"。他服务的公司主营业务除了代理各种商品的销售外，还拥有一座铁矿，经营两项当时看来属于"高科技"的业务——铁路和电报。在这里，洛克菲勒除了一丝不苟地记好账之外，他还抓住机会学习如何站在大公司的角度思考问题，同时养成了尊重数字和事实的习惯。

尽管洛克菲勒后来转型做了农产品代销生意，但主管的仍然是会计。因为有梦想，他总是信心十足，雄心勃勃，同时又诚实守信，工作有条不紊，经他手的每一笔资金都分毫不差。随后他凭着科学的管理、精细的经营、高质量的产品，从炼油生意起步直至最终成为"石油大王"。其中，严格的成本控制帮了他很大的忙。会计上作为"低值易耗品"的包装物——汽油桶，在他的炼油厂是被严格管理的，甚至连汽油桶上的每个塞子都会被重复利用。这种近乎吝啬的成本控制，使他的产品价格更有竞争力，即使在油价大跌时，他卖出去的产品仍然有利可图。

洛克菲勒的成功当然离不开他非凡的商业天赋，但是成功的更多因素被他在《留给儿子的 38 封信》中总结为：梦想+失败+挑战。洛克菲勒的一生从来没有缺失过梦想；失败也不难预见，但关键是面对失败，能不能清醒地认识到：失败并不丢人，要能从中汲取教训并最终取得成功。挑战相对就比较难了，这包括方方面面的挑战：心理的、现实的、道德等，需要我们不断地提升自己各方面的能力来应对。

用武功打败他人或许不难，但扫地僧的厉害之处在于，他能运用大智慧化解萧远山和慕容博几十年的恩怨，度化他人，握手言和。扫地容易，扫好地不容易，扫好少林寺藏经阁的地更不容易，而他一扫就是 40 多年。

同样，洛克菲勒的厉害之处在于他会做账、算账，通过成本领先战略取得了竞争优势，他不仅成就了自己的伟业，还将赚取的金钱用于慈善事业，影响甚至度化了更多的人。所以我们说，洛克菲勒是当之无愧的会计界的"扫地僧"。

当然，不是每个会计人都能成为洛克菲勒，但至少每一个会计人都可以从"扫地"开始，从基础出发，有梦想，不怕失败，愿意接受挑战，不断挑战自己，通过详细的筹划和扎实的行动来一步步实现自己的梦想。

扫描二维码学习微课："会计界的'扫地僧'——洛克菲勒"，并完成任务单。

1. 会计界的"扫地僧"——洛克菲勒
2. 素质拓展任务单

评价反馈

扫描二维码进行学习评价反馈。

评价反馈

学习情境 十

财务会计报告编制

学习任务及学时分配表

序号	学习任务	学时安排	备注
1	认识财务报告	0.5 学时	
2	编制资产负债表	4 学时	
3	编制利润表	1 学时	
4	编制现金流量表	1 学时	
5	所有者权益变动表	0.5 学时	
6	附注	0.5 学时	
7	素质拓展：解码企业经营的钥匙——会计	0.5 学时	
	合计	8 学时	

案例导入

　　何志平投资股市已有一段时间。一天午间休市期间，他在证券公司的大户室，遇见一位先生在仔细查阅平安银行的中期财务报告，并告诉他查阅研究上市公司的财务会计报告、审计报告对选股很有帮助。比如，通过资产、负债的构成，了解公司偿债能力；通过利润表，了解每股收益；每股收益高的同时还要看现金流量情况，才能判断是否有派发现金股利的可能；资本公积占股本权益比例大有送股的可能；利用前后期报表比较，可以分析公司发展趋势等。很多名词他还是第一次听到，原来炒股还有这么多的学问。何志平赶紧去书店买了不少有关财务会计报告编制和分析的书籍，如饥似渴地看了起来，但他没有基础，实在难以理解书上的相关内容，又去夜校上了补习班……

　　财务会计报告对证券投资者是很有帮助的，那么财务会计报告都包括什么？还有哪些作用？财务会计报告的阅读者都有哪些人？企业的财务会计报告又是怎样编制出来的？这些都是本学习情境所要解决的问题。

任务一　认识财务报告

知识准备

财务报告是指企业对外提供的反映企业某一特定日期财务状况和某一会计期间经营成果、现金流量的文件。

一、财务会计报告的作用

（一）为投资者和债权人进行合理的投资决策提供依据

随着市场经济的日益完善，企业的投资、筹资活动日益增加。企业现在和潜在的投资者、债权人通过阅读和分析财务会计报告，可以了解企业的短期和长期偿债能力，了解其债权保障、获利能力、投资报酬和利润分配政策，了解企业经营活动范围及发展趋势，据此做出投资、融资、信贷等决策。

（二）为企业加强和改善经营管理提供信息资料

企业经营管理者通过阅读分析财务会计报告，可以系统全面地了解企业的经营活动、经营成果、财务状况，并能及时发现经营管理中存在的问题和薄弱环节，以便迅速采取改进措施，以加强经营管理，不断提高经济效益。

（三）有助于国家经济管理部门进行宏观调控和管理

国家财政部门利用企业报送的财务会计报告，可以检查并监督企业财经纪律执行情况和财务管理情况；税务部门利用企业报送的财务会计报告，可以了解企业有关税法的执行和税收完成情况；国家宏观经济管理部门通过对企业财务会计报告的资料汇总，分析宏观经济的运行情况、社会资源配置情况，评价各项经济政策制定的科学性，为政府进行宏观管理和调控提供决策依据。

二、财务会计报告的构成内容

财务会计报告包括财务报表和其他应当在财务报告中披露的相关信息和资料两大部分。财务会计报告的构成如图 10-1 所示。

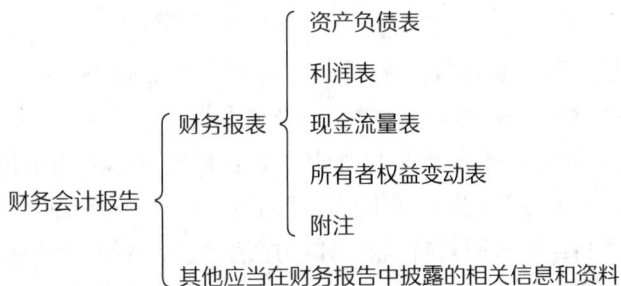

图 10-1　财务会计报告的构成

（一）财务报表

财务报表，也称会计报表，它是财务会计报告的核心，是对企业财务状况、经营成果和现金流量的结构性表述。一套完整的财务报表至少应当包括"四表一注"：资产负债表、利润表、现金流量表、所有者权益变动表和附注。它以表格的形式向企业及企业外部传递会计信息。财务报表主要是根据账簿记录，按报表的固定格式和项目口径编制。

财务报表可以根据需要，按照不同的标准进行分类：按照编报的时间分类，可分为月报、季报、半年报和年报；前面三者也统称为中期财务报表（报告）。中期财务报告至少应该包括资产负债表、利润表、现金流量表和附注。按照编制范围不同分类，可分为个别财务报表和合并财务报表。母公司除了编制自己的个别报表之外，还应该站在母公司和全部子公司形成的企业集团角度编制合并会计报表。

财务报表附注是财务报表的补充或说明，是对财务报表中列示项目的文字描述或明细资料，以及对未能在这些报表中列示项目的说明等。它是财务报告的重要组成部分。

（二）其他应当在财务报告中披露的相关信息和资料

除了财务报表之外，财务报告还应当包括其他相关信息，具体可以根据有关法律法规的规定和外部使用者的信息需求而定。如企业所承担的社会责任、对社会的贡献、可持续发展能力等信息，尽管属于非财务信息，无法在财务报表中列示，但它们对于使用者的决策是相关的，如果有规定或者使用者有需求，企业就应当在财务报告附注中予以披露，有时企业也可以自愿在财务报告附注中披露相关信息。

三、财务报告的编制要求

会计报表应当依据国家统一会计制度要求，根据登记完整、核对无误的会计账簿记录和其他有关资料编制，做到数字真实、计算准确、内容完整、说明清楚。

企业编制财务报表时应当对企业持续经营能力进行评估；除现金流量表信息外，企业应当按照权责发生制编制财务报表；企业财务报表项目的列报应当在各个会计期间保持一致；企业单独列报或汇总列报相关项目时应当遵循重要性原则；企业财务报表项目一般不得以金额抵销后的净额列报；企业应当列报可比会计期间的比较数据等。

（一）依据各项会计准则确认和计量的结果编制财务报表

企业应当根据实际发生的交易和事项，遵循会计基本准则和各项具体会计准则及解释的规定进行确认和计量，并在此基础上编制财务报表。

（二）列报基础

企业应当以持续经营为基础编制财务报表。在编制财务报表的过程中，企业管理层应当全面评估企业的持续经营能力。评估时，应当利用其所有可获得的信息，评估涵盖的期间应包括企业自资产负债表日起至少12个月，评估需要考虑的因素包括宏观政策风险、市场经营风险、企业目前或长期的盈利能力、偿债能力、财务弹性以及企业管理层改变经营政策的意向等。评价结果表明对持续经营能力产生重大怀疑的，企业应当在附注中披露导致对持续经营能力产生重大怀疑的影响因素以及企业拟采取的改善措施。

企业在评估持续经营能力时应当结合考虑企业的具体情况。通常情况下，如果企业过去每年都有可观的净利润，并且易于获取所需的财务资源，则对持续经营能力的评估易于判断，这表明企业以持续经营为基础编制财务报表是合理的，而无须进行详细的分析。反之，如果企业过去多年有亏损的记录等情况，则需要通过考虑更加广泛的相关因素来做出评价，比如目前和预期未来的获利能力、债务清偿计划、替代融资的潜在来源等。

企业如果存在以下情况之一，通常表明其处于非持续经营状态：①企业已在当期进行清算或停止营业；②企业已经正式决定在下一个会计期间进行清算或停止营业；③企业已确定在当期或下一个会计期间没有其他可供选择的方案而将被迫进行清算或停止营业。企业处于非持续经营状态时，应当采用清算价值等其他基础编制财务报表，比如破产企业的资产采用可变现净值计量、负债按照其预计的结算金额计量等。在非持续经营情况下，企业应当在附注中声明财务报表未以持续经营为基础列报、披露未以持续经营为基础的原因以及财务报表的编制基础。

（三）权责发生制

除现金流量表按照收付实现制编制外，企业应当按照权责发生制编制其他财务报表。在采用权责发生制会计的情况下，当项目符合基本准则中财务报表要素的定义和确认标准时，企业就应当确认相应的资产、负债、所有者权益、收入和费用，并在财务报表中加以反映。

（四）列报的一致性

财务报表项目的列报应当在各个会计期间保持一致，不得随意变更，包括财务报表中的项目名称和财务报表项目的分类、排列顺序等方面都应保持一致。在下列情况下，企业可以变更财务报表项目的列报：一是会计准则要求改变财务报表项目的列报；二是企业经营业务的性质发生重大变化或对企业经营影响较大的交易或事项发生后，变更财务报表项目的列报能够提供更可靠、更相关的会计信息。企业变更财务报表项目列报的，应当根据会计准则的有关规定提供列报的比较信息。

（五）依据重要性原则单独或汇总列报项目

重要性是判断财务报表项目是否单独列报的重要标准。重要性是指在合理预期下，如果财务报表某项目的省略或错报会影响使用者据此做出经济决策，则该项目就具有重要性。企业在进行重要性判断时，应当根据所处环境，从项目的性质和金额大小两方面予以判断：一方面，应当考虑该项目的性质是否属于企业日常活动，以及是否显著影响企业的财务状况、经营成果和现金流量等因素；另一方面，判断项目金额大小的重要性，应当通过单项金额占资产总额、负债总额、所有者权益总额、营业收入总额、营业成本总额、净利润、综合收益总额等直接相关或所属报表单列项目金额的比重加以确定。企业对于各个项目的重要性判断标准一经确定，不得随意变更。

对于财务报表中的项目是单独列报还是汇总列报，应当依据重要性原则来判断。如果某项目单独看不具有重要性，则可将其与其他项目汇总列报；如具有重要性，则应当单独列报。企业应按照财务报表项目的性质或功能判断其重要性：①性质或功能不同的项目，一般应当在财务报表中单独列报，但是不具有重要性的项目可以汇总列报。性质或功能可以按照流动性来判断。流动性，通常按资产的变现或耗用时间长短或者负债的偿还时间长短来确定。比如，存货和固定资产在性质上和功能上都有本质差别，必须分别在资产负债表上单独列报。②性质或功能类似的项目，一般可以汇总列报，但是对其具有重要性的类别应该单独列报。例如，原材料、低值易耗品等项目在性质上类似，均通过生产过程形成企业的产品存货，因此可以汇总列报，汇总之后的类别统称为"存货"单独列报。③项目单独列报的原则不仅适用于报表，还适用于附注。某些项目的重要性程度不足以在资产负债表、利润表、现金流量表或所有者权益变动表中单独列示，但对附注却具有重要性，在这种情况下应当在附注中单独披露。例如，对某制造业企业而言，原材料、在产品、库存商品等项目的重要性程度不足以在资产负债表上单独列示，因此在资产负债表上汇总列示，但是鉴于其对该制造业企业的重要性，应当在附注中单独披露。④会计基本准则规定在财务报表中单独列报的项目，企业应当单独列报。其他会计准则规定单独列报的项目，企业应当增加单独列报项目。

（六）总额列报

财务报表项目应当以总额列报，资产和负债、收入和费用、直接计入当期利润的利得项目和损失项目的金额不能相互抵销，即不得以净额列报，但另有规定的除外。比如，企业欠客户的应付款不得与其他客户欠本企业的应收款相抵销，否则就掩盖了交易的实质。再如，收入和费用反映了企业投入和产出之间的关系，是企业经营成果的两个方面，为了更好地反映经济交易的实质、考核企业经营管理水平以及预测企业未来现金流量，收入和费用不得相互抵销。以下三种情况不属于抵销：①一组类似交易形成的利得和损失以净额列示的，不属于抵销。例如，汇兑损益应当以净额列报，为交易目的而持有的金融工具形成的利得和损失应当以净额列报。但是，如果相关的利得和损失具有重要性，则应当单独列报。②资产或负债项目按扣除备抵项目后的净额列示，不属于抵销。例如，资产计提的减值准备，实质上意味着资产的价值确实发生了减损，资产项目应当按扣除减值准备后的净额列示，这样才能反映资产当时的真实价值。③非日常活动产生的利得和损失，以同一交易形成的收益扣减相关费用后的净额列示更能反映交易实质的，不属于抵销。非日常活动并非企业主要的业务，非日常活动产生的损益以收入扣减费用后的净额列示，更有利于报表使用者的理解。例如，非流动资产处置形成的利得或损失，应当按处置收入扣除该资产的账面金额和相关销售费用后的净额列报。

（七）比较信息的列报

企业在列报当期财务报表时，至少应当提供所有列报项目上一个可比会计期间的比较数据，以及与理解当期财务报表相关的说明，提高信息在会计期间的可比性。列报比较信息的要求适用于财务报表的所有组成部分，包括"四表一注"。通常情况下，企业列报的所有项目至少包括两期各报表及相关附注的比较数据。当企业追溯应用会计政策或追溯重述，或者重新分类财务报表项目时，应当在一套完整的财务报表中列报最早可比期间期初的财务报表，即应当至少列报三期资产负债表、两期其他报表（利润表、现金流量表和所有者权益变动表）及相关附注。其中，三期资产负债表分别指当期期末的资产负债表、上期期末（即当期期初）的资产负债表以及上期期初的资产负债表。

（八）财务报表表首的列报要求

财务报表通常与其他信息（如企业年度报告等）一起公布，企业应当将按照企业会计准则编制的财务报告与一起公布的同一文件中的其他信息相区分。企业在财务报表的显著位置（通常是表首部分）应当至少披露下列基本信息：编报企业的名称，如果企业名称在所属当期发生了变更，还应明确标明。对资产负债表而言，应当披露资产负债表日；对利润表、现金流量表、所有者权益变动表而言，应当披露报表涵盖的会计期间。货币名称和单位，按照我国企业会计准则的规定，企业应当以人民币作为记账本位币列报，并标明金额单位，如人民币元、人民币万元等。

💡 提示：

按现行规定，企业各类财务会计报告对外提供的时间要求是：月报为月度终了后6天（节假日顺延，下同）内；季报为季度终了后15天内；半年报为年度中期结束后60天内；年报为年度终了后4个月内。

任务单

1.企业财务会计报告包括 ＿＿＿＿＿＿＿ 和 ＿＿＿＿＿＿＿两大部分。

2.一套完整的财务报表应当至少包括"四表一注"：＿＿＿＿＿＿＿＿＿、＿＿＿＿＿＿＿＿、＿＿＿＿＿＿＿＿、＿＿＿＿＿＿＿＿ 和 ＿＿＿＿＿＿＿。

3.财务报告按编报时间分，可以分为 ＿＿＿＿＿＿ 和 ＿＿＿＿＿＿ 。

4.企业对外报送的财务会计报表不包括（　　）。

A.资产负债表　　　　　　　　　　　　B.利润表

C.成本费用表　　　　　　　　　　　　D.所有者权益变动表

5.反映某一会计期间经营成果的报表是（　　）。

A.资产负债表　　　　　　　　　　　　B.利润表

C.现金流量表　　　　　　　　　　　　D.所有者权益变动表

6.中期财务报告包括（　　）编制的报表。

A.月末　　　　　B.季末　　　　　C.年度中期末　　　　　D.年末　　　　　E.旬末

7.判断：资产负债表、利润表、现金流量表在列报上比所有者权益变动表和附注更重要。（　　）

任务二　编制资产负债表

学习任务

扫描二维码完成学习任务。

知识准备

资产负债表是反映企业在某一特定日期财务状况的财务报表。因为它

学习任务

反映的是某一时点的财务状况，所以，又称为静态报表。它是根据"资产＝负债＋所有者权益"这一会计等式，按照一定的分类标准和顺序，把企业在一定日期的资产、负债、所有者权益各项目予以适当排列，集中反映企业在该特定日期所拥有或控制的经济资源及其分布情况，所承担的现时义务和所有者权益数额及其结构。资产负债表是企业的主要财务报表之一。

资产负债表的作用，主要体现在以下几个方面。

（1）可以提供某一日期资产总额及其结构，表明企业拥有或控制的资源及其分布情况，据以分析企业生产经营能力。

（2）可以提供某一日期的负债总额以及结构，表明企业未来需要用多少资产或劳务清偿债务以及清偿时间。

（3）反映所有者拥有的权益的情况，表明权益的结构情况，据以判断资本保值、增值的情况以及对负债的保障程度。

一、资产负债表的结构

资产负债表的结构一般由表首和正表两部分组成。

（1）表首，是表头部分，包括报表名称、编制单位、编制日期、报表编号、金额单位等。

（2）正表，是资产负债表的主体，列示用以说明企业财务状况的各个项目。我国企业的资产负债表采用账户式结构（见表10-1），分为左右两方，左方为资产项目，大体按资产的流动性大小排列，流动性大的资产如"货币资金""交易性金融资产"等排在前面，流动性小的资产如"长期股权投资""固定资产"等排在后面。右方为负债和所有者权益项目，一般按要求清偿时间的先后顺序排列，"短期借款""应付票据""应付账款"等需要在一年以内或者长于一年的一个正常营业周期内偿还的流动负债排在前面，"长期借款"等在一年以上才需偿还的非流动负债排在中间，在企业清算之前不需要偿还的所有者权益项目排在后面。

表10-1　资产负债表的格式

资产		负债和所有者权益（或股东权益）	
资产流动性逐渐减弱	货币资金 交易性金融资产 …… …… …… 长期股权投资 固定资产 …… …… ……	负债偿还时间逐渐延长	短期借款 应付票据 应付账款 …… …… 长期借款 …… ……
		清算之前不需要偿还的所有者权益（或股东权益）	
资产总计		负债和所有者权益（或股东权益）总计	

二、资产负债表的编制

（一）资产负债表项目的填列方法

资产负债表各项目均需填列"期末余额"和"上年末余额"两栏。"上年末余额"栏内各项数字，应根据上年末资产负债表的"期末余额"栏内所列数字填列。

如果上年度资产负债表规定的各个项目的名称和内容与本年度不相一致，应按照本年度的规定对上年末资产负债表各项目的名称和数字进行调整，填入本表"上年末余额"栏内。资产负债表的"期末余额"栏主要有以下几种填列方法（见表 10-2 至表 10-6）。

1. 根据总账科目余额填列

表 10-2　根据总账科目余额填列

项目	具体内容
短期借款 应付票据 实收资本（或股本） 资本公积 盈余公积 其他综合收益等	总账科目的期末余额直接填列
货币资金	"库存现金""银行存款""其他货币资金"三个总账科目的期末余额计算填列
其他应付款	"应付利息""应付股利""其他应付款"三个总账科目的期末余额合计数填列

2. 根据明细科目余额计算填列

表 10-3　根据明细科目余额计算填列

项目	具体内容
应付账款	"应付账款"和"预付账款"两个科目所属的相关明细科目的期末贷方余额计算填列
预收账款	"应收账款"和"预收账款"两个科目所属的相关明细科目的期末贷方余额计算填列
开发支出	"研发支出"科目中所属的"资本化支出"明细科目期末余额计算填列
一年内到期的非流动资产 一年内到期的非流动负债	有关非流动资产和非流动负债项目的明细科目余额计算填列（将在资产负债表日起一年内到期的金额）

3. 根据总账和明细科目余额分析计算填列

表 10-4　根据总账和明细科目余额分析计算填列

项目	具体内容
长期借款	"长期借款"总账科目余额："长期借款"科目所属的明细科目中将在资产负债表日起一年内到期且企业不能自主地将清偿义务展期的长期借款后的金额
长期待摊费用	"长期待摊费用"总账科目余额：将于一年内（含一年）摊销的数额后的金额
其他非流动资产	有关科目的期末余额：将于一年内（含一年）收回的金额
其他非流动负债	有关科目的期末余额：将于一年内（含一年）到期偿还的金额

4. 根据有关科目余额减去其备抵科目余额后的净额填列

表 10-5 　根据有关科目余额减去其备抵科目余额后的净额填列

项目	具体内容
应收账款	"应收账款"科目的期末余额－"坏账准备"科目期末余额后的净额填列＋"预收账款"科目所属明细科目期末借方余额
预付款项	"应付账款"明细科目借方余额＋"预付账款"明细科目借方余额－有关预付账款计提的"坏账准备"科目期末余额
其他应收款	"应收利息"总账科目期末余额＋"应收股利"总账科目期末余额＋"其他应收款"总账科目期末余额－有关的"坏账准备"科目期末余额
在建工程	"在建工程"总账科目期末余额－"在建工程减值准备"科目期末余额＋"工程物资"总账科目期末余额－"工程物资减值准备"科目期末余额
投资性房地产	"投资性房地产"采用成本模式计量时："投资性房地产"科目期末余额－"投资性房地产累计折旧"科目期末余额－"投资性房地产减值准备"科目期末余额
固定资产	"固定资产"科目期末余额－"累计折旧"科目期末余额－"固定资产减值准备"科目期末余额后＋"固定资产清理"科目期末借方余额－"固定资产清理"科目期末贷方余额
无形资产	"无形资产"科目期末余额－"累计摊销"科目期末余额－"无形资产减值准备"科目期末余额
长期股权投资	"长期股权投资"科目期末余额－"长期股权投资减值准备"科目期末余额

5. 综合运用上述方法分析填列

表 10-6 　综合运用上述方法分析填列

项目	具体内容
存货	"材料采购"＋"原材料"＋"在途物资"＋"库存商品"＋"周转材料"＋"委托加工物资"＋"生产成本"＋"受托代销商品"＋"发出商品"等科目期末余额－"受托代销商品款"科目期末余额＋"材料成本差异"借方余额－"材料成本差异"贷方余额－"存货跌价准备"科目期末余额

（二）资产负债表项目的填列说明

1. 资产项目的填列说明

（1）"货币资金"项目，反映企业持有的库存现金、银行存款、外埠存款、银行汇票存款、银行本票存款、信用卡存款、信用证保证金存款等的合计数。本项目应根据"库存现金""银行存款""其他货币资金"科目期末余额的合计数填列。

（2）"交易性金融资产"项目，反映资产负债表日企业分类为以公允价值计量且其变动计入当期损益的金融资产，以及企业持有的指定为以公允价值计量且其变动计入当期损益的金融资产的期末账面价值。该项目应根据"交易性金融资产"科目的相关明细科目期末余额分析填列。自资产负债表日起超过一年到期且预期持有超过一年的以公允价值计量且其变动计入当期损益的非流动金融资产的期末账面价值，在"其他非流动金融资产"项目反映。

（3）"应收票据"项目，反映资产负债表日以摊余成本计量的，企业因销售商品、提供服务等收到的商业汇票，包括银行承兑汇票和商业承兑汇票。该项目应根据"应收票据"科目的期末余额，减去"坏账准备"科目中相关坏账准备期末余额后的金额分析填列。

（4）"应收账款"项目，反映资产负债表日以摊余成本计量的、企业因销售商品、提供服务等经营活动应收取的款项。本项目应根据"应收账款"科目的期末余额，减去"坏账准备"科目中相关坏账准备期末余额后的金额分析填列。如"预收账款"科目所属明细科目期末为借方余额的，也在本项目填列。

（5）"应收款项融资"项目，反映资产负债表日以公允价值计量且其变动计入"其他综合收益"的应收票据和应收账款等。

（6）"预付款项"项目，反映企业按照购货合同规定预付给供应单位的款项等。本项目应根据"预付账款"和"应付账款"科目所属各明细科目的期末借方余额合计数，减去"坏账准备"科目中有关预付账款计提的坏账准备期末余额后的净额填列。如"预付账款"科目所属明细科目期末为贷方余额的，应在资产负债表"应付账款"项目内填列。

💡 提示：

预付账款情况不多的企业，可以不设置"预付账款"科目，而将预付的款项通过"应付账款"科目借方核算，期末"应付账款"明细科目借方余额需要填列在资产负债表"预付款项"项目中。即使企业没有设置预付账款科目，也必须设置"预付款项"项目。

（7）"其他应收款"项目，应根据"应收利息""应收股利"和"其他应收款"科目的期末余额合计数，减去"坏账准备"科目中相关坏账准备期末余额后的金额填列。其中的"应收利息"仅反映相关金融工具已到期可收取但于资产负债表日尚未收到的利息。基于实际利率法计提的金融工具的利息应包含在相应金融工具的账面余额中。

💡 提示：

注意"会计科目"与"报表项目"的区别："其他应收款"项目的填列，不仅包括"其他应收款"科目的账面价值，还包括"应收股利"和"应收利息"科目的账面价值。"其他应付款"项目和"其他应付款"科目的关系按上述内容理解。

（8）"存货"项目，反映企业期末在库、在途和在加工中的各种存货的可变现净值或成本（成本与可变现净值孰低）。本项目应根据"材料采购""原材料""在途物资""库存商品""周转材料""委托加工物资""生产成本""受托代销商品""发出商品"等科目的期末余额合计数，减去"受托代销商品款""存货跌价准备"科目期末余额后的净额填列。材料采用计划成本核算，以及库存商品采用计划成本核算或售价核算的企业，还应加减材料成本差异、商品进销差价。

（9）"合同资产"项目，反映企业按照《企业会计准则第14号——收入》的相关规定，根据本企业履行履约义务与客户付款之间的关系在资产负债表中列示的合同资产。本项目应根据"合同资产"科目的相关明细科目期末余额分析填列。同一合同下的合同资产和合同负债应当以净额列示，其中净额为借方余额的，应当根据其流动性在"合同资产"或"其他非流动资产"项目中填列，已计提减值准备的，还应减去"合同资产减值准备"科目中相关的期末余额后的金额填列；其中净额为贷方余额的，应当根据其流动性在"合同负债"或"其他非流动负债"项目中填列。

（10）"持有待售资产"项目，反映资产负债表日划分为持有待售类别的非流动资产及划分为持有待售类别的处置组中的流动资产和非流动资产的期末账面价值。本项目应根据"持有待售资产"科目的期末余额，减去"持有待售资产减值准备"科目的期末余额后的金额填列。

（11）"一年内到期的非流动资产"项目，反映企业预计自资产负债表日起一年内变现的非流动资产。本项目应根据有关科目的期末余额分析填列。

（12）"债权投资"项目，反映资产负债表日企业以摊余成本计量的长期债权投资的期末账面价值。本项目应根据"债权投资"科目的相关明细科目期末余额，减去"债权投资减值准备"科目中相关减值准备的期末余额后的金额分析填列。自资产负债表日起将于一年内到期的长期债权投资的期末账面价值，在"一年内到期的非流动资产"项目反映。企业购入的以摊余成本计量的一年内到期的债权投资的期末账面价值，在"其他流动资产"项目反映。

（13）"其他债权投资"项目，反映资产负债表日企业分类为以公允价值计量且其变动计入其他综合收益的长期债权投资的期末账面价值。本项目应根据"其他债权投资"科目的相关明细科目期末余额分析填列。自资产负债表日起将于一年内到期的长期债权投资的期末账面价值，在"一年内到期的非流动资产"项目反映。企业购入的以公允价值计量且其变动计入其他综合收益的一年内到期的债权投资的期末账面价值，在"其他流动资产"项目反映。

（14）"长期应收款"项目，反映企业租赁产生的应收款项和采用递延方式分期收款、实质上具有融资性质的销售商品和提供服务等经营活动产生的应收款项。本项目应根据"长期应收款"科目的期末余额，减去相应的"未实现融资收益"科目和"坏账准备"科目所属相关明细科目期末余额后的金额填列。

💡 提示：

长期应收款是包括本金和未来的利息在内的，未实现融资收益就是未来产生的利息。

（15）"长期股权投资"项目，反映投资方对被投资单位实施控制、影响重大的权益性投资，以及对其合营企业的权益性投资。本项目应根据"长期股权投资"科目的期末余额，减去"长期股权投资减值准备"科目的期末余额后的净额填列。

（16）"其他权益工具投资"项目，反映资产负债表日企业指定为以公允价值计量且其变动计入其他综合收益的非交易性权益工具投资的期末账面价值。本项目应根据"其他权益工具投资"科目的期末余额填列。

（17）"固定资产"项目，反映资产负债表日企业固定资产的期末账面价值和企业尚未清理完毕的固定资产清理净损益。本项目应根据"固定资产"科目的期末余额，减去"累计折旧"和"固定资产减值准备"科目的期末余额后的金额，以及"固定资产清理"科目的期末余额填列（加借方余额，减贷方余额）。

（18）"在建工程"项目，反映资产负债表日企业尚未达到预定可使用状态的在建工程的期末账面价值和企业为在建工程准备的各种物资的期末账面价值。本项目应根据"在建工程"科目的期末余额，减去"在建工程减值准备"科目的期末余额后的金额，以及"工程物资"科目的期末余额，减去"工程物资减值准备"科目的期末余额后的金额填列。

（19）"使用权资产"项目，反映资产负债表日承租人企业持有的使用权资产的期末账面价值。本项目应根据"使用权资产"科目的期末余额，减去"使用权资产累计折旧"和"使用权资产减值准备"科目的期末余额后的金额填列。

（20）"无形资产"项目，反映企业持有的专利权、非专利技术、商标权、著作权、土地使用权等无形资产的成本减去累计摊销和减值准备后的净值。本项目应根据"无形资产"科目的期末余额，减去"累计摊销"和"无形资产减值准备"科目期末余额后的净额填列。

（21）"开发支出"项目，反映企业开发无形资产过程中能够资本化形成无形资产成本的支出部分。本项目应当根据"研发支出"科目中所属的"资本化支出"明细科目期末余额填列。

（22）"长期待摊费用"项目，反映企业已经发生但应由本期和以后各期负担的分摊期限在一年以上的各项费用。本项目应根据"长期待摊费用"科目的期末余额，减去将在一年内（含一年）摊销的数额后的金额填列。长期待摊费用的摊销年限只剩一年或不足一年的，或预计在一年内（含一年）进行摊销的部分，不得归类为流动资产，仍在各该非流动资产项目中填列，不转入"一年内到期的非流动资产"项目。

（23）"递延所得税资产"项目，反映企业根据所得税准则确认的可抵扣暂时性差异产生的所得税资产。本项目应根据"递延所得税资产"科目的期末余额填列。

（24）"其他非流动资产"项目，反映企业除上述非流动资产以外的其他非流动资产。本项目应根据有关科目的期末余额填列。

2. 负债项目的填列说明

（1）"短期借款"项目，反映企业向银行或其他金融机构等借入的期限在一年以下（含一年）的各种借款。本项目应根据"短期借款"科目的期末余额填列。

（2）"交易性金融负债"项目，反映企业资产负债表日承担的交易性金融负债，以及企业持有的指定为以公允价值计量且其变动计入当期损益的金融负债的期末账面价值。本项目应根据"交易性金融负债"科目的相关明细科目期末余额填列。

（3）"应付票据"项目，反映资产负债表日以摊余成本计量的、企业因购买材料、商品和接受服务等开出、承兑的商业汇票，包括银行承兑汇票和商业承兑汇票。本项目应根据"应付票据"科目的期末余额填列。

（4）"应付账款"项目，反映资产负债表日以摊余成本计量的、企业因购买材料、商品和接受服务等经营活动应支付的款项。本项目应根据"应付账款"和"预付账款"科目所属的相关明细科目的期末贷方余额合计数填列。

（5）"预收款项"项目，应根据"预收账款"和"应收账款"科目所属各明细科目的期末贷方余额合计数填列。如"预收账款"科目所属明细科目期末为借方余额的，应在资产负债表"应收账款"项目内填列。

（6）"合同负债"项目，反映企业已收或应收客户对价而应向客户转让商品的义务，根据本企业履行履约义务与客户付款之间的关系在资产负债表中列示合同负债。本项目应根据"合同负债"的相关明细科目期末余额分析填列。

（7）"应付职工薪酬"项目，反映企业为获得职工提供的服务或解除劳动关系而给予的各种形式的报酬或补偿。本项目应根据"应付职工薪酬"科目所属各明细科目的期末贷方余额分析填列。

（8）"应交税费"项目，反映企业按照税法规定计算应交纳的各种税费，包括增值税、消费税、资源税、土地增值税、城市维护建设税、房产税、城镇土地使用税、车船税、教育费附加、企业所得税等。企业代扣代缴的个人所得税，也通过本项目列示。企业所交纳的税金不需要预计应交数的，如印花税等，不在本项目列示。本项目应根据"应交税费"科目的期末贷方余额填列，如"应交税费"科目期末为借方余额，应以"—"号填列。

应交税费下的增值税相关的明细科目比较多，填列比较特殊，具体如表10-7所示。

表10-7　增值税在资产负债表中的填列

明细科目	借方余额	贷方余额
应交增值税、未交增值税、待抵扣进项税额、待认证进项税额、增值税留抵税额等	按流动性分别填入："其他流动资产"项目"其他非流动资产"项目	
未交增值税、简易计税、转让金融商品应交增值税、代扣代交增值税		填入"应交税费"项目
待转销项税额		按流动性分别填入："其他流动负债"项目"其他非流动负债"项目

（9）"其他应付款"项目，应根据"应付股利""应付利息""其他应付款"科目的期末余额合计数填列。其中的"应付利息"仅反映相关金融工具已到期应支付但于资产负债表日尚未支付的利息。基于实际利率法计提的金融工具的利息应包含在相应金融工具的账面余额中。

（10）"持有待售负债"项目，反映资产负债表日处置组中与划分为持有待售类别的资产直接相关的负债的期末账面价值。本项目应根据"持有待售负债"科目的期末余额填列。

（11）"一年内到期的非流动负债"项目，反映企业非流动负债中将于资产负债表日后一年内到期部分的金额，如将于一年内偿还的长期借款。本项目应根据有关科目的期末余额分析填列。

（12）"长期借款"项目，反映企业向银行或其他金融机构借入的期限在一年以上（不含一年）的各项借款。本项目应根据"长期借款"科目的期末余额，扣除"长期借款"科目所属的明细科目中将在资产负债表日起一年内到期且企业不能自主地将清偿义务展期的长期借款后的金额计算填列。

（13）"应付债券"项目，反映企业为筹集长期资金而发行的债券本金（和应付的利息）。本项目应根据"应付债券"总账科目余额扣除"应付债券"中将在一年内到期且企业不能自主地将清偿义务展期的应付债券后的金额计算填列。

（14）"租赁负债"项目，反映资产负债表日承租人企业尚未支付的租赁付款额的期末账面价值。本项目应根据"租赁负债"科目的期末余额填列。自资产负债表日起一年内到期应予以清偿的租赁负债的期末账面价值，在"一年内到期的非流动负债"项目中反映。

（15）"长期应付款"项目，反映资产负债表日企业除长期借款和应付债券以外的其他各种长期应付款项的期末账面价值。本项目应根据"长期应付款"科目的期末余额，减去相关的"未确认融资费用"科目的期末余额后的金额，以及"专项应付款"科目的期末余额填列。

（16）"预计负债"项目，反映企业根据或有事项等相关准则确认的各项预计负债，包括对外提供担保、未决诉讼、产品质量保证、重组义务以及固定资产和矿区权益弃置义务等产生的预计负债。本项目应根据"预计负债"科目的期末余额填列。企业按照《企业会计准则第22号——金融工具确认和计量》的相关规定，对贷款承诺等项目计提的损失准备，应当在本项目中填列。

（17）"递延收益"项目，反映尚待确认的收入或收益。本项目核算包括企业根据政府补助准则确认的应在以后期间计入当期损益的政府补助金额、售后租回形成融资租赁的售价与资产账面价值差额等其他递延性收入。本项目应根据"递延收益"科目的期末余额填列。本项目中摊销期限只剩一年或不足一年的，或预计在一年内（含一年）进行摊销的部分，不得归类为流动负债，仍在本项目中填列，不转入"一年内到期的非流动负债"项目。

（18）"递延所得税负债"项目，反映企业根据所得税准则确认的应纳税暂时性差异产生的所得税负债。本项目应根据"递延所得税负债"科目的期末余额填列。

（19）"其他非流动负债"项目，反映企业除上述非流动负债以外的其他非流动负债本项目应根据有关科目的期末余额，减去将于一年内（含一年）到期偿还数后的余额分析填列。非流动负债各项目中将于一年内（含一年）到期的非流动负债，应在"一年内到期的非流动负债"项目中反映。

3. 所有者权益项目的填列说明

（1）"实收资本（或股本）"项目，反映资产负债表日企业各投资者实际投入的资本（或股本）总额。本项目应根据"实收资本（或股本）"科目的期末余额填列。

（2）"其他权益工具"项目，反映资产负债表日企业发行在外的除普通股以外分类为权益工具的金融工具的期末账面价值，并下设"优先股"和"永续债"两个项目，分别反映企业发行的分类为权益工具的优先股和永续债的账面价值。

（3）"资本公积"项目，反映企业收到的投资者出资超出其在注册资本或股本中所占的份额以及直接计入所有者权益的利得和损失等。本项目应根据"资本公积"科目的期末余额填列。

（4）"其他综合收益"项目，应根据"其他综合收益"科目的期末余额填列。

（5）"专项储备"项目，反映高危行业企业按国家规定提取的安全生产费的期末账面价值。本项目应根据"专项储备"科目的期末余额填列。

（6）"盈余公积"项目，应根据"盈余公积"科目的期末余额填列。

（7）"未分配利润"项目，应根据"本年利润"科目和"利润分配"科目的余额计算填列。未弥补的亏损在本项目内以"－"号填列。年末应该根据"利润分配——未分配利润"科目余额直接填列。不是在年末的，则要根据"利润分配——未分配利润"和"本年利润"科目余额计算填列。

【业务范例10-1】前景公司2023年12月31日，编制资产负债表的有关资料如表10-8和表10-9所示。

表10-8　2023年12月31日前景公司总分类账户余额表现

单位：元

账户	借方余额	账户	贷方余额
库存现金	3 000	短期借款	100 000
银行存款	1 611 662	应付票据	200 000
其他货币资金	15 600	应付账款	1 557 600
交易性金融资产	20 000	预收账款	350 000
应收票据	132 000	应付职工薪酬	360 000
应收账款	1 200 000	应交税费	453 462
坏账准备（应收账款）	－3 600（贷方）	应付股利	64 431.70
预付账款	180 000	其他应付款	100 000
应收利息	2 000	合同负债	6 000
其他应收款	8 000	长期借款	1 696 000
材料采购	550 000	长期应付款	600 000
原材料	90 000	实收资本	8 000 000
周转材料	76 100	资本公积	2 000 000
材料成本差异	8 500	其他综合收益	24 000
生产成本	165 000	盈余公积	249 540.80
库存商品	4 200 800	利润分配——未分配利润	436 027.50
合同资产	85 000		
债权投资	346 000		
长期股权投资	524 000		
固定资产	4 802 000		
累计折旧	－340 000（贷方）		
固定资产减值准备	－60 000（贷方）		
在建工程	856 000		
工程物资	600 000		
无形资产	1 200 000		
累计摊销	－120 000（贷方）		
长期待摊费用	45 000		
合计	16 197 062	合计	16 197 062

表 10-9 2023 年 12 月 31 日前景公司有关明细账户余额

单位：元

账户	借或贷	金额	账户	借或贷	金额
应收账款	借	1 200 000	应付账款	贷	1 557 600
——A 公司	贷	80 000	——丙公司	贷	1 607 600
——B 公司	借	1 280 000	——丁公司	借	50 000
预付账款	贷	180 000	预收账款	借	350 000
——甲公司	借	250 000	——C 公司	贷	570 000
——乙公司	贷	70 000	——D 公司	借	220 000

其他有关资料如下：（1）债权投资中一年内到期债券投资为 9 万元；（2）一年内到期归还的长期借款为 50 万元；（3）一年内到期应归还的长期应付款（应付融资租赁费）为 10 万元；（4）合同资产和合同负债属同一合同下的，合同期为资产负债表日后 1 年内的；（5）应交税费为应交未交增值税、企业所得税等税费；（6）"应付职工薪酬"科目无将于以后会计年度支付的离职后福利、辞职福利等。

根据上述资料，编制前景公司 2023 年末的资产负债表（见表 10-10）。

表 10-10 资产负债表

会企 01 表

编制单位：前景股份有限公司　　　　　　2023 年 12 月 31 日　　　　　　单位：元

资产	期末余额	上年末余额	负债和所有者权益	期末余额	上年末余额
流动资产：			**流动负债：**		
货币资金	1 630 262	2 812 600	短期借款	100 000	600 000
交易性金融资产	20 000	30 000	交易性金融负债		
衍生金融资产			衍生金融负债		
应收票据	132 000	492 000	应付票据	200 000	400 000
应收账款	1 496 400	698 200	应付账款	1 677 600	1 627 600
应收账款融资			预收账款	650 000	280 000
预付账款	300 000	200 000	合同负债		
其他应收款	10 000	60 000	应付职工薪酬	360 000	220 000
存货	5 090 400	5 160 000	应交税费	453 462	73 200
合同资产	79 000		其他应付款	164 431.70	102 000
持有待售资产			持有待售负债		
一年内到期的非流动资产	90 000	50 000	一年内到期的非流动负债	600 000	1 300 000
其他流动资产			其他流动负债		
流动资产合计	8 848 062	9 502 800	流动负债合计	4 205 493.70	4 602 800
非流动资产：			**非流动负债：**		
债权投资	256 000	150 000	长期借款	1 196 000	1 200 000
其他债权投资			应付债券		

续表

资产	期末余额	上年末余额	负债和所有者权益	期末余额	上年末余额
长期应收款			其中：优先股		
长期股权投资	524 000	700 000	永续债		
其他权益工具投资			租赁负债		
其他非流动金融资产			长期应付款	500 000	700 000
投资性房地产			预计负债		
固定资产	4 402 000	3 500 000	递延收益		
在建工程	1 456 000	1 700 000	递延所得税负债		
生产性生物资产			其他非流动负债		
油气资产			非流动负债合计	1 696 000	1 900 000
使用权资产			负债合计	5 901 493.70	6 502 800
无形资产	1 080 000	1 200 000	**所有者权益（或股东权益）：**		
开发支出			实收资本（或股本）	8 000 000	8 000 000
商誉			其他权益工具		
长期待摊费用	45 000	50 000	其中：优先股		
递延所得税资产			永续债		
其他非流动资产			资本公积	2 000 000	2 000 000
非流动资产合计	7 763 000	7 300 000	减：库存股		
			其他综合收益	24 000	
			专项储备		
			盈余公积	249 540.80	200 000
			未分配利润	436 027.50	100 000
			所有者权益合计	10 709 568.30	10 300 000
资产总计	16 611 062	16 802 800	负债和所有者权益总计	16 611 062	16 802 800

资产负债表编制有关分析计算填列项目，如表 10-11 所示。

表 10-11　资产负债表有关分析计算填列项目

单位：元

货币资金 = 3 000 + 1 611 662 + 15 600 = 1 630 262	在建工程 = 856 000 + 600 000 = 1 456 000
应收账款 = 1 280 000 + 220 000 − 3 600 = 1 496 400	无形资产 = 1 200 000 − 120 000 = 1 080 000
预付账款 = 250 000 + 50 000 = 300 000	应付账款 = 1 607 600 + 70 000 = 1 677 600
其他应收款 = 8 000 + 2 000 = 10 000	预收账款 = 570 000 + 80 000 = 650 000
合同资产 = 85 000 − 6 000 = 79 000	其他应付款 = 100 000 + 64 431.70 = 164 431.70
存货 = 550 000 + 90 000 + 76 100 + 8 500 + 165 000 + 4 200 800 = 5 090 400	一年内到期的非流动负债 = 500 000 + 100 000 = 600 000
债权投资 = 346 000 − 90 000 = 256 000	长期借款：1 696 000 − 500 000 = 1 196 000
固定资产 = 4 802 000 − 340 000 − 60 000 = 4 402 000	长期应付款：600 000 − 100 000 = 500 000

② 思考：

你从上述前景公司 2023 年 12 月 31 日的资产负债表中了解到哪些财务会计信息？请对该企业的财务状况做出基本评价。

扫描二维码学习微课：资产负债表主要项目填列。

1. 资产负债表主要项目填列（一）
2. 资产负债表主要项目填列（二）

任务单

1. 判断：资产负债表中"期末余额"栏各项目主要根据总账或有关明细账本期发生额直接填列。（　　）

2. 资产负债表"年初余额"栏内各项数字应根据 _____ 填列。

3. 2023 年 12 月 31 日，甲公司"固定资产"总账借方余额为 600 万元，"累计折旧"总账贷方余额为 120 万元，"固定资产减值准备"总账贷方余额为 50 万元，"固定资产清理"借方余额为 5 万元，甲公司年末资产负债表中"固定资产"项目应填列 _____。

4. 下列资产负债表项目中，应根据有关科目余额减去其备抵科目余额后的净额填列的是（　　）。

A. 预收款项　　　　B. 其他应付款　　　　C. 资本公积　　　　D. 无形资产

5. 甲公司 2023 年末相关账户资料如下所示。

单位：元

会计科目	明细科目借方余额	明细科目贷方余额
预收账款	50 000	200 000
应收账款	3 000 000	25 000
其他应收款	48 000	
应收股利	35 000	
应付账款	40 000	1 000 000
预付账款	350 000	30 000
坏账准备——应收账款		50 000
坏账准备——其他应收款		2 000

请填列资产负债表相关项目。

项目	金额

6. 判断："长期待摊费用"摊销年限 ≤ 1 年的，应将对应金额填入"一年内到期的非流动资产"项目。（　　）

7.下列属于企业资产负债表项目的是（　　）。

A.递延收益　　　　　　B.预付账款　　　　　　C.其他收益　　　　　　D.其他综合收益

课后拓展

扫描二维码测试：资产负债表的编制。

资产负债表的编制

任务三　编制利润表

学习任务

扫描二维码完成学习任务。

学习任务

知识准备

利润表是反映企业在一定时期经营成果的财务报表。它是一张动态报表，其编制的理论依据是"收入－费用＝利润"的会计等式。同时，根据收入确认依据和收入费用的配比性要求编制，即把一定时期的营业收入与同一会计期间的相关成本、费用进行配比，以计算确定企业一定时期实现的净利润或发生的净亏损。利润表反映企业在一定会计期间收入、费用、利润（或亏损）金额及构成情况，其主要作用有以下几个方面。

（1）可以使财务报表使用者全面了解企业的经营成果，据以评价和考核企业的经营业绩。

（2）据以分析和评价企业的利润构成、盈利模式和获得能力。

（3）据以分析和预测企业盈利增长趋势和未来主要的现金流量，为企业管理的经营决策提供依据。

一、认识利润表的结构

利润表一般由表首和表体两部分组成。

（1）表首，是表头部分，包括报表名称、编制单位、编制日期、报表编号、金额单位等。

（2）表体，是利润表的主体，反映形成经营成果的各个项目和计算过程。

利润表表体结构有单步式和多步式。单步式是将当期所有收入列示在一起，费用列示在一起，然后根据"收入－费用＝利润"的会计等式计算出当期净损益。我国利润表采用的是多步式结构，通过对当期的收入、费用、支出项目按性质进行归类，按利润形成的主要环节列示一些中间性利润指标，如营业利润、利润总额、净利润，分步计算当期净损益。同时，每个项目通常又分为"本期金额"和"上期金额"两栏填列。

利润表的项目排列顺序实际上反映了净利润形成的过程（见表10-12），具体主要分为四个步骤：第一步，计算确定营业利润；第二步，计算确定利润总额；第三步，计算确定净利润（或净亏损）；第四步，计算确定综合收益总额。

表 10-12　利润表

会企 02 表

编制单位：　　　　　　　　　　　　　　年　月　　　　　　　　　　　单位：元

项目	本期金额	上期金额
一、营业收入		
减：营业成本		
税金及附加		
销售费用		
管理费用		
研发费用		
财务费用		
其中：利息费用		
利息收入		
加：其他收益		
投资收益（损失以"－"号填列）		
净敞口套期收益（损失以"－"号填列）		
公允价值变动收益（损失以"－"号填列）		
信用减值损失（损失以"－"号填列）		
资产减值损失（损失以"－"号填列）		
资产处置收益（损失以"－"号填列）		
二、营业利润（亏损以"－"号填列）		
加：营业外收入		
减：营业外支出		
三、利润总额（亏损总额以"－"号填列）		
减：所得税费用		
四、净利润（净亏损以"－"号填列）		
（一）持续经营净利润（净亏损以"－"号填列）		
（二）终止经营净利润（净亏损以"－"号填列）		
五、其他综合收益的税后利润		
六、综合收益总额		
七、每股收益：		
（一）基本每股收益		
（二）稀释每股收益		

二、利润表的编制

（一）"上期金额"栏的填列方法

利润表"上期金额"（年度报表）栏内各项数字，应根据上年该期利润表"本期金额"

栏内所列数字填列。如果上年该期利润表规定的各个项目的名称和内容同本期不一致，应对上年该期利润表各项目的名称和数字按本期的规定进行调整，填入利润表"上期金额"栏内。

（二）"本期金额"栏的填列方法

利润表是动态财务报表，因而其"本期金额"主要是依据各损益类账户的本期发生额分析填列的。一般而言，各收入类项目应根据相应的收入类账户的本期贷方发生额分析填列，各费用类项目则应根据相应的费用类账户的本期借方发生额分析填列。具体如表 10-13 所示。

表 10-13　利润表本期金额填列说明

项目	本期金额（一般需要分析填列）
一、营业收入	"主营业务收入"账户的发生额 + "其他业务收入"账户的发生额
减：营业成本	"主营业务成本"账户的发生额 + "其他业务成本"账户的发生额
税金及附加	"税金及附加"账户的发生额（生产经营业务除增值税以外的各项税费）
管理费用	"管理费用"账户的发生额 − "管理费用"账户下"研发费用"和"自行研发无形资产摊销"明细科目的发生额
销售费用	"销售费用"账户的发生额
研发费用	"管理费用"账户下的"研发费用"和"自行研发无形资产摊销"项目的发生额
财务费用	"财务费用"账户的发生额
其中：利息费用	"财务费用"账户有关明细账户的发生额（筹资发生的费用化的利息支出）
利息收入	"财务费用"账户有关明细账户的发生额（冲减财务费用的利息收入）
加：其他收益	"其他收益"账户的发生额（计入其他收益的政府补助和其他与日常活动相关且计入其他收益的项目）
投资收益 （损失以"−"号填列）	"投资收益"账户的发生额 （贷方发生额为正数，借方发生额为负数）
净敞口套期收益 （损失以"−"号填列）	"净敞口套期收益"账户的发生额（净敞口套期下被套项目累计公允价值变动转入当期损益的金额或现金流量套期储备转入当期损益的金额） （贷方发生额为正数，借方发生额为负数）
公允价值变动收益 （损失以"−"号填列）	"公允价值变动损益"账户的发生额 （贷方发生额为正数，借方发生额为负数）
信用减值损失	"信用减值损失"账户的发生额
资产减值损失	"资产减值损失"账户的发生额
资产处置收益 （损失以"−"号填列）	"资产处置损益"账户的发生额 （贷方发生额为正数，借方发生额为负数）
营业利润 （亏损以"−"号填列）	营业收入 − 营业成本 − 税金及附加 − 销售费用 − 管理费用 − 研发费用 − 财务费用 − 资产减值损失 − 信用减值损失+公允价值变动收益（−公允价值变动损失）+ 投资收益（−投资损失）+ 其他收益+资产处置收益（−资产处置损失）+ 净敞口套期收益（−净敞口套期损失）
加：营业外收入	"营业外收入"账户的发生额

续表

项目	本期金额（一般需要分析填列）
减：营业外支出	"营业外支出"账户的发生额
利润总额 （亏损总额以"－"号填列）	营业利润＋营业外收入－营业外支出
减：所得税费用	"所得税费用"账户的发生额
净利润 （净亏损以"－"号填列）	利润总额－所得税费用
五、其他综合收益的税后净额	根据企业会计准则未在损益中确认的各项利得和损失扣除所得税影响后的净额（计入所有者权益的"其他综合收益"账户的税后金额）
六、综合收益总额	净利润＋其他综合收益的税后净额
七、每股收益	基本每股收益和稀释每股收益

💡 提示：

会计核算时，研发无形资产发生的费用化的研发支出计入"研发支出——费用化支出"科目，期末转入"管理费用"科目；在报表中，单独填列在"研发费用"项目中。

【业务范例 10-2】前景公司 2022 年度，有关损益类和"其他综合收益"账户的本年累计发生净额如表 10-14 所示。

表 10-14　2022 年度损益类账户本年累计发生额汇总

（未结转本年利润以前）　　　　　　　　　　　　　　　　　单位：元

账户名称	借方发生额	贷方发生额	备注
主营业务收入		2 200 000	
其他业务收入		300 000	
主营业务成本	1 300 000		
其他业务成本	200 000		
税金及附加	4 000		
销售费用	40 000		
管理费用	287 200		其中：研发费用 20 000 元，无形资产摊销 48 000 元
财务费用	83 000		其中：存款利息收入 5 000 元，利息费用 72 000 元
其他收益		7 000	
投资收益		56 000	
公允价值变动损益	15 000		
信用减值损失	3 600		
资产减值损失	58 200		
资产处置损益	12 000		
营业外收入		100 000	

续表

账户名称	借方发生额	贷方发生额	备注
营业外支出	39 400		
所得税费用	170 600		
其他综合收益		24 000	不考虑所得税
合计	2 213 0000	2 687 000	

根据上述资料，编制该公司 2022 年度 12 月份的利润表（见表 10-15）。

表 10-15　利润表

编制单位：前景公司　　　　　　　　2022 年 12 月　　　　　　　　会企 02 表
单位：元

项目	本期金额	上期金额
一、营业收入	2 500 000	（略）
减：营业成本	1 500 000	
税金及附加	4 000	
销售费用	40 000	
管理费用	219 200	
研发费用	68 000	
财务费用	83 000	
其中：利息费用	72 000	
利息收入	5 000	
加：其他收益	7 000	
投资收益（损失以"－"号填列）	56 000	
公允价值变动收益（损失以"－"号填列）	－ 15 000	
信用减值损失（损失以"－"号填列）	－ 3 600	
资产减值损失（损失以"－"号填列）	－ 58 200	
资产处置收益（损失以"－"号填列）	－ 12 000	
二、营业利润（亏损以"－"号填列）	560 000	
加：营业外收入	100 000	
减：营业外支出	39 400	
三、利润总额（亏损总额以"－"号填列）	620 600	
减：所得税费用	170 600	
四、净利润（净亏损以"－"号填列）	450 000	
（一）持续经营净利润（净亏损以"－"号填列）		
（二）终止经营净利润（净亏损以"－"号填列）		
五、其他综合收益的税后利润	24 000	
六、综合收益总额	474 000	

续表

项目	本期金额	上期金额
七、每股收益：		
（一）基本每股收益	（略）	
（二）稀释每股收益	（略）	

💡 提示：

　　财务报表之间的勾稽关系：资产负债表、利润表与其他报表之间存在一定的逻辑关系。年度资产负债中的"未分配利润"项目的"期末数"，与所有者权益变动表中的年末"未分配利润"数额应相等；月度利润表中的"净利润"项目的"本年累计数"，与月度资产负债表中的"未分配利润"项目的"年初数"的加总之和，应等于月度资产负债表中的"未分配利润"项目的"期末数"；所有者权益变动表中的"净利润"的数额，应与年度利润表中"净利润"项目的"本年累计数"一致。

　　扫描二维码学习微课：编制利润表。

编制利润表

任务单

1.利润表是通过多步计算求出当期损益的，通常把利润计算分解为 ＿＿＿＿＿＿＿＿＿、＿＿＿＿＿＿＿＿＿ 和 ＿＿＿＿＿＿＿＿＿ 。

2.判断：利润表中"营业成本"项目，反映企业销售产品和提供劳务等主要经营业务的各项销售费用和实际成本。（　　）

3.判断：利润表"所得税费用"项目，直接根据利润表"利润总额"项目乘以所得税税率25%计算填列。（　　）

4.下列各项中，应列入利润表"营业收入"项目的是（　　）。

A.销售材料取得的收入　　　　　　B.接受捐赠收到的现金

C.出售专利权取得的净收益　　　　D.出售自用房产取得的净收益

5.下列各项中，不影响企业当期营业利润的有（　　）。

A.支付合同的违约金　　　　　　　B.无法查明原因的现金短缺

C.公益性捐赠支出　　　　　　　　D.固定资产处置净损失

6.前景公司本月销售产品，价款50万元，款项未收到；销售包装物收到4万元，出售固定资产价款100万元，账面价值80万元，出租房屋收取租金1.5万元，则本月利润表中"营业收入"的金额应为（　　）万元。

A. 54　　　　　B. 55.5　　　　　C. 75.5　　　　　D. 155.5

7.下列各项中，关于利润表项目本期金额填列方法表述正确的有（　　）。

A.管理费用项目应根据"管理费用"科目的本期发生额分析填列

B.营业利润项目应根据"本年利润"科目的本期发生额分析填列

C.税金及附加项目应根据"应交税费"科目的本期发生额分析填列

D.营业收入项目应根据"主营业务收入"和"其他业务收入"科目的本期发生额分析填列

课后拓展

扫描二维码测试：利润表的编制。

利润表的编制

任务四 \ 编制现金流量表

知识准备

编制现金流量表主要是为了向报表使用者提供企业一定会计期间内现金及现金等价物流入和流出的信息，便于报表使用者了解和评价企业获取现金及现金等价物的能力并据此预测企业未来的现金流量。现金流量表的作用主要表现在以下几个方面：①有助于分析企业财务状况及其变动的原因；②有助于预测企业未来现金流量；③有助于评价企业支付能力、偿债能力和资金周转情况；④有助于分析企业净利润与经营活动产生净现金流量之间差异的原因。

一、现金流量表的编制基础和结构

（一）现金流量表的编制基础

现金流量表是以现金为基础编制的（即以现金收付实现制为编制基础），这里的现金是指企业可以随时支付的货币资金及现金等价物，具体包括以下内容。

1. 库存现金

库存现金是指企业持有的可以随时支付的现金。它与会计核算中"库存现金"账户的核算内容一致。

2. 银行存款

银行存款是指存放在金融机构可以随时支付的存款。会计核算中"银行存款"账户所核算的内容，不能随时支付的存款，不能作为现金流量表中的现金（如定期存款）；但提前通知银行后可支付的定期存款则应属现金流量表中的现金。

3. 其他货币资金

其他货币资金是指企业存放在金融机构有特定用途的资金，如外埠存款、银行本票存款、银行汇票存款、信用证保证金存款、信用卡存款等。

4. 现金等价物

现金等价物是指企业持有的期限短、流动性强、易于转换为已知金额的现金、价值变动风险很小的投资。它通常是指购买在 3 个月内到期的债券投资等。

（二）现金流量的分类

现金流量是指一定会计期间企业现金及现金等价物流入和流出的数量。反映现金流量的指标有现金流入量、现金流出量及现金净流量。现金净流量是指一定会计期间现金流入量减去现金流出量的差额。现金流量表会计准则将现金流量分为三类：经营活动产生的现金流量、投资活动产生的现金流量和筹资活动产生的现金流量。

1. 经营活动产生的现金流量

经营活动是指企业投资活动和筹资活动以外的所有交易和事项。它是企业运用所拥有或控制的经济资源从事生产经营活动所形成的，主要是与企业营业利润有关的交易和事项所产生的现金流量。通过它可以判断企业在不动用外来筹资的前提下，经营活动产生的现金流量是否足以维持生产经营、偿还债务以及支付股利和对外投资等。

2. 投资活动产生的现金流量

投资活动是指企业长期资产的购建和不包括在现金等价物范围内的投资及其处置活动。这里的"投资"并不仅仅是指企业的对外投资，它还包括企业的长期资产购建和处置，但不含包括在现金等价物中的短期投资。通过它可以判断企业投资活动对现金流量净额的影响程度。

3. 筹资活动产生的现金流量

筹资活动是指导致企业资本及债务规模和构成发生变化的活动。所谓资本是指企业的权益性资本；所谓债务是指企业对外举债所借入的款项（不含与经营活动相关的应付账款、应付票据、应交税费等流动负债）。通过它可以判断企业筹资活动对现金流量的影响程度、吸收投资所收到的现金。

（三）现金流量表的结构

企业现金流量表包括表首、正表和补充资料三部分（见表10-16）。

（1）表首，是表头部分，包括报表名称、编制单位、编制日期、报表编号、金额单位等。

（2）正表，是按直接法（指按现金收入和现金支出的主要类别直接反映企业经营活动产生的现金流量）编制的，即以利润表中的营业收入为起算点。

（3）补充资料，是按间接法（以净利润为起算点，对不涉及现金收付的业务进行剔除）编制的。

表 10-16 现金流量表

会企 03 表

编制单位：　　　　　　　　　　年度　　　　　　　　　　　　单位：元

项目	行次	本期金额	上期金额
一、经营活动产生的现金流量：			
销售商品、提供劳务收到的现金			
收到的税费返还			
收到的其他与经营活动有关的现金			
经营活动现金流入小计			
购买商品、接受劳务支付的现金			
支付给职工以及为职工支付的现金			
支付的各项税费			

续表

项目	行次	本期金额	上期金额
支付的其他与经营活动有关的现金			
经营活动现金流出小计			
经营活动产生的现金流量净额			
二、投资活动产生的现金流量：			
收回投资收到的现金			
取得投资收益收到的现金			
处置固定资产、无形资产和其他长期资产收回的现金净额			
处置子公司及其他营业单位收到的现金净额			
收到的其他与投资活动有关的现金			
投资活动现金流入小计			
购建固定资产、无形资产和其他长期资产支付的现金			
投资支付的现金			
取得子公司及其他营业单位支付的现金净额			
支付的其他与投资活动有关的现金			
投资活动现金流出小计			
投资活动产生的现金流量净额			
三、筹资活动产生的现金流量：			
吸收投资收到的现金			
取得借款收到的现金			
收到的其他与筹资活动有关的现金			
筹资活动现金流入小计			
偿还债务支付的现金			
分配股利、利润和偿付利息支付的现金			
支付其他与筹资活动有关的现金			
筹资活动现金流出小计			
筹资活动产生的现金流量净额			
四、汇率变动对现金及现金等价物的影响			
五、现金及现金等价物净增加额			
加：期初现金及现金等价物余额			
六、期末现金及现金等价物余额			
补充资料			
1.将净利润调节为经营活动现金流量：			
净利润			
加：资产减值准备			

项目	行次	本期金额	上期金额
固定资产折旧			
无形资产摊销			
长期待摊费用摊销			
处置固定资产、无形资产和其他长期资产的损失（收益以"－"号填列）			
固定资产报废损失（收益以"－"号填列）			
公允价值变动损失（收益以"－"号填列）			
财务费用（收益以"－"号填列）			
投资损失（收益以"－"号填列）			
递延所得税资产减少（增加以"－"号填列）			
递延所得税负债增加（减少以"－"号填列）			
存货减少（增加以"－"号填列）			
经营性应收项目的减少（增加以"－"号填列）			
经营性应付项目的增加（减少以"－"号填列）			
其他			
经营活动产生的现金流量净额			
2. 不涉及现金收支的投资和筹资活动：			
债务转为资本			
一年内到期的可转换公司债券			
融资租入固定资产			
3. 现金及现金等价物净变动情况：			
现金的期末余额			
减：现金的期初余额			
加：现金等价物的期末余额			
减：现金等价物的期初余额			
现金及现金等价物净增加额			

二、现金流量表的编制方法

（一）现金流量表编制的基本方法

现金流量表是在以权责发生制为基础提供的会计资料基础上，按照收付实现制基础进行调整计算，反映现金流量增减变动及其结果，调整计算方法通常有直接法和间接法。

直接法是通过现金收入和支出的类别列示企业经营活动现金流量的方法。以直接法编制的现金流量表便于分析经营活动产生的现金流量的来源和用途，预测企业现金流量的未来前景。间接法是将净利润调整为经营活动现金流量的方法。以间接法编制的现金流量表则便于将净利润与经营活动产生的现金流量净额进行比较，了解两者产生现金流量差异的原因，从现金流量的角度分析净利润的质量。直接法和间接法的结果是一致的，两者可以相互验证。我国会计准则规定，企业应当采用直接法列示经营活动产生的现金流量，同时应在附注中披露将净利润调整为经营活动现金流量的信息。

1. 直接法

运用直接法编制现金流量表可采用工作底稿法或 T 形账户法，也可以根据有关会计科目记录分析填列。

（1）工作底稿法。

工作底稿法是以工作底稿为手段，以资产负债表和利润表数据为基础，分别对每一项目进行分析并编制调整分录，进而编制现金流量表的一种方法。

① 将资产负债表的期初数和期末数据分别过入工作底稿的期初数栏和期末数栏；将同期的利润表资料过入工作底稿。

② 对当期业务进行分析并编制调整分录。

③ 将调整分录逐笔过入工作底稿。

④ 核对工作底稿中各项目借方、贷方合计数是否相等。

⑤ 根据工作底稿中的现金流量表项目编制现金流量表。

【业务范例 10-3】前景公司 2023 年 12 月 31 日已编制的资产负债表和利润表部分资料如表 10-17 所示，请编制调整分录。

表 10-17 资产负债表和利润表部分资料

单位：万元

项目	年初数	期末数	项目	年初数	期末数
应收账款	1 500 （坏账准备 80）	1 600 （坏账准备 150）	营业收入		2 800
应收票据	120	350	营业成本		1 730
存货	2 000	2 085	管理费用		586.50
固定资产	4 500 （累计折旧 1 250）	5 800 （累计折旧 1 250 + 300）	财务费用		30
短期借款	400	650	投资收益		185
应付账款	800	920			

编制调整分录如表 10-18 所示。

表 10-18 业务范例 10-3 的核算

业务	账务处理
调整营业收入，计算"销售商品、提供劳务收到的现金"项目应填列的金额	销项税 = 2 800×13% = 364（万元） 应收账款 =（1 600+150）-（1 500+80）= 170（万元） 借：经营活动的现金流量——销售商品收到的现金　　27 640 000 　　　应收账款　　1 700 000 　　　应收票据　　2 300 000 　　贷：营业收入　　28 000 000 　　　　应交税费——应交增值税　　3 640 000

续表

业务	账务处理
调整营业成本，计算"购买商品、接受劳务支付的现金"项目应填列的金额	进项税 =（1 730 + 85）×13% = 235.95（万元） 借：营业成本　17 300 000 　　存货　850 000 　　应交税费——应交增值税（进项税额）　2 359 500 　　贷：应付账款　1 200 000 　　　　经营活动的现金流量——购进商品支付的现金　19 309 500
调整管理费用，计算"支付其他与经营活动有关的现金"项目中因管理费用发生支付的现金	借：管理费用　5 865 000 　　贷：经营活动的现金流量——支付的其他与经营活动有关的现金　5 865 000
调整财务费用，计算"分配股利、利润和偿付利息支付的现金"项目中因财务费用发生支付的现金	借：财务费用　300 000 　　贷：筹资活动的现金流量——分配股利、利润和偿付利息支付的现金　300 000
调整投资收益，计算"取得投资收益收到的现金"项目金额	借：长期股权投资　1 800 000 　　贷：投资活动的现金流量——投资支付的现金　1 800 000 借：投资活动的现金流量——取得投资收益收到的现金　1 800 000 　　贷：投资收益　1 800 000
调整固定资产折旧，计算"支付其他与经营活动有关的现金"项目金额	借：经营活动的现金流量——支付的其他与经营活动有关的现金 3 000 000 　　贷：累计折旧　3 000 000
调整固定资产，计算"购建固定资产等长期资产支付的现金"项目金额	借：固定资产　16 000 000 　　应交税费——应交增值税（进项税额）　2 080 000 　　贷：投资活动的现金流量——购建固定资产等长期资产支付的现金 18 080 000
调整短期借款，计算"取得借款收到的现金"项目金额	借：筹资活动的现金流量——取得借款收到的现金　2 500 000 　　贷：短期借款　2 500 000

（2）T形账户法。

T形账户法是以T形账户为手段，以资产负债表和利润表数据为基础，分别对每一项目进行分析并编制调整分录，进而编制现金流量表的一种方法，具体步骤和程序如下。

① 为所有非现金项目（包括资产负债表项目和利润表项目）分别开设T形账户，并将各项目的期末期初变动数额过入各账户。

【业务范例10-4】接上例，前景公司2023年12月31日资产负债表中"固定资产"项目期末数为5 800万元（累计折旧为1 550万元），期初余额4 500万元（累计折旧1 250万元）。

资产负债表中"固定资产"项目反映固定资产期末账面价值和企业尚未清理完毕的固定资产清理净损益。本项目应根据"固定资产"的期末余额扣除"累计折旧"和"固定资产减值准备"的期末余额后的余额，以及"固定资产清理"科目的期末余额的合计数列示。

本例中，"固定资产"科目的期初余额 =4 500+1 250=5 750（万元），"固定资产"科目的期末余额 =5 800+1 550=7 350（万元），"固定资产"科目的期末余额大于期初余额，则将其差额 1 600 万元（7 350−5 750）过入"固定资产"科目的借方，表明报告期内该资产项目增加引发现金流出量增加 1 600 万元。"累计折旧"科目是"固定资产"科目的备抵科目，"累计折旧"科目的期初余额为 1 250 万元，期末余额为 1 550 万元，"累计折旧"科目的期末余额大于期初余额，则将其差额 300 万元（1 550−1 250）过入"固定资产"科目的贷方，表明累计折旧增加了 300 万元，引发现金流入量增加，具体如图 10-2 所示。

固定资产

期初余额　45 000 000	
（累计折旧　12 500 000）	3 000 000
16 000 000	
期末余额　58 000 000	
（累计折旧　15 500 000）	

图 10-2　"固定资产"T 形账户示意

② 开设一个大的"现金及现金等价物"T 形账户，分设"经营活动""投资活动""筹资活动"三个二级 T 形账户，左边为借方登记现金流入，右边为贷方登记现金流出，借方余额为现金流入净额，贷方余额为现金流出净额。

③ 对当期业务进行分析并编制调整分录。

④ 将调整分录过入各 T 形账户，并进行核对。

⑤ 根据 T 形账户编制正式的现金流量表。

（3）根据有关会计科目记录分析填列。

现金流量表"本期金额"也可以根据有关账户分析计算填列，各主要项目的填列方法如表 10-19 所示。

表 10-19　现金流量表主要项目填列方法

项目名称	填列方法
销售商品、提供劳务收到的现金	主营业务收入＋增值税销项税额＋应收账款（期初余额−期末余额）＋应收票据（期初余额−期末余额）＋预收款项（期末余额−期初余额）± 特殊调整业务
收到其他与经营活动有关的现金	根据"库存现金"和"银行存款"等账户的本期发生额分析填列
购买商品、接受劳务支付的现金	主营业务成本＋增值税进项税额＋存货（期末余额−期初余额）＋应付账款本期减少额（期初余额−期末余额）＋应付票据（期初余额−期末余额）＋预付款项（期末余额−期初余额）± 特殊调整业务
支付给职工和为职工支付的现金	根据"库存现金""银行存款""应付职工薪酬"账户的本期发生额填列
支付的各项税费	根据"库存现金""银行存款""应交税费"等账户的本期发生额填列
支付其他与经营活动有关的现金	根据"库存现金""银行存款"等账户的本期发生额分析填列

项目名称	填列方法
收回投资所收到的现金	根据"库存现金""银行存款""交易性金融资产""长期股权投资""债权投资""其他债权投资"等账户的本期发生额分析填列
取得投资收益所收到的现金	根据"库存现金""银行存款""投资收益"等账户的本期发生额分析填列
处置固定资产、无形资产和其他非流动资产收回的现金净额	根据"库存现金""银行存款""持有待售资产""固定资产清理""资产处置损益""无形资产""生产性生物资产"等账户的本期发生额分析填列
投资所支付的现金	根据"库存现金""银行存款""交易性金融资产""债权投资""其他债权投资""长期股权投资"等账户的本期发生额分析填列
购建固定资产、无形资产和其他非流动资产支付的现金	根据"库存现金""银行存款""固定资产""在建工程""工程物资""无形资产""研发支出""生产性生物资产""应付职工薪酬"等账户的本期发生额分析填列
取得借款所收到的现金	根据"库存现金""银行存款""短期借款""长期借款""应付债券"等账户的本期发生额分析填列
吸收投资者投资收到的现金	根据"库存现金""银行存款""实收资本""资本公积"等账户的本期发生额分析填列
偿还债务所支付的现金	根据"库存现金""银行存款""短期借款""长期借款""应付债券"等账户的本期发生额分析填列
分配股利、利润和偿还利息所支付的现金	根据"库存现金""银行存款""应付股利""应付利息"等账户的本期发生额分析填列

2. 间接法

（1）间接法将报告期利润表中净利润调整为经营活动产生的现金流量，具体内容见表10-20。

表10-20 间接法下主要项目的填列方法

项目名称	填列方法
应加回的项目：	
资产减值准备	根据利润表中"资产减值损失"项目的填列金额直接填列
信用损失准备	根据利润表中"信用减值损失"项目的填列金额直接填列
固定资产折旧、油气资产折耗、生产性生物资产折旧	根据资产负债表及其报表附注中的"累计折旧""累计折耗""生产性生物资产累计折旧""使用权资产累计折旧""投资性房地产累计折旧"科目的贷方发生额等分析计算填列
无形资产摊销	根据资产负债表及其报表附注中的"累计摊销"科目的贷方发生额等分析计算填列
长期待摊费用摊销	根据资产负债表及其报表附注中的"长期待摊费用累计摊销"科目的贷方发生额等分析计算填列
应加回或减去的项目：	
处置固定资产、无形资产和其他长期资产的损失（收益以"－"号填列）	根据利润表中"资产处置损益"科目分析计算填列

续表

项目名称	填列方法
固定资产报废损失（收益以"－"号填列）	根据利润表中"营业外收入""营业外支出"项目分析计算填列
公允价值变动损失（收益以"－"号填列）	根据利润表中"公允价值变动收益（损失以'－'号填列）"项目分析计算填列
财务费用（收益以"－"号填列）	应区分是归属于经营活动、投资活动或是筹资活动的现金流量；根据"财务费用""其他应收款——应收利息""其他应付款——应付利息"等项目分析计算填列
投资损失（收益以"－"号填列）	根据利润表中"投资收益（损失以'－'号填列）"项目分析计算填列
递延所得税资产减少（增加以"－"号填列）	根据资产负债表中"递延所得税资产"项目的期初期末金额的差额分析计算填列
递延所得税负债增加（减少以"－"号填列）	根据资产负债表中"递延所得税负债"项目的期初期末金额的差额分析计算填列
存货的减少（增加以"－"号填列）	根据资产负债表及其报表附注中的"存货""存货跌价准备"项目的期末期初的差额分析计算填列
经营性应收应付项目的增减变动：	
经营性应收项目的减少（增加以"－"号填列）	根据资产负债表中"应收票据""应收账款""预付账款""合同资产""其他应收款""长期应收款"等项目与报表附注中"坏账准备"项目的期末期初数的差额分析计算填列
经营性应付项目的增加（减少以"－"号填列）	根据资产负债表中"应付票据""应付账款""预收账款""合同负债""其他应付款""长期应付款"等项目的期末期初数的差额分析计算填列

提示：

利润表项目：影响利润降低的，调增；影响利润升高的，调减。

资产负债表项目：贷方记录的，调增；借方记录的，调减。

（2）分析调整不涉及现金收支的重大投资和筹资活动项目。

本项目反映企业一定会计期间内影响资产或负债但不形成该期现金收支的各项投资或筹资活动的信息资料。

① 债务转为资本，反映企业报告期内转为资本的债务金额。本项目可根据资产负债表中"应付债券""长期应付款""实收资本""资本公积"等项目分析计算填列。

② 一年内到期的可转换公司债券，反映企业报告期内到期的可转换公司债券的本息。本项目可根据资产负债表中"应付债券——优先股"等项目分析计算填列。

③ 融资租入固定资产，反映企业报告期内融资租入的固定资产。本项目可根据资产负债表中"使用权资产""长期应付款""租赁负债"等项目分析计算填列。

（3）分析调整现金及现金等价物净变动情况。

本项目反映现金及现金等价物增减变动及其净增加额。本项目可根据资产负债表中"货币资金"项目及现金等价物期末期初余额及净增额分析计算填列。

（4）编制正式的现金流量表补充资料。具体方法可采用前述工作底稿法或T形账户法，也可以根据有关会计科目记录分析填列。

【业务范例 10-5】下列各项中，将净利润调节为经营活动现金流量时应加回的有（　　）。

A.固定资产折旧

B.固定资产报废净收益

C.属于筹资活动的财务费用

D.存货的减少（年末余额低于年初余额的差额）

分析：

固定资产折旧属于资产负债表项目，贷方登记，调增；固定资产报废净损益属于利润表项目，会导致利润增加，调增；财务费用属于利润表项目，会导致利润减少，调减；存货减少属于资产负债表项目，贷方登记，调增。因此，答案为 ABD。

任务单

1.偿还借款利息支付的现金属于 _____ 活动产生的现金流量。

2.判断：处置固定资产、无形资产和其他非流动资产属于筹资活动。（　　）

3.现金流量表中的现金是指 _____ 。

4. 现金流量表的编制分为三种主要现金流量，分别是经营活动产生的现金流量、投资活动产生的现金流量和筹资活动产生的现金流量，以下属于投资活动产生的现金流量的是（　　）。

A.银行借入款项收到现金　　　　　　B.吸收投资

C.购买股票　　　　　　　　　　　　D.发行股票

5. 前景公司 2022 年 12 月 31 日利润表中列示的"营业成本"项目金额为 800 万元，资产负债表中列示的"应付账款"项目较年初增加了 175 万元，"存货"项目年末较年初增加了 100 万元。假定不考虑税费等其他因素，前景公司采用工作底稿法编制现金流量表，编制调整分录中应贷记的"经营活动的现金流量——购进商品支付的现金"项目金额为（　　）万元。

A. 525　　　　　　　　　　　　　　B. 725

C. 875　　　　　　　　　　　　　　D. 1 075

6. 前景公司采用间接法编制现金流量表。下列各项中，以净利润为起算点计算经营活动产生的现金流量应加回的项目有（　　）。

A.计提固定资产减值准备确认的资产减值损失

B.交易性金融资产发生的公允价值变动收益

C.销售商品应收账款的增加额

D.处置固定资产的净收益

7.下列各项中，属于现金流量表"经营活动产生的现金流量"项目的有（　　）。

A.偿还债务支付的现金   B.支付给职工以及为职工支付的现金

C.销售商品、提供劳务收到的现金   D.收到的税费返还

8.下列选项中，会导致企业现金流量表"现金及现金等价物净增加额"项目变动的有（   ）。

A.发行债券收到现金   B.用固定资产对外投资

C.用银行存款偿付应付账款   D.用现金购买自购买日起三个月内到期的国债

9.直接法和间接法是针对现金流量表中的 _____ 活动产生的现金流量来编制的。

课后拓展

扫描二维码测试：编制现金流量表。

编制现金流量表

任务五 所有者权益变动表

知识准备

所有者权益变动表是指反映企业所有者权益各组成部分当期增减变动情况的报表。所有者权益变动表不仅反映了所有者权益总量的增减变动，还反映了所有者增减变动的重要结构性信息，使报表使用者准确理解所有者权益变动的原因。

所有者权益变动表属于按年编报的动态财务报表，通过该表便于信息使用者深入分析企业所有者权益的变化情况，进而对企业的资本保值增值情况做出正确判断，从而提供对决策有用的信息。

一、认识所有者权益变动表的结构

所有者权益变动表至少应当单独列示反映下列信息的项目：①综合收益总额；②会计政策变更和会计差错更正的累计影响金额；③所有者投入资本和向所有者分配利润等；④提取的盈余公积；⑤实收资本、其他权益工具、资本公积、库存股、其他综合收益、盈余公积、未分配利润的期初和期末余额及其调节情况。

所有者权益变动表以矩阵的形式列示：一方面，列示导致所有者权益变动的交易或事项，即所有者权益变动的来源，对一定时期所有者权益变动情况进行全面反映；另一方面，按照所有者权益的各组成部分（即实收资本、其他权益工具、资本公积、库存股、其他综合收益、盈余公积、未分配利润）列示交易事项对所有者权益各部分的影响。此外，为比较所有者权益的变动，该表还就各项目再分为"本年金额"和"上年金额"两栏进行列示。所有者权益变动表的具体内容和结构如表10-21所示。

表 10－21 所有者权益（股东权益）变动表

会企 04 表

编制单位：　　　　　　　　　　　　　　　　　年度　　　　　　　　　　　　　　　　　单位：元

项目	本年金额											上年金额										
	实收资本（或股本）	其他权益工具			资本公积	减：库存股	其他综合收益	专项储备	盈余公积	未分配利润	所有者权益合计	实收资本（或股本）	其他权益工具			资本公积	减：库存股	其他综合收益	专项储备	盈余公积	未分配利润	所有者权益合计
		优先股	永续债	其他									优先股	永续债	其他							
一、上年末余额																						
加：会计政策变更																						
前期差错更正																						
其他																						
二、本年初余额																						
三、本年增减变动金额（减少以"－"号填列）																						
（一）综合收益总额																						
（二）所有者投入和减少资本																						
1.所有者投入普通股																						
2.其他权益工具持有者投入资本																						
3.股份支付计入所有者权益的金额																						
4.其他																						
（三）利润分配																						
1.提取盈余公积																						
2.对所有者（或股东）的分配																						
3.其他																						
（四）所有者权益内部结转																						
1.资本公积转增资本（或股本）																						
2.盈余公积转增资本（或股本）																						

续表

项目	本年金额										上年金额									
	实收资本（或股本）	其他权益工具			资本公积	减：库存股	其他综合收益	专项储备	盈余公积	未分配利润	所有者权益合计	实收资本（或股本）	其他权益工具			资本公积	减：库存股	其他综合收益	专项储备	盈余公积	未分配利润	所有者权益合计
		优先股	永续债	其他									优先股	永续债	其他							
3.盈余公积弥补亏损																						
4.设定受益计划变动额结转留存收益																						
5.其他综合收益结转留存收益																						
6.其他																						
四、本年末余额																						

二、所有者权益变动表的编制

（一）所有者权益变动表的填列方法

（1）所有者权益变动表中各项目均需填列"本年金额"和"上年金额"两栏。

（2）所有者权益变动表"上年金额"栏内各项数字，应根据上年度所有者权益变动表"本年金额"栏内所列数字填列。

（3）上年度所有者权益变动表规定的各个项目的名称和内容同本年度不一致的，应对上年度所有者权益变动表各项目的名称和数字按照本年度的规定进行调整，填入所有者权益变动表的"上年金额"栏内。

（二）所有者权益变动表的主要项目说明

1."上年末余额"项目

"上年末余额"项目，反映企业上年资产负债表中实收资本（或股本）、其他权益工具、资本公积、库存股、其他综合收益、专项储备、盈余公积、未分配利润的年末余额。

2."会计政策变更"和"前期差错更正"项目

"会计政策变更"和"前期差错更正"项目，分别反映企业采用追溯调整法处理的会计政策变更的累积影响金额和采用追溯重述法处理的会计差错更正的累积影响金额。

3."本年增减变动金额"项目

（1）"综合收益总额"项目，反映净利润和其他综合收益扣除所得税影响后的净额相加后的合计金额。

（2）"所有者投入和减少资本"项目，反映企业当年所有者投入的资本和减少的资本。

①"所有者投入的普通股"项目，反映企业接受投资者投入形成的实收资本（或股本）和资本溢价或股本溢价。

②"其他权益工具持有者投入资本"项目，反映企业发行的除普通股以外分类为权益工具的金融工具的持有者投入资本的金额。

③"股份支付计入所有者权益的金额"项目，反映企业处于等待期中的权益结算的股份支付当年计入资本公积的金额。

（3）"利润分配"下各项目，反映企业当年的利润分配金额。

①"提取盈余公积"项目，反映企业按照规定提取的盈余公积。本项目应根据"盈余公积""利润分配"科目的发生额分析填列。

②"对所有者(或股东)的分配"项目，反映对所有者（或股东）分配的利润（或股利）金额。本项目应根据"利润分配"科目的发生额分析填列。

（4）"所有者权益内部结转"下各项目，反映所有者权益的组成部分之间当年的增减变动情况。

①"资本公积转增资本(或股本)"项目，反映企业当年以资本公积转增资本或股本的金额。本项目应根据"实收资本""资本公积"科目的发生额分析填列。

②"盈余公积转增资本(或股本)"项目，反映企业当年以盈余公积转增资本或股本的金额。本项目应根据"实收资本""盈余公积"科目的发生额分析填列。

③"盈余公积弥补亏损"项目，反映企业当年以盈余公积弥补亏损的金额。本项目应根据"盈余公积""利润分配"科目的发生额分析填列。

④"设定受益计划变动额结转留存收益"项目，反映企业因重新计量设定受益计划净负债或净资产所产生的变动计入其他综合收益，结转至留存收益的金额。

⑤"其他综合收益结转留存收益"项目，主要反映：第一，企业指定为以公允价值计量且其变动计入其他综合收益的非交易性权益工具投资终止确认时，之前计入其他综合收益的累计利得或损失从其他综合收益中转入留存收益的金额；第二，企业指定为以公允价值计量且其变动计入当期损益的金融负债终止确认时，之前由企业自身信用风险变动引起而计入其他综合收益的累计利得或损失从其他综合收益中转入留存收益的金额等。

任务单

1.下列项目中，应在所有者权益变动表中反映的是（　　）。

A.盈余公积转增资本　　　　　　　　　B.支付职工薪酬

C.赊销商品　　　　　　　　　　　　　D.购买商品支付的现金

2.下列各项中，不属于所有者权益变动表中单独列示的项目的是（　　）。

A.所有者投入资本　　　　　　　　　　B.综合收益总额

C.会计估计变更　　　　　　　　　　　D.会计政策变更

3.下列各项中，在企业所有者权益变动表中单独列示反映的信息有（　　）。

A.所有者投入资本　　　　　　　　　　B.会计差错更正的累积影响金额

C.向所有者分配利润　　　　　　　　　D.会计政策变更的累积影响金额

4.判断：所有者权益变动表"未分配利润"项目的本年末余额应当与本年资产负债表"未分配利润"项目的年末余额相等。（　　）

课后拓展

扫描二维码测试：所有者权益变动表。

所有者权益变动表

任务六　附注

一、附注的作用

财务报表附注是对资产负债表、利润表、现金流量表和所有者权益变动表等报表中列示项目的文字描述或明细资料，以及对未能在这些报表中列示项目的说明等。附注可以使报表使用者全面了解企业的财务状况、经营成果和现金流量。

财务报表附注旨在帮助财务报表使用者深入了解基本财务报表的内容，财务报表制作者对资产负债表、损益表和现金流量表的有关内容和项目所做的说明和解释。财务报表附注主要包括：企业所采用的主要会计处理方法；会计处理方法的变更情况、变更的原因及对财务状况和经营业绩的影响；发生的非经常性项目；一些重要报表项目的明显情况；或有事项；期后事项；以及其他对理解和分析财务报表重要的信息。

二、附注的主要内容

附注是财务报表的重要组成部分。根据企业会计准则的规定，企业应当按照如下顺序编制披露附注的主要内容。

（一）企业简介和主要财务指标

（1）企业名称、注册地、组织形式和总部地址。

（2）企业的业务性质和主要经营活动。

（3）母公司以及集团最终母公司的名称。

（4）财务报告的批准报出者和财务报告的批准报出日。

（5）营业期限有限的企业，还应当披露有关营业期限的信息。

（6）截至报告期末公司近 3 年的主要会计数据和财务指标。

（二）财务报表的编制基础

财务报表的编制基础是指财务报表是在持续经营基础上还是在非持续经营基础上编制的。企业一般是在持续经营基础上编制财务报表，清算、破产属于非持续经营基础。

（三）遵循企业会计准则的声明

企业应当声明编制的财务报表符合企业会计准则的要求，真实、完整地反映了企业的财务状况、经营成果和现金流量等有关信息，以此明确企业编制财务报表所依据的制度基础。

（四）重要会计政策和会计估计

企业应当披露采用的重要会计政策和会计估计，不重要的会计政策和会计估计可以不披露。在披露重要会计政策和会计估计时，企业应当披露重要会计政策的确定依据和财务报表项目的计量基础，以及会计估计中所采用的关键假设和不确定因素。

会计政策的确定依据，主要是指企业在运用会计政策过程中所做的对报表中确认的项目金额最具影响的判断，有助于财务报表使用者理解企业选择和运用会计政策的背景，增加财务报表的可理解性。财务报表项目的计量基础，是指企业计量该项目采用的是历史成本、重置成本、可变现净值、现值还是公允价值，这直接影响财务报表使用者对财务报表的理解和分析。

在确定财务报表中确认的资产和负债的账面价值过程中，企业需要对不确定的未来事项在资产负债表日对这些资产和负债的影响加以估计，如企业预计固定资产未来现金流量采用的折现率和假设。这类假设的变动对这些资产和负债项目金额的确定影响很大，有可能会在下一个会计年度内做出重大调整，因此强调这一披露要求，有助于提高财务报表的可理解性。

（五）会计政策和会计估计变更以及差错更正的说明

企业应当按照会计政策、会计估计变更和差错更正会计准则的规定，披露会计政策和会计估计变更以及差错更正的有关情况。

（六）报表重要项目的说明

企业对报表重要项目的说明，应当按照资产负债表、利润表、现金流量表、所有者权益变动表及其项目列示的顺序，采用文字和数字描述相结合的方式进行披露。报表重要项目的明细金额合计应当与报表项目金额相衔接，主要包括以下重要项目：应收款项、存货、长期股权投资、投资性房地产、固定资产、无形资产、职工薪酬、应交税费、短期借款和长期借款、应付债券、长期应付款、营业收入、公允价值变动收益、投资收益、资产减值损失、营业外收入、营业外支出、所得税费用、其他综合收益、政府补助、借款费用。

（七）或有事项和承诺事项、资产负债表日后非调整事项、关联方关系及其交易等需要说明的事项

（八）有助于财务报表使用者评价企业管理资本的目标、政策及程序的信息

三、财务报告信息披露的要求

（一）财务报告信息披露的概念

财务报告信息披露，又称会计信息披露，是指企业对外发布有关其财务状况、经营成果、现金流量等财务信息的过程。按照我国会计准则的规定，披露主要是指会计报表附注的披露。广义的信息披露除财务信息外，还包括非财务信息。信息披露是公司治理的决定性因素，是保护投资者合法权益的基本手段和制度安排，也是会计决策有用性目标所决定的内在必然要求。就上市公司而言，信息披露也是企业的法定义务和责任。

（二）财务报告信息披露的基本要求

财务报告信息披露基本要求，又称财务报告信息披露的基本质量，主要有真实、准确、完整、及时和公平五个方面。

企业应当真实、准确、完整、及时地披露信息，不得有虚假记载、误导性陈述或者重大遗漏，信息披露应当同时向所有投资者公开披露信息。

真实，是指上市公司及相关信息披露义务人披露的信息应当以客观事实或者具有事实基础的判断和意见为依据，如实反映客观情况，不得有虚假记载和不实陈述。虚假记载，是指企业在披露信息时，将不存在的事实在信息披露文件中予以记载的行为。

准确，是指上市公司及相关信息披露义务人披露的信息应当使用明确、贴切的语言和简明扼要、通俗易懂的文字，不得含有任何宣传、广告、恭维或者夸大等性质的词句，不得有误导性陈述。公司披露预测性信息及其他涉及公司未来经营和财务状况等信息时，应当合理、谨慎、客观。误导性陈述，是指在信息披露文件中或者通过媒体，做出使投资人对其投资行为发生错误判断并产生重大影响的陈述。

完整，是指上市公司及相关信息披露义务人披露的信息应当内容完整、文件齐备，格式符合规定要求，不得有重大遗漏。信息披露完整性是公司信息提供给使用者的完整程度，不得忽略、隐瞒重要信息，使信息使用者了解公司治理结构、财务状况、经营成果、现金流量、经营风险及风险程度等。重大遗漏，是指信息披露义务人在信息披露文件中，未将应当记载的事项完全或者部分予以记载。不正当披露，是指信息披露义务人未在适当期限内或者未以法定方式公开披露应当披露的信息。

及时，是指上市公司及相关信息披露义务人应当在规定的期限内披露所有对公司股票及其衍生品中交易价格可能产生较大影响的信息。

公平，是指上市公司及相关信息披露义务人应当同时向所有投资者公开披露信息，确保所有投资者可以平等获取同一个信息，不得私下提前向特定对象单独披露、透露或泄露。

企业披露信息应当忠实、勤勉地履行职责，保证披露信息的真实、准确、完整、及时、公平。勤勉尽责，是指企业应当本着对投资者等利害关系者、对国家、对社会、对职业高度负责的精神，应当爱岗敬业，勤勉高效，严谨细致，认真履行会计职责，保证会计信息披露工作质量。

任务单

1. 判断：附注是对资产负债表、利润表、现金流量表和所有者权益变动表中列示项目含义的补充说明，以及对未能在这些报表中列示项目的详细或明细说明。　　　（　　）
2. 判断：如果没有需要披露的重大事项，企业不必编制会计报表附注。　　　（　　）
3. 下列各项，属于财务报表附注应当披露的内容有（　　）。
A.遵循企业会计准则、企业会计制度的声明
B.重要会计政策和会计估计
C.财务报表的编制基础
D.会计政策和会计估计变更以及差错更正的说明

课后拓展

扫描二维码测试：附注。

1. 全书任务单参考答案
2. 附注

素质拓展

解码企业经营的钥匙——会计

福耀集团（全称福耀玻璃工业集团股份有限公司），1987年成立于中国福州，是专注于汽车安全玻璃的大型跨国集团，于1993年在上海证券交易所主板上市，2015年在香港交易所上市。自创立以来，福耀集团矢志为中国人做一片属于自己的高质量玻璃，当好汽车工业的配角。经过30余年的发展，福耀集团已在中国18个省市以及全球12个国家和地区建立现代化的生产基地和商务机构。从一粒硅砂到浮法玻璃，到汽车玻璃深加工，到外饰件及玻璃总成，福耀集团深耕全产业链的每一个环节，以高质量的产品及服务赢得全球客户的认可。福耀玻璃不仅成为中国制造参与全球竞争的一张名片，更成为向世界展现

中国文化的窗口。

福耀集团的董事长曹德旺先生，是一个对会计情有独钟的人。早年因为在一本会计学教材的绪论中看到：学会了会计学，就掌握了经营企业的钥匙。从此，他就与会计结下了不解之缘。

为了把对会计的兴趣转化为能力，曹德旺开始学习相关知识。他花了近两年的时间，学习了会计学的相关知识。比如什么是原始凭证，原始凭证的重要性，如何归类；怎么分析财务报告，进而如何透过各种数字，分析企业的实际盈亏状况，进而洞察市场动态和未来方向。通过相关知识的学习，他认识到会计的重要性，进而影响了企业经营。

翻开福耀玻璃2022年8月31日公布的半年报，可以看到它的主营业务是为各种交通运输工具提供安全玻璃及汽车饰品全解决方案，具体产品包括汽车级浮法玻璃、汽车玻璃、机车玻璃等。其中上半年的营业收入达到129亿元，汽车玻璃、浮法玻璃的收入为137亿元，其中包括内部交易19亿元，把这部分抵消后，福耀玻璃上半年的玻璃收入也有118亿元，占收入比例超过90%，因此被贴上专业化"玻璃"公司的标签顺理成章。而一家生产玻璃的公司，不仅收入同比上涨，毛利率居然也超过30%，在新冠疫情背景下这显得难能可贵。曹德旺认为这得益于他对会计知识的灵活运用，包括预算、统计、分析、评估、纠正。每个产品、每项费用都有严格的预算，要把实际结果与预算进行比较分析，找到利润增长或成本下降的原因，还要在集团的所有员工之间进行信息共享，探讨如何提高质量、控制成本，同时还要技术创新、减少浪费。

不仅如此，曹德旺还自学管理会计技术用于分析、控制成本，他经常下车间调研，亲力亲为采集工厂的各项生产指标，了解制造一片玻璃需要几道工序，每道工序的生产流程、成品率、工位需求、人员职责等。

曹德旺把会计当作钥匙来解码企业的经营，不仅讲财务会计上的合规、不做假账、数字透明，还要讲管理会计上的成本管控，预算、统计、分析、评估、纠正形成闭环，持续改进。

当企业面临全球经济的复杂严峻形势时，如何实现收入、利润、现金流的稳健增长是一个挑战，以会计解码经营，成为企业的一个选择。学好用好会计工具，是每一个会计专业学生的最好选择。

扫描二维码学习微课："解码企业经营的钥匙——会计"，并完成任务单。

评价反馈

扫描二维码进行学习评价反馈。

评价反馈

1.解码企业经营的钥匙——会计
2.素质拓展任务单

REFERENCES 参考文献

[1] 财政部会计财务评价中心.初级会计实务[M].北京:经济科学出版社，2023.

[2] 高文轩.图说趣解财务会计[M].北京:清华大学出版社，2023.

[3] 企业会计准则编审委员会.企业会计准则条文讲解与实务运用（2024年版）[M].上海:立信会计出版社，2024.

[4] 全国会计专业技术资格考试岗课赛证融通教材编委会.初级会计实务[M]. 4版. 北京:高等教育出版社，2022.

[5] 小企业会计准则编审委员会.小企业会计准则讲解（2024年版）[M].上海:立信会计出版社，2023.